Renate und Ulrich Dehner

Steh dir nicht im Weg!

Mentale Blockaden überwinden

Campus Verlag
Frankfurt / New York

Bibliografische Information der Deutschen Bibliothek.
Die Deutsche Bibliothek verzeichnet diese Publikation in der Deutschen Nationalbibliografie. Detaillierte bibliografische Daten sind im Internet überhttp://dnb.ddb.de abrufbar.

- ISBN-13: 978-3-593-37692-9
- ISBN-10: 3-593-37692-X

Umschlaggestaltung: Grimm.design, Düsseldorf
Druck und Bindung: Druckhaus Beltz, Hemsbach
Gedruckt auf säurefreiem und chlorfrei gebleichtem Papier.
Printed in Germany

Besuchen Sie uns im Internet: www.campus.de

Inhalt

Vorwort 9

Einleitung 11

1. Wie negative Gedanken und Gefühle zusammenhängen 17

Nicht die Situation erzeugt die Gefühle, sondern wie wir darüber denken 22

Automatisierte negative Gedanken 28

Auch Stress ist eine Frage der Bewertung 37

2. Was unsere Denkmuster bewirken können 46

Denkmuster und der Umgang mit Misserfolgen und Hindernissen 47

»Positives Denken« allein nützt leider gar nichts 52

Erlernte Hilflosigkeit 55

3. Die Wirkfaktoren in unseren Denkmustern 59

1. Wirkfaktor: Das Ausdehnen in die Zukunft 61

2. Wirkfaktor: Der Geltungsbereich eines Ereignisses 63

3. Wirkfaktor: Die Personalisierung 66

Welchen Einfluss haben die Wirkfaktoren bei Ihnen? 68

4. Wenn ein negatives Denkmuster auf ein positives Ereignis trifft 72

Der richtige Umgang mit positiven Ereignissen 74

Konstruktive Denkmuster 77

5. Check your Mind: Identifizieren Sie negative Gedanken 80

Mit veränderten Denkstrategien negative Situationen meistern 82

Wie negative Gedanken durch innere Blockaden »vernünftig« erscheinen 90

Die Stress auslösenden Gedanken identifizieren 95

6. Check your Mind: Die negativen Gedanken logisch überprüfen 99

Mit Logik den negativen Gedanken entgegenwirken 102

Kleine Hilfestellung zum Finden von Gegenargumenten 106

7. Check your Mind: Wie Sie negative Gedanken neutralisieren 113

Wie Sie die negativen Gedanken im Gespräch widerlegen 114

Mögliche Ursachen einer anhaltenden inneren Blockade 116

8. Check your Mind: Wie Ihnen mentales Training helfen kann 119

Entspannung als Voraussetzung zum mentalen Training 120

Auf körperliche Reaktionen achten 125

9. *Check your Mind: Selbstvertrauen gewinnen* 127

Von Selbstvorwürfen zu mehr Selbstvertrauen 129

Wie Sie sich von Schuldzuweisungen sich selbst gegenüber lösen 131

10. *Check your Mind: Stellen Sie konstruktive Fragen* 137

Was destruktive Fragen bewirken 137

Mit lösungsorientierten Fragen gegen die innere Blockade 142

11. *Check your Mind: Ressourcentransport – die eigenen Kräfte verfügbar machen* 146

Wie Sie Ihre Ressourcen aufspüren 150

Wie Sie mithilfe Ihrer Sinne Situationen wiedererleben 152

12. *Check your Mind in der Liebe* 158

Mit der Check-your-Mind-Methode den Teufelskreis durchbrechen 160

13. *Check your Mind in der Familie* 165

Wie Sie familiäre Konflikte konstruktiv lösen 171

14. *Das Lebensskript und automatisierte negative Gedanken* 174

Wie ein Lebensskript entsteht 177

Die verschiedenen Einschärfungen 179

15. *Innere »Antreiber« – die Gebote zum Lebensskript* 209

Die verschiedenen Antreiber 210

Geben Sie sich selbst die Erlaubnis 224

16. Schlusswort: Der Wert des Selbstbewusstseins 228

Register 233

Vorwort

Wettkämpfe werden im Kopf gewonnen oder verloren – das weiß und kennt jeder Profisportler! Wer je mit einer gewissen Regelmäßigkeit an Wettkämpfen teilgenommen hat, hat ohne Zweifel die Erfahrung gemacht, dass es letzten Endes die Gedanken sind, die darüber entscheiden, ob man siegt oder scheitert. Im Hochleistungssport ist jeder Körper bestens trainiert und auch das Kräfteverhältnis zwischen den einzelnen Athleten ist meist sehr ausgewogen – denn wer bis an die Spitze gekommen ist, der muss einfach über die entsprechenden körperlichen Voraussetzungen verfügen. Doch wenn die mentalen Voraussetzungen nicht ebenso gut sind, kann man auch nicht gewinnen. Es ist der Kopf, es sind die Gedanken, die die entscheidenden Zehntel- oder Hundertstelsekunden herausholen, die man dem anderen voraushaben muss.

Über all meinen Wettkämpfen hätte das Motto stehen können: »Gib niemals auf«. Jedes Rennen habe ich mit dem Wissen bestritten, dass es sich erst an der Ziellinie entscheidet. Die Kraft, dermaßen bis zum allerletzten Moment zu kämpfen, hätte ich niemals aufbringen können, wenn sich negative Gedanken in meine Entschlossenheit hätten drängen können. Gedanken wie »Schaffe ich das überhaupt?«, »Habe ich überhaupt noch eine Chance?« oder gar »Mist, ich bin heute gar nicht in Form« wirken so lähmend, als hätte man sich ein Bleigewicht an die Arme gehängt. Als Sportler weiß man also sehr genau, wie wichtig es ist, die »richtigen« Denkmuster zu haben, beziehungsweise wie nötig und wertvoll es ist, die falschen loszuwerden. Was man oft nicht so ohne Weiteres weiß, ist, wie man das anstellen soll. Das vorliegende Buch liefert sehr leicht nachvollziehbare und auch durchführbare Methoden und Übungen, die es jedem ermöglichen, seine eigenen Denkmuster auf ihre Tauglichkeit zu überprüfen und zu verändern.

Negative Denkmuster behindern uns Menschen schließlich nicht nur im Leistungssport. Wer ein Ziel hat, wer etwas erreichen will, und sei es »nur«, mit der Familie oder mit dem Partner besser klarzukommen, oder wer endlich tun will, was er sich bisher nie zugetraut hat, für den ist es die höchste Kunst, sich von destruktiven, lähmenden, hinderlichen Gedanken freizuhalten – und zwar auch dann, wenn äußere Ereignisse einem plötzlich wie Gegenwind ins Gesicht wehen. Das war etwas, was ich als »alter Hase« den jungen Sportlerinnen im Team bei den letzten Olympischen Spielen beibringen konnte: Verfallt nicht in negative Denkmuster, wenn zum Beispiel ein anderes Kajak an euch vorbeizieht! Dann zu denken »Au weia, das schaffen wir nie!« ist das Schlimme, und nicht die Tatsache, dass da etwas passiert ist, was mir gerade nicht in den Kram passt.

Apropos »alter Hase«: Ich glaube, für viele Leute war das »Sensationellste« an meinen letzten Olympia-Erfolgen mein Alter. Denn für viele war es undenkbar, dass man mit über vierzig Jahren im Hochleistungssport noch so viel bringen kann. Hätte ich mich diesem negativen Gedanken angeschlossen, hätte ich die Erfolge natürlich auch nicht zuwege gebracht. Also auch für das Alter oder das Altern gilt: Es findet im Kopf statt!

Ich freue mich, dass Ulrich und Renate Dehner nun ein Buch vorlegen, in dem sie ihre »Check-your-Mind-Methode« gründlich darstellen. Mit dieser Methode, die unter anderem im Coaching von Nachwuchssportlern schon erfolgreich eingesetzt wird, kann jeder, der ernsthaft dazu bereit ist, üben, hinderliches Denken in förderliches umzuwandeln. Sie versprechen keine Wunder, sondern Arbeit, aber wer bereit ist, sie zu tun, wird auch den Lohn ernten. Nicht nur im Sport haben die Götter vor den Preis den Schweiß gesetzt!

Birgit Fischer

1. Einleitung

Überall wird heutzutage ein »neues Denken« gefordert. In allen möglichen Publikationen wird uns nahe gelegt, dass die Probleme einer veränderten Welt nur mit einem veränderten Denken zu lösen seien. In einer Welt, die sich mit nie zuvor gekannter Geschwindigkeit wandelt, so wird postuliert, sind festgefahrene Denkmuster die größte Schwierigkeit. Besonders in Deutschland sei es unerlässlich, aus der Stagnation des Denkens herauszukommen, mit der Miesmacherei aufzuhören, endlich wieder in Aufbruchstimmung zu kommen. An gut gemeinten Aufforderungen, endlich anders, positiver, schöner, lösungsorientierter, zupackender, mutiger zu denken, mangelt es also nicht.

Wie man das allerdings machen soll, darüber schweigen sich die meisten Autoren aus. Jeder, der schon einmal versucht hat, seine Denkmuster zu verändern, wird wissen, dass das nichts ist, was einfach per Willensbeschluss funktioniert. Die Denkmuster scheinen schneller zu sein als der eigene Wille, und ehe man sich versieht, spurt man wieder auf den alten Gleisen. Natürlich macht man häufig die Erfahrung, dass das eigene Denken sich verändert, die Einschätzungen und Einstellungen andere werden. Das kann sogar manchmal sehr plötzlich geschehen, beispielsweise aufgrund eines einschneidenden Erlebnisses, das einem die Augen öffnet, einer Erkenntnis, »dass es einem wie Schuppen von den Augen fällt«, einer Begegnung, die neue Horizonte eröffnet. Oder man erlebt, wie sich durch die Erziehung, die das Leben uns allen angedeihen lässt, oder durch den wachsenden Erfahrungsschatz das eigene Denken im

Laufe der Jahre verändert. Aber: Dass das Denken sich im Lauf eines Lebens wandelt, heißt nicht zwingend, dass es sich zum *Positiven* hin ändert.

Es soll dahingestellt bleiben, ob ausgerechnet wir Deutschen solche Weltmeister im pessimistischen Denken sind, wie man das fast täglich explizit oder implizit in den Zeitungen lesen oder in den Nachrichten hören kann. Doch dass diese Tendenz zum negativen Denken vorhanden ist, lässt sich nicht leugnen. Wie krank machend die Ausbreitung pessimistischer Denkstrukturen ist, lässt sich an neuen Statistiken erkennen, die eine gewaltige Zunahme depressiver psychischer Störungen zeigen. Die großen Krankenkassen haben dazu in jüngster Zeit Studien durchgeführt, die alarmierende Zahlen liefern: So berichtet beispielsweise die DAK, dass inzwischen fast 10 Prozent der Fehltage bei den Berufstätigen auf psychische Erkrankungen zurückgehen – das ist ein Anstieg um 70 Prozent seit 1997 (*DAK-Magazin* Heft 3/2005).

Im Jahr 2000 kam eine von der Weltgesundheitsorganisation (WHO) und der Internationalen Arbeitsorganisation (ILO) vorgelegte Studie zu der Erkenntnis, dass allein in Europa 37 Millionen Menschen an beschäftigungsbedingten Depressionen leiden. Nun mag man sagen, in wirtschaftlich schwierigen Zeiten sei »beschäftigungsbedingt« doch sozusagen von außen kommend und könne nicht auf negative oder destruktive Denkmuster zurückgeführt werden. Und doch gibt es da einen Zusammenhang, denn wer auf äußere Schwierigkeiten mit Ängsten, Mutlosigkeit, Stress oder Depressionen reagiert, tut das aufgrund seiner Denkmuster. Das Gefühl von Hilflosigkeit, das sich durch destruktive Denkmuster entwickelt, führt zu Zuständen von Lähmung. Dabei entsteht schnell ein Teufelskreis, denn wer angesichts seiner Probleme in mutlose, deprimierte Tatenlosigkeit verfällt, statt sie zu lösen, wird sich bald noch viel größeren Problemen gegenübersehen.

Die Aufforderung, nun endlich anders zu denken, ist unter diesem Gesichtspunkt also nur allzu verständlich. Dass sie zum Teil von den falschen Leuten am nachdrücklichsten vorgebracht wird, soll nicht das Thema sein. In diesem Buch geht es um das Individuum und seine Möglichkeiten, das Leben zu seiner größeren Zufriedenheit zu bewältigen. Dabei geht es nicht nur um den Beruf: Negative Denkmuster spielen in unseren Augen in sämtlichen Lebensbereichen eine entscheidende Rolle, Liebesbeziehungen werden genauso dadurch beeinträchtigt wie familiäre Beziehungen oder Freundschaften. Doch welche Möglichkeiten haben Sie und ich, das eigene (Gefühls-)Leben selbst zu gestalten, Schwierigkeiten anzupacken, innere Blockaden zu überwinden, lang eingespielte Denk- und Erklärungsmuster zu verändern? Im Prinzip jede Menge! Doch in der Praxis fühlt man sich oft hilflos. Nicht nur, dass man den Eindruck hat, keinerlei Einfluss auf die äußeren Ereignisse nehmen zu können, man ärgert sich oft über sich selbst, weil mal wieder »der Gaul mit einem durchging«, weil man sich etwas nicht zugetraut hat, weshalb ein anderer mit der Siegespalme davonging, weil man den Partner angeblafft hat, statt ihn liebevoll in den Arm zu nehmen, weil man sich einem mörderischen Stress aussetzt und so weiter.

Es gibt noch einen weiteren Aspekt, der für die Abschaffung der negativen Gedanken spricht: Wohl noch kein Mensch hat es bereut, dass es ihm gut ging und er glücklich und beschwingt war, auch wenn hinterher die Zeiten wieder schwerer geworden sind. Aber wenn etwas nicht so lief, wie man es wollte, man niedergedrückt, hoffnungslos oder verzweifelt war – hat man sich da, nachdem die Situation sich wieder zum Guten gewendet hatte, nicht oft gefragt, weshalb man sich eigentlich das Leben mit den eigenen Gedanken und Befürchtungen selbst so sinnlos schwer gemacht hat? Denn genützt haben die trostlosen Gedanken rein gar nichts! Im Gegenteil, sie haben die Energie geraubt, die man dringend gebraucht hätte, um die anstehenden Probleme zu lösen.

Wir wollen Ihnen in diesem Buch einige Verfahrensweisen zeigen, mit denen Sie Ihren Denkmustern auf die Spur kommen können, und wir vermitteln Ihnen Techniken, die Sie einsetzen können, um diese Denkmuster in eine gewünschte Richtung zu verändern. Wie man Denkmuster verändern kann, wie man überhaupt Menschen helfen kann, sich zu verändern, ist ein Thema, das uns seit über dreißig Jahren beschäftigt. Dieses Buch ist also aufgrund einer sehr langjährigen Erfahrung in Therapie, Seminaren und Coachings entstanden. Diese Erfahrung hat uns auch gelehrt, dass es in den meisten Fällen harte Arbeit ist, wenn man sich verändern will. Manches geschieht, wie schon gesagt, spontan und leicht, fast wie von selbst – doch das sind Glücksfälle, die zu den Ausnahmen zählen. Persönlichkeitsentwicklung, also Arbeit an sich selbst, ist und bleibt Arbeit. Und dazu gehören eine gewisse Entschlossenheit, Ausdauer, Beharrlichkeit und Geduld. Um mit den Techniken, die wir unter dem Begriff »Check your Mind« zusammengefasst haben, zu arbeiten, brauchen Sie keine Vorkenntnisse und keine besonderen Fähigkeiten – es ist in dieser Hinsicht also nicht schwierig. Doch Sie müssen dazu bereit sein, selbst etwas zu tun und aktiv zu werden. Der Ausgangspunkt ist Ihr Wunsch, etwas gegen die »mentale Umweltverschmutzung« zu unternehmen, die Ihren Geist trübt.

Die meisten Menschen haben gelernt, ihren Arbeitsbereich sauber und ordentlich zu halten – einfach weil man sich dadurch sehr viel unnötige Arbeit erspart. Der Schreibtisch, die Werkstatt, die Küche, alles wird in Ordnung gebracht. Unnötiges wird weggeworfen, damit es uns nicht länger behindert. Nur unser wichtigstes Werkzeug, unseren Kopf, befreien wir nicht von dem »Müll«, der von falschen Denkstrategien erzeugt wird. Negative, destruktive Denkmuster hemmen Sie in Ihren Unternehmungen, blockieren Ihre Lebensfreude und rauben Ihnen Energie. Außerdem sorgen sie dafür, dass Sie sich von den Misserfolgen und widrigen Umständen, die jeden einmal treffen, viel länger beeinträchtigen lassen, als Menschen mit konstruktiven Denkmustern. Aber ebenso wie Aufräumen nichts ist, was man ein für allemal erledigen kann – denn nichts, was benutzt wird, bleibt von allein aufgeräumt –, so ist auch die Check-your-Mind-Methode etwas, das man immer wieder machen sollte, wenn man dauerhaften Erfolg haben will. Denn es werden vermutlich immer wieder Situationen auf Sie zukommen, die zunächst einmal negative Gedanken hervorrufen. Doch je öfter Sie dieses Instrument benutzen, desto leichter wird Ihnen seine Handhabung fallen. Und wenn Sie Ihren Geist regelmäßig aufräumen, so wird das ebenso deutlich wahrnehmbare Auswirkungen haben, wie das Aufräumen Ihres Schreibtisches oder das Putzen der Küche. Es wird sogar noch unendlich zufrieden stellender sein, denn der Ballast im Kopf wiegt schwerer und belastet Sie mehr als jeder andere Müll.

Seit etwa zwanzig oder dreißig Jahren sind immer mehr Menschen bereit, etwas zur Verschönerung ihres Körpers zu tun, und sich dafür sogar unter das Messer zu legen. Wird es da nicht langsam Zeit, auch etwas zur »Verschönerung« des Geistes zu unternehmen? Und was hilft es schon, dass man sich die Brüste hat aufpolstern lassen, wenn man zwei Monate später Depressionen hat wegen der vermeintlich hässlichen Nase? Da wäre es doch eigentlich klüger, sich von destruktiven Denkmustern hinsichtlich der eigenen Person zu trennen statt von viel Geld für den Schönheitschirurgen...

Vielleicht kommt jetzt, da körperliche Schönheit hauptsächlich eine Frage des Geldes geworden ist, tatsächlich eine Zeit, in der immer mehr Menschen erkennen, dass es mindestens genauso erstrebenswert ist, einen »schönen Geist« zu besitzen – und folglich auch bereit sind, etwas dafür zu tun. Sich der eigenen negativen Denkmuster zu entledigen, ist dazu ein erster Schritt.

Den Begriff »Check your Mind«, der dem ursprünglichen Seminar den Titel gegeben hat, hat ein junger Freund von uns gefunden, Philipp Schappert, dem wir an dieser Stelle noch einmal herzlich für diese gute Idee danken wollen, denn es scheint uns ein sehr treffender Ausdruck für das zu sein, was wir unseren Teilnehmern und Lesern vermitteln wollen: Überprüfen Sie Ihren Geist und Ihre Gedanken, wenn Sie merken, dass Sie sich etwas nicht zutrauen, vor etwas zurückschrecken oder nicht so erfolgreich sind, wie Sie es sich wünschen – aber auch dann, wenn Sie sich unwohl fühlen, blockiert, ängstlich oder unzufrieden sind. Finden Sie in sich selbst die nötigen Ressourcen, um daran etwas zu ändern. Wagen Sie den Versuch, mit den alten Denkmustern aufzuräumen! Sie werden sehen, es lohnt sich!

1.

Wie negative Gedanken und Gefühle zusammenhängen

Beispiel: Eigentlich ist die Situation für beide die gleiche: Sowohl Robert Neumann als auch Max Paulsen stehen ohne eigenes Verschulden von einem Tag auf den anderen auf der Straße. Die Firma, für die sie gearbeitet haben, wurde von einer anderen übernommen, und im Zuge dieser Fusion wurde ausgerechnet ihre Abteilung aufgelöst. »Mit dem größten Bedauern« wurden sie von ihrer Personalabteilung informiert, dass sie sich auf die Suche nach einem neuen Job machen könnten. Das hat beide zunächst einmal ziemlich umgehauen, an jenem Tag. Mit Mitte vierzig ist es ja auch gar nicht einfach, wieder etwas zu finden. Beide fühlen sich vom Schicksal schlecht behandelt – in ihrem Job sind sie schließlich gut gewesen und haben so etwas weiß Gott nicht verdient! Sie haben beide eine unruhige Nacht.

Aber schon beim Frühstück am nächsten Tag zeichnet sich ein Unterschied in ihrem Verhalten ab. Robert fühlt sich nach der schlechten Nacht ziemlich zerschlagen und möchte am liebsten überhaupt nicht aufstehen. Er fühlt sich völlig energielos und hängt trübsinnigen Gedanken nach: »Mich braucht sowieso keiner mehr. Wie soll ich denn in meinem Alter eine neue Stelle finden? Es ist ja sogar für die Jungen schwer, etwas Gutes zu finden. Ich habe sowieso keine Chance.« Max jedoch, der auch nicht gut geschlafen hat, beginnt noch während des Frühstücks eine Liste zu erstellen mit den Dingen, die jetzt getan werden müssen. Er hat sich einiges überlegt, das er anpacken will. Drei Wochen später erhalten beide auf eine Bewerbung eine Ablehnung. Robert fühlt sich dadurch in der negativen Beurteilung seiner Lage absolut bestätigt: »Ich hab's doch gleich gesagt. Der Markt ist zu, mich will keiner mehr – was soll ich mich überhaupt noch anstrengen.« Er ist sehr enttäuscht und will eigentlich nur noch eines: Die Flinte ins Korn werfen. Er geht aus dem Haus, weil er einen Spaziergang braucht, um diesen Tiefschlag zu verdauen, nimmt dabei aber nichts von seiner Umgebung wahr, sondern ist ziemlich neben sich.

Max verkraftet die Ablehnung leichter. Er denkt sich: »Na ja, das war ja zu erwarten, dass es nicht gleich hinhaut. Mit weniger als fünfzig Bewerbungen kommt kaum einer zu einer neuen Stelle, ich muss es halt weiter versuchen.« Er beschließt, einen Teil seiner Abfindung in ein Bewerbungs-Coaching zu investieren und setzt sich ans Telefon, um jeden anzurufen, der ihm einfällt, der ihm bei der Jobsuche vielleicht behilflich sein kann.

Zufällig treffen sich die beiden am Abend in einem Lokal. Beim Austausch darüber, wie es ihnen geht und was sie machen, ergibt sich folgendes Gespräch:

Robert: »Ach, es hat doch alles keinen Sinn. Schau dir doch die Zeiten an, wir gehören ja schon zum alten Eisen. Da findet man doch im Leben keine Stelle mehr. Unser Wissen gilt doch schon als längst veraltet. Jetzt ärgert es mich richtig, dass ich nicht viel öfter Fortbildungen besucht, sondern immer gearbeitet habe. Immer hab ich mich für die Firma aufgeopfert – und das ist jetzt der Dank!«

Max: »Was hast du denn bisher gemacht?«

Robert: »Ich habe drei Bewerbungen geschrieben, aber schon eine Ablehnung bekommen – na ja, die anderen werden auch noch kommen. Und du?«

Max: »Ich habe auch schon eine Ablehnung geschickt bekommen. Aber ich sehe das nicht so dramatisch. Klar, der Markt ist eng, einfach ist es nicht. Aber wir bringen doch jede Menge Erfahrungen mit – das könnte doch auch für eine andere Branche ganz interessant sein. Ich fände es jedenfalls ganz spannend, auch mal woanders was Neues auszuprobieren. Außerdem habe ich mit einem Bewerbungs-Coaching begonnen. Man muss sich doch schlau machen, worauf es heutzutage ankommt. Und mir tut es auch richtig gut, dass ich mich da so viel mit meinen Stärken beschäftige. Fünfzehn Bewerbungen habe ich bisher geschrieben, aber das ist eigentlich noch nicht viel. Ich habe jedenfalls nicht damit gerechnet, dass es so schnell etwas wird.«

Drei Monate später hat Robert insgesamt zehn Bewerbungen geschrieben, die zu keinem Erfolg geführt haben. Er hat innerlich aufgegeben und sich darauf eingestellt, dass es für ihn vorbei ist mit der Karriere. Er schreibt keine Bewerbungen mehr, denn weitere Ablehnungen verkraften zu müssen, will er nicht in Kauf nehmen. Er hat auch eine ganz gute Entschuldigung dafür, denn seine Gesundheit ist nicht mehr die beste: Er leidet zunehmend unter Magenproblemen und fühlt sich oft erschöpft.

Max hat in derselben Zeit vierzig Bewerbungen geschrieben. Er hat ebenfalls jede Menge Ablehnungen kassiert, doch jetzt hat er zwei Gespräche vor sich, die ganz verheißungsvoll klingen. Das Bewerbungs-Coaching hat er abgeschlossen und hat den Eindruck, viel Wichtiges dabei gelernt zu haben. Er ist voller Energie und fühlt sich insgesamt gut.

Wie Sie gesehen haben, sind die Ausgangsbedingungen und die Zukunftsaussichten bei Max die gleichen wie bei Robert. Trotzdem geht es dem einen verhältnismäßig gut und dem anderen verhältnismäßig schlecht. Man kann sich leicht ausrechnen, wer von den beiden wohl die besseren Chancen hat, wieder einen guten Job zu finden. Wie kommen solche Unterschiede zustande? Wieso ist Max zu einer ganz anderen Vorgehensweise in der Lage als Robert? Was bringt ihn dazu, so ganz anders mit einem Problem umzugehen als sein Kollege?

Vielleicht haben Sie das ja auch schon erlebt, bei sich selbst oder bei Menschen, die Sie kennen: In der gleichen Situation sind die einen unverzagt und geben die Hoffnung nicht auf, während die anderen schnell allen Mut verlieren und deswegen auch gar nichts mehr unternehmen. Meist wird das dann damit begründet, dass sich der ganze Aufwand doch gar nicht lohne: »Das kostet nur Kraft und Zeit, die Energie kann man sich sparen.«

Dabei wird aber leider übersehen, dass diese Art des »Energiesparens« sehr schnell in die Hoffnungslosigkeit führt und damit in etwas, was die Psychologen »erlernte Hilflosigkeit« nennen (über die wir im nächsten Kapitel ab Seite 55 noch ausführlicher sprechen). Damit fühlt man sich erstens nicht wohl, weil man nämlich keineswegs mehr, sondern sehr viel weniger Energie hat, und zweitens ist man in diesem Zustand nicht mehr so handlungsfähig – was ebenfalls eher zu Gefühlen von Niedergeschlagenheit, Mutlosigkeit bis hin zur Verzweiflung führt. Diese psychische Belastung kann sogar die körperliche Gesundheit angreifen, was sich dann wiederum negativ auf die gesamte Disposition eines Menschen auswirkt, und so ist man in einem Teufelskreis gefangen, dem man ohne fremde Hilfe kaum entkommt. Dabei fängt alles, wie Sie in diesem Buch noch sehen werden, ganz einfach an: Nämlich mit den falschen Denkstrategien.

Die spielen auch bei einem anderen der häufigsten Phänomene unserer Zeit eine große Rolle: nämlich bei Stress. Stress ist allgegenwärtig, Stress kennt jeder. Vielleicht haben Sie aber auch schon einmal die Erfahrung gemacht, die im folgenden Beispiel geschildert wird, dass Sie eine Situation ganz locker bewältigen, die für einen anderen mit höchster Anspannung verbunden ist. Oder umgekehrt, jemand scheint sogar Spaß zu haben bei etwas, das für Sie Stress pur ist.

X ***Beispiel:*** Marianne Uhland und Gabi Schmidt arbeiten als Kundenbetreuerinnen bei einer Firma, die gerade gravierende Qualitätsprobleme mit einem neuen Produkt hat. Täglich sind sie mit aufgebrachten Kunden konfrontiert, die sich zum Teil lautstark und verärgert beschweren, besonders wenn man ihnen klarmachen muss, dass es gar nicht so einfach sein wird, die Reklamation zu bearbeiten, weil sich das Problem nicht so schnell abstellen lassen wird. Seit drei Wochen geht das schon so, und da der Zulieferer erst in etwa zwei Wochen in der Lage sein wird, die benötigten Ersatzteile zu liefern, wird es auch noch eine ganze Weile so weitergehen.

Gabi hat gerade ein solches »Kundengespräch« hinter sich – es hatte mehr den Anschein eines handfesten Streits und war für beide Beteiligten sehr unerfreulich. Bei einer Zigarette versucht sie, ihre aufgebrachten Nerven wieder zu beruhigen. Marianne, die das Verhalten ihrer Kollegin schon seit einer Weile besorgt beobachtet, fragt sie: »Sag mal, was ist eigentlich los mit dir? Du wirkst vollkommen entnervt und stehst dermaßen unter Dampf. Man traut sich ja kaum, das Wort an dich zu richten!«

Gabi antwortet: »Na, das ist doch auch furchtbar. Wir haben seit vier Wochen nichts als Ärger. Jeder, der kommt, will nur schimpfen und sich beschweren. Ich kann es bald nicht mehr hören! Ich bin doch für den elenden Fehler nicht verantwortlich. Aber die tun alle so, als sei es nur meine Schuld und nur meinem bösen Willen zuzuschreiben, dass ihr blödes Gerät nicht augenblicklich in Ordnung kommt. Alle hacken auf mir rum – jeder lädt seine Wut bei mir ab. Ich kann das nicht, mit so etwas umzugehen liegt mir absolut nicht. Und dafür bin ich, nebenbei bemerkt, auch nicht eingestellt worden. Ich kann nachts schon gar nicht mehr richtig schlafen, so sehr wühlt mich das auf. Vorgestern war ich wegen der Schlafprobleme beim Arzt. Der hat gesagt, ich hätte zu viel Stress, den müsste ich abbauen. Ich wäre ihm am liebsten ins Gesicht gesprungen. Und dazu die ewige Unordnung und das Geschrei der Kinder zu Hause, wir giften uns bald nur noch an. Am Sonntag habe ich deswegen mit meinem Mann gestritten. Er meint, ich solle nicht so ungeduldig mit den Kindern sein. Die paar Spielsachen, die herumliegen, seien doch nicht so schlimm! Ha, ich bin ja auch die Einzige, die immerzu alles aufräumt! Daheim nichts als Ärger und hier nichts als Ärger – irgendwann ist es einfach zu viel.«

Marianne versteht gar nicht so recht, was ihrer Kollegin dabei so zu schaffen macht: »Es stimmt schon, die Reklamationen haben in letzter Zeit zugenommen – aber das sind doch höchstens ein Viertel unserer Kunden. Und außerdem ist das doch in zwei Wochen sowieso vorbei, wenn das Ersatzteil endlich da ist.«

Diese unbeschwerte Haltung ist für Gabi wiederum nicht nachvollziehbar: »Na, du hast gut reden. Aber die Schwierigen, die so richtig unangenehm werden, habe ohnehin immer ich. Allerdings kannst du auch irgendwie besser mit den Leuten umgehen. Da beruhigen sie sich schneller. Ich kriege eben einfach nichts gebacken. Die Kinder sind nervtötend, mit meinem Mann gibt es dauernd Streit und im Geschäft bringe ich es auch nicht!«

Marianne versucht, sie zu trösten: »Na ja, ein paar schwierige Kunden hatte ich ja auch. Das ist schon sehr lästig. Aber ich sage mir dann immer, dass die wohl gerade sehr schräg drauf sind. Du nimmst dir das einfach zu sehr zu Herzen.« Viel mehr als einen skeptischen Blick und einen tiefen Seufzer bewirkt sie bei Gabi damit allerdings nicht.

Nicht die Situation erzeugt die Gefühle, sondern wie wir darüber denken

Wie würde es Ihnen in einer solchen Situation gehen? Würde ein schwieriger Kunde, der Sie aus Unzufriedenheit über ein Produkt beschimpft, für das Sie doch gar nichts können, Ihren Ärger auslösen? Kämen Sie in Stress, wenn das zum dritten, vierten, fünften Mal an einem Tag passiert? Und wenn es so wäre, dass Sie ebenso wie Gabi an Stress-Symptomen litten, würden Sie glauben, dass das an der schwierigen Situation liegt?

Mit dieser Überzeugung befänden Sie sich im Einklang mit dem, was die allermeisten Menschen glauben – dass gefühlsmäßige Reaktionen jeder Art aus der jeweiligen Situation entstehen: Weil ich so viele schwierige Gespräche führen muss, habe ich Stress. Weil ich so viele Absagen auf meine Bewerbungen bekomme, fühle ich mich niedergeschlagen. Ich fühle mich so schlecht, dass ich gar nicht mehr zur Arbeit gehen, gar keine Bewerbungen mehr schreiben will.

Aber nur, weil die meisten Menschen etwas glauben, muss es noch nicht richtig sein. Schon die alten Griechen – jedenfalls die Weisen unter ihnen – haben erkannt, dass es nicht die Situation ist, die unsere Gefühle erzeugt, sondern das, was wir über diese Situation denken. Sonst müsste ja die gleiche Situation bei allen Beteiligten die gleichen Gefühle auslösen. Das ist aber offensichtlich nicht der Fall. Dass jeder unterschiedlich auf die gleiche Situation reagiert, liegt folglich an den unterschiedlichen Denkstrategien, mit denen Menschen ihre Erlebnisse bewältigen. Bei der Check-your-Mind-Methode geht es unter anderem darum, die eigenen Denkstrategien, kennen zu lernen, um sie, wenn sie sich als untauglich oder wenig zufrieden stellend erweisen sollten, zu verändern.

Wie Sie Ihre eigenen Denkstrategien erkennen

Sie sollten sofort damit beginnen, sich mit Ihren Denkstrategien vertraut zu machen. Je besser Sie sich selbst kennen lernen, desto leichter fällt es Ihnen, sich zu verändern, wenn Sie das wollen. Man wird beherrscht von dem, was man nicht kennt und ist Meister dessen, was man kennt. Da wir jedoch meist keinen direkten Zugang zu unseren Denkstrategien haben, ist es leichter, mit dem zu beginnen, was man unmittelbar erlebt: nämlich mit den Gefühlen. Jede innere Blockade ist mit unangenehmen Gefühlen verbunden und das genaue Beobachten der Gefühle gibt Ihnen einen Einblick in die dahinter liegenden Denkstrategien. Um den Weg zu erfolgreichen Denkstrategien zu ebnen, müssen Sie sich zunächst darüber klar werden, in welchen Situationen Sie sich blockieren. Wir möchten Sie deshalb bitten, jetzt Ihre Lektüre zu unterbrechen und sich mit sich selbst zu beschäftigen. Nehmen Sie sich die Zeit, in Gedanken die letzten Wochen oder Monate Revue passieren zu lassen, und erinnern Sie sich: Welches war die letzte »Katastrophe«, die Ihnen zugestoßen ist? Welches Ereignis – oder welche Ereignisse, wenn es mehrere waren – haben Sie aus der Fassung gebracht, geängstigt, geärgert, wütend oder niedergeschlagen gemacht? Nehmen Sie nun bitte einen Stift zur Hand und beschreiben Sie alles, was damit zusammenhängt:

- Schildern Sie die Situation so genau wie möglich.
- Notieren Sie, wie Sie mit der Situation umgegangen sind.
- Beschreiben Sie so detailliert wie möglich, welche Gefühle das Ereignis bei Ihnen ausgelöst hat.
- Schreiben Sie auf, wie lange es gedauert hat, bis Sie sich von diesen Gefühlen wieder lösen konnten.
- Beziehungsweise notieren Sie sich, was vielleicht noch immer an negativen Gefühlen da ist.

An einem Beispiel möchten wir Ihnen erläutern, wie das aussehen könnte:

Beispiel: Ich habe Streit mit meiner Kollegin. Ich habe im Moment sehr viel zu tun. Meine Kollegin soll mich eigentlich unterstützen und mir Arbeit abnehmen. Doch sie verschwendet sehr viel Zeit mit privaten Telefongesprächen. Je länger ich mir das mit ansehen musste, desto wütender bin ich geworden. Eine Zeit lang habe ich nichts dazu gesagt. Aber schließlich habe ich doch eine Bemerkung gemacht, auf die sie total empört reagiert hat. Sie hat mir sogar Mobbing vorgeworfen.

Wie bin ich damit umgegangen: Weil es mir peinlich ist, jemanden zur Rede zu stellen, habe ich zu lange nichts zu ihren privaten Telefonaten gesagt. Als es dann zum Streit kam, habe ich ihr gesagt, dass ich auf ihre Unterstützung in Zukunft verzichte.

Meine Gefühle dabei: Ich habe mich zu lange einfach nicht getraut, ihr etwas zu sagen. Ich hatte Angst, als kleinlich dazustehen. Als sie dann gleich so verärgert reagiert hat, hat sich mein Ärger ebenfalls gesteigert. Außerdem bin ich enttäuscht, dass sie mich so hängen lässt. Ich fühle mich schlecht behandelt, weil sie sich so unkollegial verhält, sie müsste doch sehen, wie viel Stress ich habe. Aber ich habe auch Angst, mich noch weiter mit ihr anzulegen. Solche Auseinandersetzungen sind mir extrem unangenehm.

Von den Gefühlen lösen: Bisher konnte ich mich überhaupt nicht von den Gefühlen lösen, denn jedes Mal, wenn sie wieder privat telefoniert, werde ich innerlich stinksauer. Aber noch überwiegt die Angst, es zu einem neuen Streit kommen zu lassen.

Dieses Beispiel kann Ihnen eine Anregung sein, wie Sie die obige kleine Übung durchführen können. Es geht zunächst einmal noch nicht um Ergebnisse oder Lösungen, sondern es geht einfach darum, Sie darin zu trainieren, Ihre Gefühle und nach Möglichkeit auch die Gedanken dabei bewusst und detailliert wahrzunehmen. Das dient als Vorbereitung für die Check-your-Mind-Methode, denn Sie können Ihre Denkstrategien erst dann verändern, wenn Sie sie bewusst wahrnehmen. Und vielleicht erhalten Sie ja beim Aufschreiben der Situationen und beim Nachdenken über die dabei aufgetretenen Gefühle und Gedanken schon einen ersten Einblick in den Zusammenhang zwischen Ihren Gedanken und den daraus resultierenden Gefühlen.

Sie selbst sind für Ihre Gefühle verantwortlich

Zunächst mag es für viele Menschen ein totales Umdenken erfordern, sich auf die Idee einzulassen, dass die eigenen Gedanken negative Gefühle, den Ärger und den Hass, die Angst, Wut und Niedergeschlagenheit erzeugen. Denn das bedeutet ja nichts weniger, als dass sich die ganze Verantwortlichkeit für unsere Gefühle verschiebt. Wenn man nicht mehr länger die Umstände, die Situation oder andere Menschen für die eigenen Gefühle verantwortlich machen kann – wer trägt dann die Verantwortung dafür, wie man sich fühlt?

Genau – jeder selbst! Und dagegen sträubt man sich sehr gern. Es ist doch eigentlich viel bequemer, sich sagen zu können: »Ich bin deshalb so wütend, weil mein Mann zum hundertsten Mal zu spät zum Essen kommt und mir damit zeigt, dass er meine Arbeit gering schätzt!«, statt zu erkennen, dass man wütend ist, weil man wütend sein will und den ganzen Ärger selbst produziert.

Vielleicht möchten Sie jetzt einwenden: »Aber der Ärger entsteht doch, weil er zu spät zum Essen kommt, obwohl wir eine ganz klare Vereinbarung getroffen haben!« Doch da lohnt es sich, unsere deutsche Sprache ernst zu nehmen, die ist in dieser Hinsicht nämlich sehr präzise: »Ich ärgere mich« sagen wir, wenn uns etwas nicht passt – und in diesem Satz kommt ein anderer Beteiligter überhaupt nicht vor. Wenn *ich mich* ärgere, geschieht nämlich meistens das Wesentliche lange bevor der andere die Szene betritt. Das Essen ist fertig, die festgesetzte Zeit verstreicht und bevor wir noch wissen, was den anderen aufgehalten hat, beginnen in unserem Kopf fantasierte Zwiegespräche, die die Wut schüren – denn sie sind keineswegs liebevoller Natur.

Und wenn man es schließlich dank eines solchen inneren Dialoges so weit gebracht hat, dass man sich richtig schlecht fühlt, hat man die nötige Rechtfertigung, dafür zu sorgen, dass es dem anderen auch schlecht geht, wenn er endlich kommt: Zuerst ärgere ich mich, dann sorge ich dafür, dass sich der andere auch ärgert, damit wir uns in einem Gleichgewicht befinden, das ist schließlich nur gerecht.

Aber was ist tatsächlich passiert? Es gab das Ereignis »später kommen als vereinbart«. Dieses Ereignis kann auf unterschiedlichste Weise interpretiert werden. Man kann dieses Ereignis zum Beispiel dazu benutzen, um ganz haarsträubende Horrorfilme vor dem inneren Auge ablaufen zu lassen, indem man sich Unglücksfälle aller Art ausmalt. Diese innere Bewertung führt vermutlich dazu, dass man sich selbst ängstigt und sich Sorgen macht. Kennen Sie jemanden, dessen Lieblingsgefühle Sorgen sind? Wir kennen einige Menschen, die geradezu darin schwelgen.

Man kann das Ereignis aber auch interpretieren als bewusste Bösartigkeit: »Das macht er absichtlich! Wenn er nur wollte, könnte er schon pünktlich sein. Er will mich verletzen!« Das schürt Wut und Hass. Eine andere Möglichkeit, sich unglücklich zu machen, wäre sich zu sagen: »Er interessiert sich nicht wirklich für mich. Er liebt seine Arbeit mehr als mich, ich bin ihm völlig gleichgültig.« Man könnte auch der eigenen Eifersucht Nahrung geben, indem man sich sicher ist: »Er kommt zu spät, weil er bei einer anderen ist. Der Kerl betrügt mich!«

Man könnte sich aber auch für eine mitleidige Interpretation entscheiden: »Der Arme! Bestimmt hat ihm sein Chef wieder in letzter Minute noch etwas ganz Dringendes zu erledigen gegeben. Er sitzt bestimmt schon auf glühenden Kohlen.« Die Gefühle, die man nach solchen Gedanken entwickelt, werden sicherlich ganz anderer Natur sein, als wenn man zu den negativen Gedanken neigt.

Man kann also sagen, dass wir die Wahl haben: Je nach Art des inneren Filmes, den wir uns anschauen, wählen wir die Gefühle aus, mit denen wir anschließend klarkommen müssen. So wie eine Herz-Schmerz-Romanze im Kino uns zu Tränen rühren kann, so reagieren wir auch auf unsere inneren Filme. Natürlich bedeutet »eine Wahl treffen« in diesem Zusammenhang nicht, dass wir uns ganz rational und planerisch überlegen: »Möchte ich mich jetzt lieber besorgt fühlen oder eifersüchtig? Ist heute die Wut dran oder der Hass, oder wäre ich doch lieber liebevoll?« Da würden die meisten Menschen einwenden: »So ein Unfug. So etwas mache ich nicht. Meine Gefühle sind einfach da. Sie kommen ohne mein Zutun über mich. Ich habe noch nie auch nur einen Ansatz von Entscheidung getroffen. Meine Gefühle sind spontan!« Womit sie auch fast Recht haben: Es findet sicher keine bewusste Entscheidung statt. Die Gedankenvorgänge, die zu unseren Entscheidungen führen, finden bei Erwachsenen in aller Regel so blitzartig statt, dass sie sich der bewussten Wahrnehmung entziehen. Die inneren Bewertungen, die zu unseren Emotionen führen, sind schon vor so langer Zeit entstanden, dass sie automatisch da sind und wir als

Erstes die emotionale Reaktion wahrnehmen. Das heißt aber nicht, dass Sie keinerlei Einfluss darauf haben, diesen Automatismus zu umgehen.

Automatisierte negative Gedanken

Bei kleinen Kindern kann man manchmal beobachten, dass es tatsächlich Entscheidungssache sein kann, ob sie nach einem Sturz zum Beispiel anfangen zu weinen oder zu lachen – je nachdem, was für ein Gesicht die Mama macht. Guckt sie ganz mitfühlend und erschrocken, wird geweint, muss die Mutter angesichts der Situationskomik lachen, kann es sein, dass das Kind mitlacht.

Die innere Einschätzung, ob man eine Situation eher zum Lachen oder zum Weinen findet, läuft irgendwann völlig automatisiert ab. Da wir immerzu alle Situationen und alle Ereignisse innerlich bewerten, entwickeln sich die dazugehörigen Gedanken quasi wie ein Reflex. Das heißt, in Bruchteilen von Sekunden können wir mehrere Bewertungen vornehmen, ohne uns dessen voll bewusst zu sein. Das ist auch in vielen Fällen angenehm, denn es macht den Alltag viel handhabbarer. Es erlaubt uns, Situationen sehr schnell und effizient zu analysieren, ohne erst mühsam jedes Mal mit dem Verstand Fakten zusammentragen zu müssen. So wissen wir zum Beispiel meistens sofort, wie die Stimmung in einem Raum ist, den wir gerade betreten. Wir sind uns häufig augenblicklich darüber im Klaren, wer uns sympathisch ist und wer nicht. Wir bewegen uns im Großen und Ganzen sicher im Straßenverkehr. Vieles von dem, was zu unserer Arbeit gehört, läuft fast von allein. Diese blitzschnellen Einschätzungen auch gänzlich neuer Erfahrungen beruhen auf den vielen vergangenen Erfahrungen und Einschätzungen.

Die Fähigkeit, automatisiert denken zu können, ist also in vielen Situationen von Vorteil, denn sie ermöglicht es uns, unser komplexes Leben zu bewältigen. Doch in bestimmten Fällen erweist sich genau diese Fähigkeit auch als ein Nachteil. Denn wenn wir auf Einschätzungen zurückgreifen, die wir als Kind gemacht haben, mit unseren eingeschränkten Möglichkeiten von damals, wird das längst nicht mehr den Möglichkeiten gerecht, die wir als Erwachsene haben. Mit einem bestimmten Geschehen werden automatisch bestimmte Gedanken verknüpft. »Er kommt nicht pünktlich, weil ich ihm nichts wert bin!«, denkt man vielleicht, weil man als Kind die traurige Erfahrung gemacht hat, dass man in der Familie nicht viel zählte. Solche Bewertungen des Verhaltens eines anderen lösen schließlich unsere Gefühle aus. Und die Gefühle sind der Teil des Vorgangs, den wir wieder bewusst wahrnehmen: Ich fühle mich wütend, ängstlich, traurig und so weiter.

Da die Gedanken, die zu unseren Gefühlen führen, nicht bewusst wahrgenommen werden, sondern automatisiert ablaufen, fehlt uns dieses Stück in der Ereigniskette. So kommt es, dass wir die tatsächliche Ereigniskette »Er kommt nicht pünktlich, das bewerte ich für mich als Lieblosigkeit, und weil ich so darüber denke, fühle ich mich einsam, traurig und wütend« verkürzen zu der Schlussfolgerung »Er kommt nicht pünktlich, das macht mich traurig«. Welche Erfahrungen und Erlebnisse, welche Botschaften unserer Eltern und anderer wichtiger Bezugspersonen in unserer Kindheit dazu beigetragen haben, dass wir jene automatisierten Bewertungen vornehmen, darüber sprechen wir in Kapitel 14, *Lebensskript und automatisierte negative Gedanken* und Kapitel 15, *Innere »Antreiber« – die Gebote zum Lebensskript*, die sich mit den »Einschärfungen« und den »Antreibern« befassen.

Automatisierte Gedanken schießen uns zwar ohne das bewusste Zutun unserer Wahrnehmung durch den Kopf, doch sind sie nicht so verselbstständigt, dass sie dem Bewusstsein überhaupt nicht mehr zugänglich wären. Wenn Sie Ihr Augenmerk darauf richten, ihnen auf die Spur kommen zu wollen, können Sie Ihre automatisierten Gedanken identifizieren. Das ist in etwa mit der Situation vergleichbar, dass Sie Ihre Umgebung und die damit verbundenen Geräusche nicht mehr wahrnehmen, wenn Sie sich sehr konzentriert irgendeiner Tätigkeit widmen, doch sobald Sie sich wieder bewusst auf die Umgebung konzentrieren, können Sie auch wieder alles um sich herum hören.

Wie Sie zwischen Gefühlen und Bewertungen unterscheiden

Machen Sie an dieser Stelle einmal die Probe aufs Exempel und durchdenken Sie für sich selbst, welche Gefühle Sie in verschiedenen Situationen empfinden. Versuchen Sie herauszufinden, welches Ihr eigener Anteil daran ist, was also situationsunabhängig ist. Vermutlich wird Ihnen dabei schnell auffallen, dass Ihr Anteil fast immer in der Bewertung der Situation liegt.

Es lohnt sich für Sie, diese Arbeit systematisch zu betreiben, denn auch das ist ein Teil der Check-your-Mind-Methode: Wenn Sie Zugang bekommen zu den Bewertungen, die Sie vornehmen, wird Ihnen auch klar werden, welche der Bewertungen Sie ändern müssen, um erfolgreicher mit schwierigen Situationen umgehen zu können. Wie Sie zu solchen Veränderungen kommen, darüber werden wir in späteren Kapiteln noch ausführlich sprechen, im Augenblick geht es für Sie zunächst nur darum, sich über Ihre bewertenden Gedanken klar zu werden.

Nehmen Sie bitte Stift und Papier und beantworten Sie folgende Fragen:

- Welche Situationen lösen welche negativen Gefühle bei Ihnen aus?
- Welche Bewertungen stecken Ihrer Ansicht nach dahinter?

Wie das aussehen könnte, sehen Sie in der folgenden Tabelle. Als Anregung finden Sie dort einige mögliche Bewertungen für das vorherige Beispiel, den Streit mit der Kollegin.

Negative Situation	*Ausgelöste Gefühle*	*Bewertende Gedanken*
Streit mit Kollegin	Angst	»Wenn ich das erneut anspreche, wird unser Verhältnis noch schlechter.«
		»Ich kann mich ja sowieso nicht durchsetzen.«
		»Sie hält mich sicher für kleinlich und unfreundlich.«
	Ärger	»Was erlaubt sie sich eigentlich, ständig privat zu telefonieren, wenn andere in Arbeit ertrinken.«
		»So etwas Unkollegiales würde ich nie tun.«
		»Sie ist eine blöde Kuh.«
		»Sie ist sich wohl zu fein zum Arbeiten.«
		»Sie hält sich für superwichtig.«
		»Ich hasse es, in einer solchen Situation zu sein.«

Wenn Sie das konsequent auch für andere Situationen machen, wird Ihnen der Zusammenhang zwischen Ihren bewertenden Gedanken und Ihren Gefühlen klarer werden. Möglicherweise wird Sie das sogar ein wenig erschrecken, denn die Schlussfolgerung daraus ist: »Sie sind für Ihre Gefühle weitgehend selbst verantwortlich. Nicht die Situation, nicht der andere sorgt für Ihre Gefühle, Sie machen sie durch Ihre Gedanken selbst.« Das ist eine Erfahrung, die selbst für die extremsten Situationen gilt, so erstaunlich das klingen mag. So hat zum Beispiel der Psychoanalytiker und Begründer der Logotherapie, Viktor Frankl, während der Nazi-Schreckensherrschaft zwei Konzentrationslager überlebt, in denen er ständig mit dem Tod konfrontiert war, misshandelt wurde und die Misshandlung anderer mit ansehen musste.

In dieser unvorstellbar entsetzlichen Situation ist ihm bewusst geworden, wie unterschiedlich Menschen auf die äußeren Begebenheiten reagieren und wie das ihre Überlebenschancen beeinflusst. Ihm ist es gelungen, die Situation für sich so zu interpretieren, dass seine Peiniger zwar die Macht haben mögen, über sein Leben und seinen Tod zu bestimmen, aber dass sie keinerlei Macht darüber haben, wie er sich innerlich fühlt und wie er mit dieser Situation umgeht. Er war dadurch in der Lage, selbst inmitten des Grauens und unter diesen extremen Lebensbedingungen intensive Glücksmomente zu erleben, etwa beim Betrachten eines wunderschönen Sonnenaufgangs. Er beschreibt das sehr eindrücklich in seinem Buch *Trotzdem Ja zum Leben sagen.*

Vielleicht möchten Sie jetzt einwenden, dass es doch sicher auch Gefühle gibt, die nicht durch Gedanken, sondern tatsächlich durch eine Situation ausgelöst werden – und damit haben Sie auch Recht. Wenn Sie sich zum Beispiel in einer wirklich gefährlichen Situation befinden und dabei Angstgefühle entwickeln, ist das ein überlebensnotwendiges Gefühl. Die Angst bei einer tatsächlichen Gefahr ist ein Reflex, den Sie zum Selbstschutz brauchen, und der Sie vor einem Schaden bewahren soll. Doch wie oft, verglichen mit der Häufigkeit von Angstgefühlen, befindet man sich in einer tatsächlich gefährlichen Situation? In den meisten Fällen sind die Angstgefühle lediglich eine Reaktion auf die inneren Filme oder inneren Bewertungen, die man vornimmt.

Wenn Sie die Sichtweise übernehmen, dass in der überwiegenden Mehrzahl der Fälle Ihre Bewertungen für Ihre Gefühle verantwortlich sind, bedeutet das, dass es die meiste Zeit an Ihnen selbst liegt, wie es Ihnen geht. Damit verlieren Sie zwar die Möglichkeit, die »Schuld« für Ihr Befinden anderen in die Schuhe zu schieben, es eröffnen sich Ihnen aber auch viele neue Perspektiven. Wenn Sie es selbst in der Hand haben, wie es Ihnen geht, haben Sie unendlich viel mehr Möglichkeiten dafür zu sorgen, dass es Ihnen gut geht, als wenn Sie nur das Opfer von Umständen oder anderen Menschen sind. Das funktioniert zwar nicht von heute auf morgen und ist auch nicht mühelos: Wie jede andere schlechte Angewohnheit lässt sich auch die Eigenschaft, sich von automatisierten negativen Gedanken beherrschen zu lassen, nur mit Arbeit und Anstrengung in den Griff kriegen.

Doch der Lohn, der Sie erwartet, ist die Mühe allemal wert: Innere Ruhe und Gelassenheit können sich einstellen. Ohne die negativen Gedanken, die Sie bremsen, können Sie mehr Zutrauen zu sich selbst entwickeln – auch in Situationen, wo das bisher nicht gelang. Daraus resultiert ein stärkeres Selbstwertgefühl. Außerdem lassen sich äußere Erfolge natürlich sehr viel leichter erzielen, wenn Sie Aufgaben selbstbewusst und voller Zuversicht anpacken und sich durch kleine Misserfolge nicht entmutigen lassen. Das setzt einen positiven Kreislauf in Gang, der ebenfalls dazu beiträgt, dass sich das generelle Wohlbefinden erhöht.

Wie Sie negative Situationen gelassen sehen

Beginnen Sie jetzt damit, sich vorzustellen, wie das aussehen könnte. Nehmen Sie doch bitte noch einmal Ihre Notizen der letzten Übung zur Hand. Sie haben sich aufgeschrieben, welche Situationen welche Gefühle bei Ihnen auslösen und sich auch überlegt, welche Bewertungen dahinter stecken.

Nun gehen Sie bitte jede einzelne dieser Situationen durch und stellen sich vor, wie jemand, der viel Gelassenheit besitzt, damit umgegangen wäre. Bitte greifen Sie wieder zu Stift und Papier und notieren Sie sich:

- Wie würde jemand, der viel Gelassenheit besitzt, mit der jeweiligen Situation, umgehen?
- Welche anderen Bewertungen würden diesem anderen Umgang zugrunde liegen?

Negative Situationen	*Der Umgang einer gelassenen Person damit*	*Bewertende Gedanken*
Streit mit Kollegin	Sie hätte die Kollegin viel früher auf die privaten Telefonate angesprochen.	»Ich habe das Recht, Unmut zu äußern.«
		»Ich brauche ihre Hilfe und kann das auch offen und ehrlich sagen.«
		»Sie hat wahrscheinlich noch gar nicht gemerkt, unter welchem Druck ich bei der Bewältigung meines Arbeitspensums stehe.«

	Sie hätte sich ihren Mobbing-Vorwurf nicht zu Herzen genommen.	»Ich habe ruhig und klar gesagt, was ich nicht in Ordnung finde, das hat mit Mobbing nichts zu tun.«
		»Sie hat sich wohl jetzt über mich geärgert, aber sie regt sich auch wieder ab.«
	Sie hätte sie ruhig aufgefordert, ihren Anteil an der Arbeit zu übernehmen.	»Ich weiß, dass es Teil ihrer Aufgaben ist, mich zu unterstützen.«
		»Wir kommen doch sonst immer gut miteinander klar, das schaffen wir jetzt auch.«

Nun sollten Sie noch einen Schritt weiter gehen und sich einmal ganz plastisch vorstellen, Sie selbst hätten die entsprechende Situation noch einmal zu bewältigen, diesmal aber mit der erforderlichen Portion Gelassenheit und Souveränität. Wie würden Gelassenheit und Souveränität Ihre Gedanken und damit Ihre Bewertungen beeinflussen? Und welche Gefühle würden diese anderen Einschätzungen erzeugen? Spielen Sie die jeweilige Situation in Gedanken ganz durch und schreiben Sie sich bitte die Resultate auf:

- Welche Gedanken gehen Ihnen durch den Kopf?
- Welche Bewertungen nehmen Sie vor?
- Wie fühlen Sie sich?

Gedanken	*Bewertungen*	*Gefühle*
»Ich will, dass sie mich unterstützt.«	»Ich habe das Recht, das von ihr zu erwarten.«	Entschlossenheit

Wenn Sie die vorangegangenen Übungen für ein paar Situationen nachvollzogen haben und sich jetzt Ihre Aufzeichnungen anschauen, werden Sie feststellen, dass Sie über andere gedankliche Bewertungen auch zu ganz anderen Gefühlen kommen. Daran lässt sich sehr schön erkennen, dass Ihre Gefühle weit mehr durch Ihre bewertenden Gedanken beeinflusst werden als durch die Situation an sich: Wenn Sie über ein Ereignis, über die beteiligten Personen oder über sich selbst anders denken, dann fühlen Sie auch anders.

Da unsere Verhaltensweisen sehr stark von unseren Gefühlen geprägt werden, können Sie auch erkennen, wie Sie durch die Veränderung Ihres Denkens zu neuen und konstruktiveren Handlungsweisen kommen können. Anstatt also vor Ärger auf die Mithilfe der Kollegin ganz zu verzichten, können Sie durch ein ruhiges Gespräch viel zu Ihrer eigenen Entlastung tun. Und das wäre doch schon was, oder?

Auch Stress ist eine Frage der Bewertung

Wer sich von der Herrschaft der automatisierten negativen Gedanken befreit, wird sehr viel weniger inneren Stress erleben, denn schließlich entscheidet meist erst die persönliche Bewertung darüber, was als Stress erfahren wird. Auch bei objektiven Stressfaktoren wie Lautstärke, Hitze oder Kälte, auf die der Körper auch ohne entsprechende Bewertungen mit Stress reagiert, verschärfen die inneren Bewertungen das Empfinden von Stress. Über die vielfältigen Arten von Belastungen, denen der moderne Mensch ausgesetzt ist und auf die sein Körper mit teilweise archaischen Mustern reagiert, die noch aus der Frühzeit der menschlichen Entwicklungsgeschichte stammen, ist in den letzten Jahren und Jahrzehnten so viel Gutes und Richtiges veröffentlicht worden, dass wir darauf an dieser Stelle nicht noch einmal eingehen müssen. Was vielmehr interessiert ist die Frage, wie die Mechanismen funktionieren, mit denen wir uns selbst in Stress bringen, und vor allem wie wir diese Mechanismen verändern können?

Wie Stress ausgelöst wird

Wie die Stressforschung festgestellt hat, löst selbst eine objektiv gefährliche Situation nur dann eine Stressreaktion aus, wenn man die Gefahr erkennt und glaubt, sie nicht bewältigen zu können. Das heißt, wenn wir Zutrauen zu uns und unseren Fähigkeiten haben, beschert uns selbst eine tatsächliche Gefahrensituation keinen Stress, sondern wir tun einfach, was getan werden muss, um die Situation zu bewältigen!

Andererseits kann eine an sich neutrale Situation als so unangenehm oder bedrohlich erlebt werden, dass sie in uns Stress erzeugt. Besonders wenn jemand glaubt, einer Situation hilflos ausgeliefert zu sein, erlebt er sehr viel mehr Stress, als wenn er sich als Herr der Situation fühlt. Sich hilflos zu fühlen scheint bei Menschen auch die überwältigendsten Angstgefühle auszulösen, wie Emotionsforscher herausgefunden haben (beispielsweise Paul Ekman in seinem Buch *Gefühle lesen*). Wenn man nichts tun kann als abzuwarten, stellen sich entweder Gefühle von Panik oder von völliger Resignation ein.

Was steckt dahinter, dass sich Menschen hinsichtlich ihrer Stressbelastbarkeit so unterscheiden? Es gibt Menschen, deren Belastungsschwelle sehr hoch ist, die also eine sehr geringe Stressanfälligkeit besitzen. Das heißt, sie reagieren weniger schnell und viel schwächer auf Stress auslösende Situationen und erholen sich schneller davon. Durch ihre Fähigkeit, schnell wieder zu entspannen, erkranken sie deutlich seltener an Stressfolgen.

Menschen mit geringerer Belastbarkeit hingegen scheinen dauernd unter Hochspannung zu stehen. Das schädigt ihren Organismus, der zu schnell, zu lang andauernd und zu intensiv reagiert. Die enge Beziehung zwischen Krankheit und Stress wurde seit den siebziger Jahren gründlich erforscht. Dabei wurde eine erhöhte Anfälligkeit für die verschiedensten Erkrankungen als Folge von chronischem Stress festgestellt, z. B. Herz-Kreislauf-Beschwerden, Magenkrankheiten, Rückenschmerzen, Migräne, erhöhte Anfälligkeit für Infektionen, um nur einige zu nennen. Wenn man nun davon ausgeht, dass es nicht die Ereignisse als solche sind, die den Stress verursachen, sondern die inneren Bewertungen dieser Ereignisse, kommt man schnell zu der Erkenntnis, dass es die verschiedenen Denkstrategien sind, die für die Unterschiede verantwortlich sind. Und Stress beginnt ja auch nicht erst in wirklich wichtigen Lebenssituationen, wo es vielleicht um folgenschwere Entscheidungen geht, sondern auch schon bei ganz harmlosen und alltäglichen Dingen. Eine Situation etwa wie in dem folgenden Beispiel:

Beispiel: Eine Frau bereitet ein Abendessen mit Gästen vor. Sie möchte, dass dieses Abendessen ein voller Erfolg wird – nicht etwa, weil ihr Chef oder der ihres Mannes käme, sondern weil sie findet, dass alle ihre Freundinnen wunderbare Gastgeberinnen sind und sie da unbedingt mithalten muss. Sie fürchtet aber insgeheim, es nicht zu können, und das setzt sie unter Druck. In ihrem Kopf jagen sich folgende Gedanken: »Hoffentlich gelingt mir der Fisch! Warum habe ich mir aber auch so etwas Heikles wie Fisch ausgesucht! Das Essen bei Waltraud neulich war dermaßen lecker, das schaffe ich im Leben nicht, das so hinzukriegen. Und hoffentlich gerät mir der Reis nicht wieder so pappig wie beim letzten Mal – da würde ich mich in Grund und Boden schämen. Habe ich auch genügend Sekt und Wein kalt gestellt? Oh mein Gott, hoffentlich wollen nicht alle Bier trinken – ich glaube, ich habe gar nicht genügend Bier im Haus. Ob die Vorspeisen ausreichen? Nichts ist schlimmer, als wenn zu wenig da ist, sieht ja aus, als würde man knausern! Ich glaube, ich sollte doch noch mal losgehen und beim Italiener zusätzliche Antipasti besorgen. Das wird dann aber sehr knapp mit der Zeit! Warum schaffe ich es eigentlich niemals, so eine Kleinigkeit wie ein Abendessen mit Freunden richtig vorzubereiten? Das kann doch wirklich jeder, nur ich bin unfähig dazu! Schrecklich – ich sollte eigentlich nie mehr jemanden einladen, ich kann das einfach nicht.«

Wenn jetzt noch irgendeine Kleinigkeit schief geht oder etwas Unvorhergesehenes dazwischenkommt, ist die »Katastrophe« – denn als solche wird es empfunden – perfekt. Wehe, das Kind braucht ausgerechnet an diesem Tag Hilfe bei den Hausaufgaben oder der Ehemann erwartet, dass man ihn mit dem Auto von der Firma abholt, weil sein Fahrrad einen Platten hat: Die Familie kann sich dann auf einen gefühlsstarken Ausbruch gefasst machen.

Auf diese Art und Weise kann aus einem harmlosen Ereignis ziemlich schnell eine Situation werden, die man nur noch als unangenehm und bedrückend erlebt – purer Stress eben! Die Freundinnen unserer Gastgeberin, die solch ein Abendessen so wunderbar hinkriegen, gehen vermutlich sehr viel lockerer mit der gleichen Situation um, und wahrscheinlich ist das das Geheimnis ihres Erfolges. Sie machen sich weder Gedanken über ihre vorhandenen oder mangelnden Fähigkeiten, noch glauben sie, dass der Erfolg eines Abends mit Freunden davon abhängt, ob der Reis gelungen ist oder nicht. Sie bewerten solch einen Abend nicht als einen Prüfstand für ihr Talent als Köchin und Gastgeberin, sondern freuen sich einfach darauf, mit netten Menschen zusammen zu sein.

Wenn solche belastenden Episoden sich häufen und jemand viele Anforderungen, die an ihn gestellt werden, mit der Denkstrategie »Ich bin unfähig« zu bewältigen versucht, wenn es sogar zur Regel wird, dass man sich derartig unter Druck setzt, dann entsteht ein Dauerstress, der mit der Zeit durchaus dazu führen kann, dass die körpereigenen Abwehrkräfte so geschwächt werden, dass man anfälliger für Krankheiten wird.

Es ist jedoch nicht nur die negative Bewertung der eigenen Fähigkeiten, die Stress verursacht. Auch wenn man andere Menschen oder eine Situation als negativ bewertet, erlebt man Stress und bringt sich innerlich unter Druck. So erging es beispielsweise auch einem neu ernannten Projektleiter, der vor der Aufgabe stand, sein erstes Projekt zu managen:

Beispiel: Der Projektleiter wusste, dass er über viele Fähigkeiten verfügte, doch statt sich über diese Chance zu freuen, erhöhte er seine innere Anspannung, indem er sich selbst mit folgenden Gedanken in Aufregung brachte: »Gleich das allerschwierigste Projekt muss ausgerechnet ich schultern! Ein Projekt, das vom Vorstand initiiert wurde! Das dürfte der Entwicklungsabteilung überhaupt nicht gefallen, die sind wahrscheinlich stinksauer auf mich. Da kriege ich Druck ohne Ende. Und auf Unterstützung vom Vorstand kann ich auch nicht bauen – die Herren ordnen ja nur an. Wie man das dann hinkriegen soll, ist ihnen egal. Die wollen ja nur Ergebnisse sehen, die Durchführung interessiert sie nicht. Aber bestimmt lassen sie mich ständig antanzen, um ihnen diese berühmten Ergebnisse zu präsentieren. Das hasse ich am allermeisten! Präsentieren macht mir überhaupt keinen Spaß, und mit denen da oben Süßholz zu raspeln ist auch nicht mein Ding! Wie viel Arbeit in solch einem Projekt steckt, davon haben diese Leute doch keine Ahnung. Außerdem bin ich mit dieser Sache komplett auf die Jungs von der Technik angewiesen. Dass die sich von niemandem etwas sagen lassen, weiß ja jeder, die kriege ich nie im Leben in Gang!«

Wer so negativ eingestellt an ein Projekt herangeht, bekommt mit Sicherheit Stress. Das liegt aber weder an der Arbeit noch an der Situation, sondern ausschließlich an der inneren Haltung. Schließlich könnte man sich auch sagen: »Ja fantastisch, das ist die Entwicklungschance, auf die ich immer gewartet habe, denn wenn das Projekt gelaufen ist, kennt mich der Vorstand!« Aber das ist für diesen Projektleiter undenkbar, denn seine Denkstrategie lautet: »Die Situation ist schrecklich und eigentlich unlösbar und die anderen werden es mir schwer machen.« Damit erschafft er für sich einen enormen Druck und hetzt sich selbst, um es trotz der vermeintlich widrigen Umstände doch noch zu schaffen. Es ist die pure Angst, die ihn antreibt, nicht die Freude an der Arbeit. Das macht die Arbeit so beschwerlich, denn Angst kostet ungeheuer viel psychische Energie.

Hinderliche Denkstrategien beziehen sich immer entweder auf die eigene Person, die anderen, die Situation oder auf eine Kombination dieser drei Punkte. Der Projektleiter kombinierte seine negativen Gedanken über die Situation mit jenen über die anderen Menschen. Diese Bewertung stand für ihn so im Vordergrund, dass ihm das Wissen über seine eigenen Fähigkeiten nicht viel weiter half: Er fühlte sich angesichts »der Umstände« fast ohnmächtig. Die gestresste Gastgeberin hingegen bezog ihre destruktive Denkstrategie fast ausschließlich auf sich selbst, denn sie dachte »Ich bin unfähig«.

Manches hinderliche Denkmuster bezieht sich auch auf eine Kombination dessen, was man über sich selbst und über andere Menschen denkt – dann macht man sich selbst klein und die anderen ganz groß. Viele Menschen erschaffen sich auf diese Art und Weise einen hohen Konkurrenzdruck, denn sie gestalten durch ihre inneren Bewertungen jedes Ereignis zu einem Wettbewerb – wie zum Beispiel ein befreundetes Paar von uns:

Beispiel: Dieses Paar hat mit großer Freude an einem Tanzkurs teilgenommen. Die Tanzschule, die den Kurs anbietet, veranstaltet jeden Samstagabend eine Tanzparty, zu der die Teilnehmer aller Kurse eingeladen sind. Das Paar war nur ein einziges Mal dabei. Sie würde schon gern wieder hingehen, aber er will nicht, da er behauptet: »Die anderen dort tanzen alle sehr viel besser als wir. Das sind alles alte Hasen. Ich habe keine Lust, mich da zu blamieren.« Er hat nämlich gesehen, dass einige Paare tatsächlich geübter sind im Tanzen, und das macht ihm zu schaffen: »Die anderen Paare können sich ja unglaublich gut bewegen. Daneben fühle ich mich wie ein Trampeltier. So sicher und elegant kriege ich das niemals hin. Bevor ich nicht so gut tanzen kann, zeige ich mich nicht in der Öffentlichkeit. Aber ob ich das jemals schaffe, das ist echt die Frage. Dieses eine Paar war ja wirklich unglaublich!«

Unser Bekannter bewertet sich selbst sehr schlecht und die anderen sehr gut, das ist ein typischer Konkurrenzbezugsrahmen. Wer schon eine Tanzparty mit einem Konkurrenzdenken angeht, wird das im Alltag und bei der Arbeit vermutlich noch viel ausgeprägter tun. So kann man sich ausrechnen, wie viel Stress und Belastung er sich selbst erschafft, indem er alle möglichen Vorkommnisse innerlich zu Hochleistungswettbewerben aufbauscht.

Dass man sich selbst und die eigenen Fähigkeiten gern mit anderen misst und immer wieder die Herausforderung durch Wettbewerbssituationen sucht, ist jedoch nicht das eigentliche Problem. Es sind die blockierenden Gedanken dabei, die solche Situationen zu einer Belastung machen. Man kann eine Konkurrenzsituation durchaus auch dazu nutzen, um sich in positivem Sinne anzuspornen – dazu muss jedoch das Denkmuster ein anderes sein. Mehr zur Wirkung negativer und positiver Denkmuster erfahren Sie im nächsten Kapitel.

Wie Sie mit Stress-Situationen umgehen

Jetzt soll es jedoch zunächst wieder um Sie gehen. In diesem Kapitel können Sie Ihren eigenen Umgang mit Stress analysieren. Nehmen Sie sich genügend Zeit, sich an Situationen zu erinnern, die bei Ihnen Stress auslösen. Überlegen Sie sich bitte, worauf Sie typischerweise mit Stress reagieren. Durchleben Sie diese Situationen in Ihrer Vorstellung noch einmal. Achten Sie bitte auf folgende Punkte und schreiben Sie die Antworten anschließend auf:

- Welches sind typische Stress-Situationen für Sie?
- Wo im Körper spüren Sie den Stress am deutlichsten?
- Wie schätzen Sie die Situation ein?
- Was denken Sie über sich selbst?
- Was denken Sie über andere Menschen, die an der Situation irgendwie beteiligt sind?

Meine typische Stress-Situation	Ich habe viel zu tun, zwei Leute wollen gleichzeitig ganz dringend etwas von mir und dann klingelt auch noch das Telefon.
Hier spüre ich im Körper Stress	Der Atem wird flach, Spannung im Bauch und ich kneife die Augen zusammen (steile Stirnfalte).

Meine bewertenden Gedanken über die Situation	Heute ist mal wieder ein grässlicher Tag. Typisch, alles kommt auf einmal. Warum ist hier immer Hektik pur? Ich hasse es, wenn ich nicht in Ruhe meine Arbeit machen kann.
Meine bewertenden Gedanken über mich	Wie soll ich das alles schaffen? Jetzt war ich schon wieder so kurz angebunden. Ich müsste das alles besser organisieren. Wenn ich mich nicht beeile, komme ich noch mehr unter Druck.
Meine bewertenden Gedanken über andere	Die meckern bestimmt gleich los, weil sie warten müssen. Die halten sich wohl für ganz wichtig.

Wenn Sie im Geist mehrere Stress-Situationen durchgespielt und die Antworten notiert haben, wird Ihnen der Zusammenhang zwischen bewertenden Gedanken und Stress sicher immer deutlicher. Vielleicht erkennen Sie bei sich ja auch ein Muster, das sich abzeichnet, dass es nämlich immer wieder ähnliche Bewertungen sind, die Sie in Stress bringen. Zunächst brauchen Sie gar nichts weiter zu tun, als auf Ihre Gedanken zu achten. Wie Sie sie Schritt für Schritt verändern können, werden wir im weiteren Verlauf des Buches erklären. Im nächsten Kapitel geht es erst einmal darum, dass Sie ein besseres Verständnis dafür entwickeln, was sich in Ihrem Kopf alles abspielt – und was das bewirkt.

2.

Was unsere Denkmuster bewirken können

Wir wollen und können Ihnen kein allgemein gültiges Glücksversprechen geben. Auch Menschen, die schwierige Situationen mit konstruktiven Denkmustern bewältigen, die also entweder keine automatisierten negativen Gedanken entwickelt oder aber gelernt haben, mit diesen umzugehen, können nicht immer nur zufrieden und glücklich durch das Leben gehen. Selbstverständlich lösen schwerwiegende Probleme wie der Verlust eines geliebten Menschen oder der Verlust des Arbeitsplatzes, ein Unfall oder eine Krankheit auch bei ihnen zunächst Gefühle von Niedergeschlagenheit oder Trauer aus. Doch der Unterschied zu Menschen mit automatisierten negativen Gedanken zeigt sich bereits nach einiger Zeit: Wer gewohnheitsmäßig negativ denkt, fühlt sich eher gelähmt und braucht sehr viel länger, um aus einem tiefen Loch wieder herauszukommen, als Menschen mit konstruktiven Denkmustern. Einigen Menschen gelingt das leider überhaupt nicht, und sie verharren dann in ihrem gelähmten, unglücklichen Zustand.

Die Forschungen von Psychologen wie zum Beispiel dem amerikanischen Professor Martin Seligman, der das Phänomen der »erlernten Hilflosigkeit« (mehr dazu in dem gleichnamigen Abschnitt ab Seite 55) als Erster erkannt und erforscht hat, zeigen, dass Menschen mit konstruktiven Denkmustern auch nach schweren Schicksalsschlägen schneller wieder in der Lage sind, ihr Leben in die Hand zu nehmen und sich nicht als Opfer der Umstände zu fühlen (nachzulesen in seinem Buch *Erlernte Hilflosigkeit*, Weinheim 2000).

Umso mehr gilt das erst für die Bewältigung geringerer Schwierigkeiten. Man wird ja zum Glück nicht wöchentlich mit schweren Schicksalsschlägen konfrontiert, sondern kann den Umgang mit automatisierten negativen Gedanken an den Herausforderungen des Alltags üben. Auch in der Bewältigung alltäglicher Misserfolgserlebnisse und Schwierigkeiten zeigt sich der Unterschied zwischen negativen und positiven Denkmustern. In aller Kürze lassen sich die Unterschiede in den Denkmustern so charakterisieren: Jemand mit einem negativen Denkmuster wird viel und lange über seinen Misserfolg nachdenken, sich selbst die Schuld geben und glauben, dass sich die Dinge auch in der Zukunft schlecht entwickeln werden. Wer hingegen über konstruktive Denkmuster verfügt, hakt vergangene Misserfolge schnell ab, hält sie für ein einmaliges Ereignis und gibt eher äußeren Umständen die Schuld daran als sich selbst.

Denkmuster und der Umgang mit Misserfolgen und Hindernissen

Die Unterschiede bei den Denkmustern machen sich beispielsweise auch bei der Leistungsfähigkeit von Sportlern bemerkbar. So ermittelte Professor Seligman bei amerikanischen Leistungsschwimmern anhand eines Fragebogens deren grundsätzliche Denkmuster. Daraufhin sagte er vorher, dass diejenigen Schwimmer, die sich durch besonders konstruktive Denkmuster auszeichneten, sich von einem Misserfolg sehr schnell erholen und dadurch eher zu besseren Leistungen angespornt würden, während diejenigen mit negativen Denkmustern länger unter einem Misserfolg litten, und dadurch erst einmal in der Leistung nachlassen würden. Er bat auch die Trainer der Schwimmer, Vorhersagen zu machen, wer sich ihrer Einschätzung nach von einem Misserfolg eher lähmen ließe und wer davon eher zusätzlich motiviert würde. Es gab also zwei Vorhersagen über das Verhalten der Schwimmer: die der Trainer, getroffen aufgrund ihrer Erfahrung mit den Schwimmern, und die Seligmans, nur basierend auf seiner Denkmusteranalyse.

Überprüft wurde das Ganze mittels eines Experiments. Die Schwimmer mussten unter Wettkampfbedingungen antreten und erhielten ihre Zeiten genannt – jedoch nicht die tatsächlichen, sondern deutlich schlechtere Werte. Alle Schwimmer befanden sich also in dem Glauben, ziemlich schlecht abgeschnitten zu haben. Man kann davon ausgehen, dass das Gefühl, längst nicht das übliche Leistungsniveau erreicht zu haben, bei den Schwimmern ein Misserfolgserlebnis ausgelöst hat. Nach einer halben Stunde Pause wurden die Schwimmer dann erneut auf die Bahn geschickt.

Beim Messen dieser zweiten Zeiten offenbarte sich, dass die Vorhersagen der Trainer nicht besser waren, als wenn sie gewürfelt hätten! Die Vorhersagen, die Seligman gemacht hatte, trafen hingegen genau ins Schwarze. Einige der Schwimmer mit sehr konstruktiven Denkmustern hatten sich sogar gegenüber dem tatsächlichen Wert des ersten Durchgangs verbessert, während Schwimmer mit negativen Denkmustern noch schlechter abschnitten. Das Experiment hat also belegt, dass die Denkmuster dafür verantwortlich sind, ob uns ein Misserfolg lähmt oder anspornt. Da Misserfolgserlebnisse zum Alltag eines jeden Menschen gehören, ist es folglich wichtig, diese positiv bewältigen zu können, um mit sich und seinem Leben zufrieden zu sein und um allgemeinen Lebenserfolg zu erzielen.

In einem anderen Experiment untersuchte Seligman, wie schnell sich Menschen entmutigen lassen. Welche Menschen suchen hartnäckig nach Lösungen, wenn sie vor einer schwierigen Aufgabe stehen, und welche geben schnell auf? Um das herauszufinden, konfrontierte er Versuchspersonen mit einer unlösbaren Aufgabe. Es wird Sie jetzt nicht mehr überraschen zu erfahren, dass Versuchspersonen mit konstruktiven Denkmustern sich in die Aufgabe regelrecht verbissen haben und bis zuletzt davon überzeugt waren, noch eine Lösung zu finden, während Menschen mit negativen Denkmustern sehr schnell und frustriert die Flinte ins Korn warfen.

Nun könnte man einwenden, dass die »Negativen« sich doch in diesem Fall den »Konstruktiven« überlegen gezeigt hätten: Sie haben es doch eigentlich ganz geschickt gemacht und unnütz eingesetzte Zeit und Energie gespart. Dabei muss man jedoch unterscheiden, dass sie nicht deswegen so schnell aufgegeben haben, weil sie klug erkannt haben, dass diese Aufgabe gar nicht lösbar ist. Sie hielten die Aufgabe durchaus für lösbar, aber sie hielten sich selbst nicht für fähig, sie zu lösen. Sie glaubten, dass sie so etwas Schwieriges niemals hinkriegen würden!

Betrachtet man nun wieder den allgemeinen Lebenserfolg, so kann man sagen, dass die Fähigkeit, an der Lösung eines Problems dranzubleiben und sich nicht sofort entmutigen zu lassen, sondern Ausdauer zu zeigen, ein wesentlicher Bestandteil ist, um Zufriedenheit mit sich selbst zu erreichen. Wie viele Forscher, Erfinder und Entdecker mussten sich durch eine Flut von Fehlschlägen kämpfen, bevor endlich glückte, was sie sich vorgenommen hatten! Hätten sie zu früh aufgegeben, hätten sie sich folgende Botschaft vermittelt: »Ich kann es nicht, ich schaffe es nicht!« Keine sehr aufbauende Botschaft für das Selbstwertgefühl, oder? Ohne das nötige Durchhaltevermögen wird man im Leben häufig mit dem Scheitern konfrontiert. Wer viele Misserfolge erlebt und dadurch sein Selbstwertgefühl schmälert, lässt sich daraufhin noch schneller entmutigen und sinkt in diesem Kreislauf immer weiter nach unten. Wer sich dank seiner konstruktiven Denkmuster hingegen nicht entmutigen lässt, der behält sein intaktes Selbstwertgefühl und hat sehr viel größere Aussichten auf Erfolg.

Doch die positiven Auswirkungen konstruktiver Denkmuster gehen noch weiter. Schon Seligman konnte in seinen Untersuchungen zeigen, dass konstruktiv denkende Menschen gesünder sind. Eine neue Langzeitstudie aus den Niederlanden (GGZ Delfland) konnte ebenfalls nachweisen, dass optimistische Denkmuster gesundheitsfördernd sind. Das Forscherteam um Erik J. Giltay hat knapp 1000 Männer und Frauen zwischen 65 und 85 Jahren zehn Jahre lang (1991–2001) begleitet und dabei festgestellt, dass die »high optimistic« Persönlichkeiten eine um 55 Prozent geringere allgemeine Sterblichkeitsrate aufwiesen sowie ein um 23 Prozent verringertes Herztodrisiko. Erklären lässt sich das vielleicht damit, dass solche

Menschen sehr viel weniger inneren Stress erleben, was sich wiederum positiv auf das Immunsystem auswirkt. Dass zu viel Stress im Umkehrschluss das Immunsystem schwächt, hat die Stressforschung immer wieder bestätigt. Menschen mit konstruktiven Denkmustern haben zudem mehr Zutrauen zu sich selbst, und das steigert die Selbstakzeptanz. Sie fühlen sich wohler und sie gehen gelassener mit ihren Fehlern um, sind dadurch langsamer gereizt und erleben weniger Aggressivität. All das reduziert den inneren Stress drastisch.

Spürbar sind diese positiven Auswirkungen nicht nur im beruflichen Bereich – sie kommen auch dem Privatleben zugute. Ihre Familie wird enorm davon profitieren, wenn Sie gelassen und entspannt den »ganz normalen Wahnsinn« bewältigen können. Wenn Sie sich als junge Mutter oder junger Vater nicht dadurch in Verzweiflung bringen, dass Sie sich fragen: »Hört das denn nie auf? Werde ich niemals mehr auch nur eine halbe Stunde Zeit für mich haben? Jemals wieder eine Nacht durchschlafen?« Oder wenn Sie dem unglaublichen Chaos, das ein einziger Halbwüchsiger anrichten kann, nicht mehr mit hilfloser Wut gegenüberstehen. Dann werden Sie zusätzlich auch Ihren Kindern ein gutes Beispiel für Selbstvertrauen, Selbstakzeptanz, Durchhaltevermögen und Lebenserfolg sein. Letzterer zeigt sich nämlich nicht oder nicht nur durch glänzende äußere Erfolge, wie zum Beispiel durch das Erklimmen der Karriereleiter oder den Kontostand – schließlich kann man mit sehr viel Bravour und Glamour auch sehr unglücklich sein! Lebenserfolg zeigt sich vielmehr darin, wie zufrieden Sie mit sich selbst sind, und dabei spielen Ihre Gedanken die Hauptrolle!

Wie Sie an Probleme und Herausforderungen herangehen

Wie Denkmuster aufgebaut sind und welche Mechanismen dabei eine Rolle spielen stellen wir Ihnen im Kapitel 3, *Die Wirkfaktoren in unseren Denkmustern,* ausführlich dar. Doch zunächst geht es wieder um Sie: Gibt es in Ihrem Leben etwas, das Ihnen als »unlösbare Aufgabe« erscheint? Gibt es irgendetwas, das Sie schon immer tun wollten, aber noch nie angepackt haben? Oder ist da etwas, das Sie zwar tun, aber nicht zu Ihrer vollsten Zufriedenheit? Aus welchem Grund halten Sie dieses Buch in der Hand? Was wollen Sie an Ihrem Verhalten, Ihren Einstellungen verändern? Bitte greifen Sie wieder zu Papier und Stift und beantworten Sie diese Fragen:

- Mit welchen eigenen Verhaltensweisen sind Sie unzufrieden?
- Was glauben Sie, nicht zu schaffen?
- Gibt es ein Problem, das Ihnen unlösbar erscheint?
- Was würden Sie gern endlich anpacken?
- Worin wollen Sie erfolgreicher werden?
- Was würden Sie gern ändern?

Die Beantwortung dieser Fragen könnte etwa so aussehen:

Ich bin unzufrieden damit,

- mich im Team so selten zu Wort zu melden, weil ich Angst habe, mich zu blamieren;
- zu oft mit den Kindern herumzumeckern;
- zu schnell aggressiv auf meinen Partner zu reagieren.

Ich glaube nicht zu schaffen,

- den Stadtmarathon mitzulaufen;
- in den Chor aufgenommen zu werden;
- die Gehaltserhöhung zu bekommen.

Es ist ein unlösbares Problem,

- an Vaters Geburtstag nicht mit meiner Schwester zu streiten;
- mit dem Ex eine finanzielle Einigung herbeizuführen;
- meinen Chef dazu zu bringen, mir eine andere Arbeit zu geben.

Was ich gern endlich anpacken würde:

- regelmäßig Sport treiben;
- tanzen lernen;
- meine Finanzen in Ordnung bringen.

Ich will erfolgreicher werden und

- in meinem Lieblingssport endlich die Meisterschaft gewinnen;
- bessere Noten in den Klausuren erreichen;
- eine bessere Bewertung im Beurteilungsgespräch erhalten.

Das will ich ändern:

- meine Gereiztheit in der Familie;
- immer wieder Frustkäufe zu tätigen;
- auf Partys zu viel (zu wenig) zu reden.

»Positives Denken« allein nützt leider gar nichts

Ein berühmt gewordener und gängiger Lösungsansatz, um mit den Widrigkeiten des Lebens und den negativen Gedanken umzugehen, ist das »positive Denken«. Es gibt dazu jede Menge Literatur, und meistens wird dabei auch die richtige Idee vermittelt: dass das Denken das Fühlen beeinflusst. Wenn man sich also durch negative Gedanken unbewusst auf Misserfolg und Unzufriedenheit programmiert, so der naheliegende Schluss, muss man doch einfach die negativen durch positive Gedanken ersetzen und alles wird gut. In unserem Eingangsbeispiel mit den beiden Gekündigten würde das bedeuten, dass sie sich nun Gedanken machen sollten wie: »Ich werde den idealen Job finden!« oder »Der ideale Job wartet schon auf mich!« Lehren, die solches propagieren, werden gerne gehört, denn sie versprechen sehr schnelle und einfache Hilfe – und wer glaubt nicht gern an Wunder? Wenn einem dann noch vollmundig versprochen wird, dass man einfach alles erreichen kann, und wenn man umschmeichelt wird von Aussagen, dass man es wert ist, sich jeden Traum zu erfüllen: Für wen ist das nicht eine verlockende Vorstellung?

Manchmal kann man sogar ein oder zwei Erfolgserlebnisse dadurch verzeichnen, sich einfach positiv auf etwas zu programmieren. Die meisten Menschen stellen jedoch sehr rasch fest, dass für ihre wirklichen Probleme diese Methode leider nicht richtig funktioniert. Die negativen Gedanken scheinen auf geheimnisvolle Weise bei einem selbst stärker zu sein als bei den Buchautoren, die von ihren sensationellen Erfolgen berichten. Zweifel und Sorgen stellen sich schnell wieder ein, und dann fühlt man sich auch noch mies, weil man offenbar wirklich ein hoffnungsloser Fall ist. Man hat einen kleinen Teufel im Kopf, der bei jedem positiven Gedanken, den man sich macht, hämisch lacht. Außerdem gibt er ganz leise, aber trotzdem unüberhörbar, seine entmutigenden Kommentare zum Besten: »Sich etwas schönreden macht die Sache auch nicht besser.« – »Die rosarote Brille hat noch keinem geholfen.« – »Den Quatsch glaubst du doch selbst nicht.« – »Ausgerechnet du? Da lachen ja die Hühner!« Wenn die Menschen, die es mit dem »positiven Denken« probiert haben, schließlich merken, dass bei ihnen die negativen Gedanken offenbar stärker sind, geben sie den Versuch enttäuscht wieder auf.

Dass das »positive Denken« gelegentlich auch zu einem gewissen Realitätsverlust führen kann, hat eine Untersuchung gezeigt, die mit Studenten durchgeführt wurde. Dabei hat man festgestellt, dass Studenten, die sich Sätze suggerierten wie »Ich werde auf jeden Fall mit einer Eins abschneiden«, bei Prüfungen schlechter abschnitten als andere. Dafür gibt es zwei Erklärungen: erstens, dass sie aufhörten zu lernen – was unmittelbar vor einer Prüfung eigentlich nur mit einem Realitätsverlust zu erklären ist; zweitens, dass sie vom ersten kleinen Misserfolg zurückgeworfen wurden und ihre negativen Gedanken dadurch deutlich stärker als zuvor waren.

Studenten hingegen, die sich Ziele steckten, die für sie selbst glaubwürdig waren, erhielten dadurch einen Ansporn zur Arbeit und wurden mit Erfolg belohnt. Man kann also grob vereinfacht sagen, dass »positives Denken« eher Wunschträume fördert, ein Wunschtraum jedoch keine Handlungen auslöst. Ein erreichbares Ziel hingegen, das man sich gesetzt hat, bewegt einen, tätig zu werden, und motiviert, auch Anstrengungen auf sich zu nehmen, um dorthin zu kommen. Es hilft eben alles nichts: Man muss sich der Erkenntnis beugen, dass es ohne Arbeit nicht geht!

Wenn es nun aber so ist, dass unsere Gedanken wesentlich über unser Wohlbefinden und unseren Erfolg entscheiden, was ist denn dann beim »positiven Denken« schief gegangen? Warum haben die positiven Gedanken nichts bewirkt? Das liegt daran, dass der direkte Weg vom Negativen zum Positiven, indem man also versucht, positive Botschaften über die negativen Glaubenssätze zu stülpen, einfach nicht funktioniert: Dazu sind die negativen Denkmuster zu tief verankert, als dass sie sich so einfach auslöschen ließen. Sicher, wenn man Glück hat, reicht es bei einer harmlosen Schwierigkeit aus, sich einen Ruck zu geben, mutig zu sein und sich selbst ein paar aufmunternde Worte zu sagen – und dann geht es.

Doch für Probleme, die uns schon länger im Leben begleiten, für hemmende Verhaltensweisen, die wir immer und immer wieder zeigen, oder für Sorgen, die wir uns schon unser ganzes Leben lang machen, braucht es etwas mehr als nur einen neuen »Anstrich« für die alten Gedanken. Das ist vergleichbar mit dem Versuch, durch das Auftragen von Lack eine rostige Stelle zu entfernen: Eine Weile sieht man den Rost nicht mehr, aber er kommt unter Garantie wieder. Gleiches gilt für viele Probleme: Sie sind entstanden aufgrund automatisierter negativer Gedanken, die in unserem Kopf meist schon seit Kindheitstagen so häufig produziert wurden, dass sie jenseits der Wahrnehmungsschwelle auf ihrer gut geölten Spur blitzschnell dahingleiten (welche Erfahrungen in der Kindheit diese negativen Gedanken auslösen können, erfahren Sie in Kapitel 14, *Lebensskript und automatisierte negative Gedanken*).

Sie bemerken automatisierte negative Gedanken in den meisten Fällen nur dadurch, dass sie Unbehagen, Unruhe und Angst auslösen. Leichte Schwierigkeiten lösen keine Angst aus, sondern eher eine Art inneres Zögern. Das kann überwunden werden, indem Sie mit aufbauenden Botschaften bewusst dagegensteuern. Tiefsitzende automatisierte Gedankenmuster erfordern zu ihrer Überwindung jedoch etwas mehr Arbeit. Sie führen zu so starken emotionalen Reaktionen, dass Sie nicht mehr so leicht dagegen ankommen. An diesem Punkt setzt die Check-your-Mind-Methode an, denn sie verhilft zu einer gründlichen Auseinandersetzung mit den destruktiven oder blockierenden Gedanken, die die Form von Glaubenssätzen angenommen haben, denen man blind folgt. Dass solche Denkmuster und Glaubenssätze nicht ein für alle Mal festgeschrieben und unveränderlich sind, sondern gelernt werden und damit auch wieder »verlernbar« sind, zeigt das Konzept der »Erlernten Hilflosigkeit«, mit dem sich das nächste Kapitel befasst. Es stellt in unseren Augen eine wichtige Grundlage dar, um zu verstehen, wie man sich selbst blockiert – und wie man dagegen angehen kann.

Erlernte Hilflosigkeit

Da Denkmuster – egal ob negative oder konstruktive – einen so großen Einfluss auf unser Fühlen und Handeln nehmen, wollen wir noch einmal etwas ausführlicher auf dieses Thema zurückkommen. Die wichtigsten Impulse in der psychologischen Forschung zu den Denkmustern gehen sicher auf den schon erwähnten amerikanischen Psychologen Martin Seligman zurück. Wie die Beispiele aus den ersten Kapiteln bereits illustriert haben, gibt es Menschen, die von schwierigen Lebenssituationen geradezu gelähmt werden, während andere dadurch ungeahnte Kräfte zu entwickeln scheinen. Dadurch werden sie in die Lage versetzt, auch Unangenehmes und Anstrengendes hervorragend zu meistern. Seligman fragte sich, warum die einen angesichts von Schwierigkeiten verzweifeln, während andere aktiv etwas dagegen unternehmen? Bei der Beobachtung eines Verhaltensexperiments, das mit Hunden durchgeführt wurde, kam

Seligman die Idee, dass es so etwas wie eine »erlernte Hilflosigkeit« geben könnte. Diese Annahme hat er durch weitere Experimente bestätigt, und die »erlernte Hilflosigkeit« wurde zu einem Schlüsselbegriff für seine weitere Forschung.

Recht vereinfacht kann man seine Experimente so beschreiben: Seligman arbeitete mit zwei Gruppen von Hunden. Die Hunde der einen Gruppe lernten, dass sie durch ihr Verhalten ein negatives Ereignis – nämlich leichte Stromstöße – beeinflussen konnten: Wenn sie mit der Schnauze einen Hebel betätigten, hörten die Stromstöße auf. Die Hunde der anderen Gruppe hingegen hatten keinerlei Möglichkeit, auf das Geschehen einzuwirken, was immer sie taten, sie erhielten Stromstöße. Das heißt sie lernten, dass sie dem, was geschah, hilflos ausgeliefert waren. Anschließend brachte man die Hunde der beiden Gruppen in einen Käfig, der durch eine niedrige Trennwand geteilt war, die die Hunde aber leicht überspringen konnten. Dort wurden sie erneut den Stromstößen ausgesetzt. (Es liest sich entsetzlich, was mit den armen Hunden alles angestellt wurde! Immerhin muss erwähnt werden, dass Seligman, der sich bei den Tierversuchen selbst nicht wohl fühlte, sie wenigstens direkt in dem Moment beendete, als er seine Annahmen bestätigt sah. Außerdem waren es, wie gesagt, nur schwache Stromstöße.) Die Hunde, die gelernt hatten, dass ihr eigenes Verhalten eine Wirkung hat, hatten schnell herausgefunden, dass sie sich durch einen Sprung über die Trennwand den Stromschlägen entziehen konnten. Die Hunde, die »Hilflosigkeit« gelernt hatten, versuchten gar nicht erst, über die Trennwand zu springen, sondern legten sich ergeben hin und ließen die Stromschläge über sich ergehen.

Auf Menschen übertragen bedeutet das: Wer unter schwierigen Bedingungen aufgibt und das Geschehen einfach passiv über sich ergehen lässt, schätzt auch andere Situationen häufig so ein, dass er ohnehin nichts beeinflussen kann. Er hat keine Hoffnung auf Veränderung, schon gar nicht auf eine Veränderung, die er selbst bewirken kann. Das Gefühl von Hilflosigkeit gehört zu den am meisten lähmenden Erfahrungen, die ein Mensch machen kann. Wer sich hilflos fühlt, sieht keinerlei Möglichkeiten, irgendwie tätig zu werden. Der Blick ist wie verstellt, denn man sieht einfach keine Lösungsmöglichkeiten. Auch der Zugriff auf die eigene Kreativität ist versperrt. Es ist nicht so, dass man »absichtlich« in einem unproduktiven Zustand verharrt: Es fällt einem einfach nichts ein! Im schlimmsten Fall fühlt man sich ausgeliefert, wehrlos und wertlos.

Das Fundament für das Gefühl von Hilflosigkeit wird meist schon in der Kindheit gelegt. Es kann durch immer wiederkehrende Entmutigung entstehen, durch traumatische Ereignisse oder durch gänzlich unberechenbares Verhalten der wichtigsten Bezugspersonen. Die »hilflose« Sichtweise erlernen Menschen aber auch, wenn sie zum Beispiel während ihrer Kindheit nie die Erfahrung gemacht haben, dass sie imstande sind, selbst etwas für sich zu erreichen. Wer etwa von Eltern erzogen wurde, für die ein einmal ausgesprochenes »Nein« auch immer ein Nein bleiben musste, konnte nie die Erfahrung machen, dass man durch gute Argumente ein »Ja« daraus machen kann.

Das heißt natürlich nicht, dass Kinder lernen sollen, dass ein »Nein« mal ein »Nein«, mal ein »Ja« und mal ein »Vielleicht« bedeuten kann. Wenn ein Kind einem »Nein« lediglich ein trotziges »Ich will aber!« entgegensetzt, ist es für die Eltern, die gute Gründe für ein Verbot haben, sicher richtig beim »Nein« zu bleiben. Aber wenn ein Kind gute Argumente vorbringt, schadet man ihm nur, wenn man um des Prinzips willen beim »Nein« bleibt. Denn dadurch lernt das Kind, dass es nichts verändern kann, egal wie viel Mühe es sich gibt.

Besser ist es, wenn ein Kind lernt, durch eigene Aktivität etwas bewirken zu können. Unsere Tochter hatte als Zwölfjährige mit ihrer Freundin den Plan ausgeheckt, während der Schulferien ein paar Tage auf einem Campingplatz bei Bregenz zu zelten. Das ist von unserem Wohnort Konstanz aus sehr leicht mit dem Schiff zu erreichen. Unsere erste Reaktion angesichts dieses abenteuerlichen Vorschlags war natürlich trotzdem: »Das kommt überhaupt nicht infrage. Das ist doch viel zu gefährlich!« Doch nach und nach überzeugten uns die Mädchen, dass sie wirklich an alles gedacht hatten und so, wie sie es geplant hatten, von »Gefährlichkeit« überhaupt nicht die Rede sein konnte – sie wollten schließlich nicht in die Wildnis. Wir waren sogar ziemlich beeindruckt von der sorgfältigen Vorbereitung, die die beiden schon geleistet hatten. Wir gaben also, nachdem wir uns noch auf einige Regeln geeinigt hatten, unsere Erlaubnis.

Ein Kind sollte die Gelegenheit haben zu lernen, dass es durch gute Vorbereitung und vernünftige Argumentation (innerhalb seiner Möglichkeiten) auch mit Widrigkeiten wie einem elterlichen »Nein« umgehen kann, dass es sein Leben gestalten kann und dem elterlichen Machtwort nicht hilflos ausgeliefert ist. Hat ein Kind hingegen das Motto »Ich kann doch sowieso nichts bewirken!« verinnerlicht, wird es irgendwann gar nicht mehr versuchen, etwas zu verändern und aufgeben. Und dann stimmt dieser Glaube auch und beweist sich immer wieder selbst!

Hilflosigkeit kann auch im späteren Leben noch »gelernt« werden – zum Beispiel, wenn man das Pech hat, in einer Firma zu arbeiten, in der jede Eigeninitiative der Mitarbeiter unterdrückt wird. Ein Chef, der auf jeden Vorschlag seiner Mitarbeiter negativ reagiert, erreicht sehr schnell, dass sich niemand mehr wirklich Gedanken über seinen Job macht, sondern lieber Dienst nach Vorschrift schiebt.

Das wirklich Sensationelle an Seligmans Forschungen war die Erkenntnis, dass Hilflosigkeit kein unveränderlicher Charakterzug eines Menschen ist, sondern dass es sich tatsächlich um eine »erlernte« Eigenschaft handelt – und somit um etwas, das man auch wieder »verlernen« kann! Er hat nachgewiesen, dass es ganz bestimmte Denkmuster sind, die sich mit Hilflosigkeit verbinden, und dass es wiederum Denkmuster gibt, die es einem erleichtern, schwierige Situationen gut zu bewältigen.

3. Die Wirkfaktoren in unseren Denkmustern

Psychologische Untersuchungen haben gezeigt, dass sowohl bei negativen als auch bei positiven Denkmustern die gleichen Faktoren eine Rolle spielen, nur mit jeweils umgekehrten Vorzeichen. Es ist das Zusammenwirken dreier Faktoren, das darüber entscheidet, ob jemand eher mit konstruktiven oder mit blockierenden Denkmustern durch sein Leben geht. Die drei Wirkfaktoren sind *Dauer, Geltungsbereich* und *Personalisierung.*

Der erste Faktor umschreibt die Dauer, die jemand einem Ereignis zurechnet: Neigt man dazu, das, was gerade passiert, in der Zukunft fortgesetzt zu sehen, oder sieht man jedes Ereignis als zeitlich begrenzt an? Der zweite Wirkfaktor, der Geltungsbereich, meint die Bedeutung, die man einem Ereignis beimisst: Ist man salopp gesagt jemand, der aus einer Mücke einen Elefanten macht, oder nicht? Und beim dritten Wirkfaktor, der Personalisierung, geht es schließlich darum, inwieweit man sich selbst als Ursache sieht für das, was gerade passiert.

Es ist erstaunlich, wie viele Vorhersagen man über das Leben eines Menschen treffen kann, wenn man sich dessen Umgang mit positiven und negativen Ereignissen unter Berücksichtigung dieser drei Punkte ansieht. Man kann auf diese Weise mit ziemlicher Sicherheit feststellen, welche Ausdauer ein Mensch im Umgang mit Problemen besitzt, wie leicht oder schwer er sich wieder von Schicksalsschlägen erholt, ob er ein gewisses Grundvertrauen in das Leben hat oder nicht, ob er eher Wohlbefinden erlebt oder dauernd unter Druck steht – und man kann sogar Rückschlüsse auf dessen Gesundheit ziehen.

Mithilfe der Check-your-Mind-Methode können Sie in Bezug auf alle drei Wirkfaktoren die eigenen negativen Gedanken herausfinden und sich konstruktiv mit ihnen auseinander setzen, und zwar so lange, bis die negativen Gedanken ihre Wirkung verlieren. Erst dann können sie durch hilfreiche, die Handlungsfreiheit erweiternde Gedanken ersetzt werden. Die Check-your-Mind-Methode gibt jedem Anwender Instrumente an die Hand, um die eigenen inneren Kräfte in Problemsituationen zu mobilisieren.

Diese Instrumente kommen aus unterschiedlichen Therapieverfahren der humanistischen Psychologie: teilweise aus der kognitiven Verhaltenstherapie, teilweise aus der hierzulande weniger bekannten »Rational-emotiven Therapie« (RET) von Albert Ellis, teilweise aus der ressourcen-orientierten therapeutischen Tradition von Milton Erickson und teilweise aus der »Transaktionsanalyse« von Eric Berne. Das heißt, sämtliche Verfahren, die wir in der Check-your-Mind-Methode einsetzen, sind auf ihre Wirksamkeit geprüft und haben sich schon lange bewährt. Neu an der Check-your-Mind-Methode ist die Kombination der verschiedenen Techniken: Auf diese Weise kann man gleichzeitig auf der Ebene der Gedanken und auf der Ebene der inneren Stärken ansetzen. Und neu ist ebenfalls, dass es uns gelungen ist, Techniken, die ursprünglich aus der Einzeltherapie kommen, in Seminare umzusetzen.

Da die Methode leicht erlernbar ist und durch die verwendeten Techniken keine »Risiken und schädlichen Nebenwirkungen« zu erwarten sind, zu denen Sie einen Psychologen befragen müssten, eignet sie sich in unseren Augen auch sehr gut dazu, in Buchform vermittelt zu werden. Wenn Sie die einzelnen Übungen in den folgenden Kapiteln Schritt für Schritt nachvollziehen, wird es Ihnen gelingen, Ihren Handlungsspielraum zu erweitern, denn veränderte Denkstrategien ziehen selbstverständlich auch veränderte Verhaltensmöglichkeiten nach sich.

Doch zuvor ist es notwendig, noch einiges zum besseren Verständnis dessen darzustellen, was im Kopf alles passiert, damit daraus Ereignisse werden. Je mehr Sie über sich selbst wissen und über die Logik, nach der Ihre Denkvorgänge ablaufen, desto mehr Entscheidungsfreiheit haben Sie, wenn Sie etwas ändern wollen. Außerdem ist es ein sehr spannender Prozess, sich selbst näher kennen zu lernen. Mit der Darstellung der drei Wirkfaktoren in den Denkmustern wollen wir in diesem Prozess fortfahren.

1. Wirkfaktor: Das Ausdehnen in die Zukunft

Beispiel: Wenn Herr X von der Arbeit nach Hause fährt, hat er die Wahl zwischen einem etwas kürzeren Weg, bei dem er eine Bahnschranke überqueren muss, und einem längeren ohne Bahnschranke. Er hat sich heute für den kürzeren Weg entschieden und gerade, als er auf die Bahnschranke zufährt, schließt sie sich. Herr X ärgert sich: »Es ist doch immer das Gleiche. Jedes Mal, wenn ich hierher komme, geht die Schranke herunter!«

Frau Y möchte sich ein Kleid nähen. Nach dem Zuschneiden stellt sie jedoch fest, dass sie den Stoff völlig verschnitten hat. So wird zumindest niemals ein Kleid daraus. Sie schimpft vor sich hin: »Schrecklich, diese Schnittmuster! Die sind so kompliziert, ich werde nie dahinter kommen, wie man das richtig machen muss!«

Der Verkäufer Z hat ein ziemlich unangenehmes Gespräch mit einem Kunden hinter sich. Zu seiner Frau sagt er am Abend: »Bei diesem Kunden brauche ich mich nicht mehr sehen zu lassen. Der ist so schlecht auf mich zu sprechen, den kann ich ganz von meiner Besuchsliste streichen.«

Bei diesen drei Reaktionsweisen gibt es eine Gemeinsamkeit: Es hat ein einziges schlechtes Ereignis stattgefunden – aber das wird jeweils endlos in die Zukunft ausgedehnt. Alle drei Personen glauben: »Es wird immer so weitergehen, nichts wird sich ändern.« Es mag sein, dass die drei in der Vergangenheit schon einmal ähnlich schlechte Erfahrungen gemacht haben, trotzdem spricht nichts dafür, dass es nun immer so bleiben muss. Dieses innerliche Ausdehnen eines schlechten Ereignisses auf die Zukunft ist einer der drei Wirkfaktoren bei automatisierten negativen Denkmustern.

Die Frau von Herrn X zum Beispiel erlebt die Sache mit der Schranke völlig anders. Sie fährt immer diesen Weg und sie hat den Eindruck, dass die Schranke fast immer offen ist. Sie muss nur gelegentlich einmal warten. Herr X hingegen fährt inzwischen lieber die längere Strecke, denn in seiner Vorstellung ist die Schranke sowieso immer zu. Frau Y wird das Nähen vermutlich bald wieder aufgeben, wenn sie glaubt, dass auch in Zukunft jedes Schnittmuster sie vor unlösbare Probleme stellen wird. Und wenn der Verkäufer Z der Überzeugung ist, dass das nächste Gespräch mit diesem Kunden genauso unangenehm wird wie das letzte, ist es nur logisch, dass er auf einen weiteren Kontakt verzichtet – und sich damit der Chance beraubt, mit diesem Kunden eine andere Erfahrung zu machen.

Wenn man dazu neigt, jedem negativen Ereignis innerlich eine lange Geltungsdauer zu geben, entmutigt das, mögliche Lösungen in Angriff zu nehmen. Wer wird schon Lösungen für Probleme suchen, an denen ohnehin nichts zu ändern ist? Man wird also schneller aufgeben als jemand, der ein negatives Ereignis als etwas Vereinzeltes, Einmaliges auffasst, das nichts über die Zukunft aussagt. Jemand, der durch ein schlechtes Erlebnis oder einen Rückschlag nicht gleich die gesamte Zukunft belastet sieht, wird Probleme mutiger anpacken und auch dann noch dranbleiben, wenn die ersten Lösungsversuche nicht gleich zu Ergebnissen führen.

Wie sieht es bei Ihnen mit dem Wirkfaktor Dauer aus? Wenn Sie sich Ihre bisherigen Aufzeichnungen noch einmal daraufhin anschauen, können Sie vielleicht schon erkennen, ob Sie ein negatives Ereignis weit in die Zukunft hinein ausdehnen, oder ob Sie es schnell hinter sich lassen können. Am Ende der Erläuterungen zu den drei Wirkfaktoren werden wir Sie noch einmal ausführlich dazu befragen.

2. Wirkfaktor: Der Geltungsbereich eines Ereignisses

Das innere Ausdehnen auf die Zukunft war der erste Wirkfaktor der automatisierten negativen Gedanken, der zweite Wirkfaktor ist der Geltungsbereich, der einem negativen Ereignis eingeräumt wird. Wenn einem negativen Ereignis ein umfassender oder globaler Geltungsbereich beigemessen wird, könnte das so aussehen:

Beispiel: Herr X sagt sich angesichts der geschlossenen Schranke: »So ist es immer in meinem Leben. Ich habe eben immer Pech!«

Frau Y denkt, während sie den nutzlos gewordenen Stoff wegwirft: »Ich bin aber auch entsetzlich ungeschickt! Außerdem zeigt sich mal wieder, dass ich einfach eine schlechte Hausfrau bin!«

Und Verkäufer Z ist sich sicher: »Im Grunde genommen liegt mir das Verkaufen gar nicht, sonst wäre ich mit dem Kunden ja klargekommen!«

Der Fehler, den Herr X, Frau Y und Verkäufer Z machen, liegt in den Schlussfolgerungen, die sie ziehen. Es gab ein einzelnes, begrenztes negatives Ereignis, und sie leiten daraus allgemein gültige Schlussfolgerungen ab: So macht man aus einer Mücke einen Elefanten! Eine geschlossene Schranke macht noch niemanden zum Pechvogel, das leuchtet ein. Frau Y kann vielleicht wirklich noch nicht besonders gut nähen, aber das sagt weder etwas über ihre Geschicklichkeit noch über ihre Qualität als Hausfrau aus. Auch Verkäufer Z holt viel zu weit aus, wenn er seine gesamte berufliche Qualifikation in Frage stellt, nur weil er bei einem Kundengespräch vielleicht einen Fehler gemacht hat.

Wenn der Geltungsbereich eines isolierten negativen Ereignisses auf den generellen Lebenserfolg ausgeweitet wird, kann das schon fast bedrohliche Formen annehmen. Kommt dann noch der erste Wirkfaktor hinzu – zum Beispiel »Das wird nun immerzu so weitergehen« –, erscheint es fast logisch, in einer scheinbar so aussichtslosen Situation nichts mehr zu unternehmen. Menschen, die sich mit solchen Denkmustern lähmen, befinden sich in demselben Zustand der »erlernten Hilflosigkeit« wie der bedauernswerte Hund, der sich widerstandslos hinlegt und die Stromstöße über sich ergehen lässt, weil er glaubt, sowieso nichts dagegen unternehmen zu können.

Bei Menschen kommt durch dieses Verhalten der Wirkungskreislauf der »erlernten Hilflosigkeit« erst so richtig in Gang. Wenn man ohnehin schon glaubt, dass es immer so weitergehen wird mit den Schwierigkeiten, sieht man sich bei neuen Problemen in seinen düsteren Aussichten bestätigt und verharrt in der Passivität. Manch ein persönlicher Bankrott ist dadurch zustande gekommen, dass jemand erlebt hat, dass das Geld am Ende des Monats nicht ausreicht, und er daraufhin den inneren Glauben entwickelt hat »Ich kann eben mit Geld nicht umgehen und werde es wohl auch nicht mehr lernen«. Das wiederum suggerierte ihm, dass es so gesehen auch egal ist, ob er das Konto um 100 oder um 1 000 Euro überzieht: »Dann kann ich mir diese schöne Lederjacke jetzt auch noch gönnen. Ist sowieso ein richtiges Schnäppchen.« Das Ende vom Lied ist ein großer Schuldenhaufen, angesichts dessen man sich so richtig hilflos fühlt – und hundertprozentig bestätigt in seiner Auffassung, dass man unfähig sei, mit Geld umzugehen.

Wie man bewältigungsorientiert mit finanziellen Problemen zurechtkommen kann, hat uns das folgende Beispiel eines Ehepaares gezeigt:

X ***Beispiel:*** Beide Ehepartner hatten ursprünglich sehr gut bezahlte Jobs. Sie hatten ihr ganzes gespartes Geld in ein wunderschönes Haus in traumhafter Lage gesteckt, das sie mit ausgesuchten Designermöbeln ausstatteten. Natürlich fuhren beide auch teure Autos. Der Traum vom Luxus zerplatzte abrupt, als beide gleichzeitig ihre Arbeit verloren. Doch statt nun den Kopf in den Sand zu stecken, entschlossen sich die beiden augenblicklich zum Verkauf ihres Hauses, denn sie überlegten sich, dass sie es wahrscheinlich viel billiger würden hergeben müssen, wenn sie so lange warteten, bis sie es aus Not verkaufen müssten. Sie versilberten all ihre Designermöbel und stiegen auf kleinere und billigere Autos um. In einer bescheidenen kleinen Wohnung und mit drastisch reduzierten Kosten konnten sie anschließend gelassen auf Arbeitssuche gehen, ohne eine sich Monat für Monat vergrößernde Schuldenlast vor Augen zu haben.

Das Ehepaar konnte mit dieser wirklich unangenehmen Situation deshalb so bewältigungsorientiert umgehen, weil sich beide nicht von negativen Gedanken lähmen ließen. Sie ließen den zweiten Wirkfaktor in ihren Denkmustern nicht zu. Sie haben sich ihre Handlungsfähigkeit erhalten, indem sie sich sagten: »Das ist jetzt zwar schlimm, aber es wird sich auch wieder ändern, wenn wir uns anstrengen. Dass wir unseren Job verloren haben, lag nicht daran, dass wir nichts können oder nichts leisten, sondern allein an Umständen, die wir nicht zu verantworten haben. Also wird es uns mit unserem Know-how gelingen, wieder eine gute Stelle zu finden!« Wenn sie sich einfach nur auf das Jammern verlegt hätten, nach dem Motto: »Wir sind aber auch Unglücksraben! Wir haben immer nur Pech im Leben!« – wie hätte dann wohl ihre Lage ausgesehen?

Wie gehen Sie in der Regel mit negativen Ereignissen um, was den Geltungsbereich betrifft? Stellen Sie Ihren Lebenserfolg ganz generell infrage, wenn Ihnen etwas Unangenehmes zustößt? Halten Sie sich innerlich eher für einen Pechvogel oder für einen Glückpilz? Sind Sie der festen Überzeugung, dass es eine Phase ist, die vorübergeht, wenn die Dinge mal nicht so gut laufen, oder sagen Sie sich eher: »Ich habe nun mal kein Glück, das war schon immer so!« Wenn Letzteres der Fall sein sollte, wird es für Sie spannend zu erleben, wie man sich fühlen kann, wenn man diese Denkstrategie ändert. Aber zunächst sollen Sie noch etwas über den dritten Wirkfaktor erfahren.

3. Wirkfaktor: Die Personalisierung

Neben den beiden bisher beschriebenen Dimensionen, die zur »erlernten Hilflosigkeit« beitragen – Dauer und Geltungsbereich –, gibt es noch einen dritten Wirkfaktor, der dabei eine Rolle spielt: die Personalisierung. Hierbei geht es darum, wen man für die Ursache eines Misserfolges hält. Um Verwechslungen und Missverständnisse auszuschließen: Wenn man sich in diesem Zusammenhang mit Personalisierung beschäftigt, so geht es nicht um die Verantwortung, die jemand bereit ist, für seine Handlungen zu übernehmen, sondern es geht vielmehr darum, wo die »Schuld« für ein Ereignis gesucht wird.

Manche Menschen suchen die Schuld für einen Misserfolg oder für irgendein negatives Ereignis, mit dem sie konfrontiert sind, ganz automatisch bei sich selbst. Das erscheint ihnen vollkommen natürlich: Egal, was passiert, sie beschuldigen sich selbst, etwas oder gar alles falsch gemacht zu haben. Diese Sichtweise engt natürlich den Blick ein für mögliche andere Ursachen. Das kann so weit gehen, dass jemand gar nicht erst auf die Idee kommt, dass die Ursache für irgendein Misslingen nicht bei ihm selbst liegt. Sicherlich können Sie sich vorstellen, dass sich diese Art Erklärungsmuster ziemlich verheerend auf das Selbstwertgefühl auswirkt.

Wer ein niedriges Selbstwertgefühl hat, empfindet sich selbst meist als hilflos und klein. Das Paradoxe daran ist jedoch, dass hinter dem Glauben »Das negative Ereignis ist deshalb eingetreten, weil ich alles falsch mache« ein grandioses Denkmuster steckt. Stellen Sie sich folgende Situation vor:

X ***Beispiel:*** Eine Frau hat eine unangenehme Situation mit ihrer Chefin erlebt. Die Chefin war sichtlich verärgert, und man ist mit unangenehmen Gefühlen auseinander gegangen. Die Mitarbeiterin grübelt hinterher stundenlang darüber nach, weshalb sie »einmal wieder« den Mund nicht halten konnte, dass sie »wie immer« zu aggressiv war oder – »typisch für mich« – nicht die richtigen Worte gefunden hat. Das Resultat dieser Grübelei ist, dass sie sich klein und hässlich fühlt, weil sie scheinbar alles falsch gemacht hat.

Das darunter liegende Denkmuster ist deshalb grandios, weil sie durch die Sichtweise, sich als die alleinige Ursache für den Streit zu sehen, ihre Chefin quasi zur Marionette degradiert, die keine eigenen Impulse hat. Im Umkehrschluss besagt dieses Denkmuster: »Hätte ich alles richtig gemacht, hätte meine Chefin diesen Streit konstruktiv beilegen müssen (ob sie wollte oder nicht)«. Das sind Allmachtsfantasien, die völlig ausblenden, dass die Chefin ihren eigenen Willen hat. Vielleicht wollte sie in dieser bestimmten Situation gar nicht konstruktiv sein, weil sie selbst unter Spannung stand oder diese Situation dankbar genutzt hat, um der ihr unsympathischen Mitarbeiterin mal so richtig eins auszuwischen?

Das Gleiche gilt für den Verkäufer Z aus dem obigen Beispiel, der sich die ganze Schuld gibt dafür, dass sein Kundengespräch so schlecht verlief. Natürlich kann es vorkommen, dass jemand in einem Gespräch quasi kein Fettnäpfchen auslässt oder das Gespräch so taktlos beginnt, wie es jener Verkäufer tat, der, nachdem ihn die Sekretärin zum Kunden geleitet hatte, diesen Herrn begrüßte mit den Worten: »Na, Ihre Sekretärin hat wohl auch Ihre Frau ausgesucht!« Dass nach dessen eisiger Erwiderung: »Das ist meine Frau!« kein erfolgreiches Gespräch mehr zustande kam, leuchtet zwar spontan ein – doch selbst in diesem extremen Fall ist die Schuld dafür nicht allein beim Verkäufer zu suchen. Der war zwar grob unmanierlich und respektlos, doch statt beleidigt zu sein, hätte der Ehemann durchaus auch ganz anders reagieren können, zum Beispiel mit einer souveränen Antwort wie »Ich hoffe, das ist Ihnen jetzt so peinlich, dass Ihnen so etwas nie wieder passiert. Lassen Sie uns zum Geschäftlichen kommen …«

Wenn Verkäufer Z sich immer die alleinige Schuld für das Scheitern eines Verkaufsgespräches gibt, so impliziert dieses Denkmuster: »Wenn ich immer alles richtig mache, muss jedes Gespräch erfolgreich verlaufen.« Das würde bedeuten, jeder Kunde müsste bei

Verkäufer Z kaufen, unabhängig davon, ob er das Produkt braucht oder nicht, ob er gerade genügend Geld zur Verfügung hat oder nicht. Dass das ein unsinniger Gedanke ist, springt ins Auge. Wenn auch Verkäufer Z das so sehen würde, könnte er sich sagen, dass es viele Gründe dafür gibt, weshalb ein Verkaufsgespräch nicht zu einem Abschluss führt.

Dieses Denkmuster kann auch verzweifelte Formen annehmen, wenn man sich mit seiner Liebe abgewiesen fühlt. Da kann es vorkommen, dass sich jemand mit Selbstvorwürfen überschüttet. Als Abgewiesener beißt man sich in der Vorstellung fest, hätte man sich nur anders verhalten, wäre man nur schöner, klüger, jünger, charmanter, schlanker oder was auch immer, dann hätte man den anderen für sich gewinnen oder halten können. Auch dahinter steckt der grandiose Glaube, wenn nur die entsprechenden Bedingungen bezüglich der eigenen Person erfüllt gewesen wären, hätte es klappen müssen. Und bei all dieser Verzweiflung wird überhaupt nicht in Betracht gezogen, dass der andere ja auch wählt und es niemals an einem allein liegt, wenn eine Beziehung nicht zustande kommt oder nicht funktioniert.

Welchen Einfluss haben die Wirkfaktoren bei Ihnen?

Wir wollen Sie hier nun wieder bitten, eine kleine Pause einzulegen. Bei der Check-your-Mind-Methode, das haben Sie inzwischen mehrfach gesehen, geht es darum, sich selbst auf die Spur zu kommen. Es geht jetzt also für Sie darum herauszufinden, wie es bei Ihnen mit den drei Wirkfaktoren bestellt ist. Sie brauchen dazu nichts weiter als ein wenig Ruhe, Zeit und vor allem Ehrlichkeit sich selbst gegenüber. Da Ihnen bei der Beantwortung der Fragen, die wir gleich stellen werden, niemand zuhört, können Sie sich das ohne Bedenken leisten. Machen Sie einfach folgende kleine Übung:

Erinnern Sie sich bitte an ein Vorkommnis, das Sie als wirklich unangenehm empfunden haben, etwa einen Misserfolg oder eine Situation, in der Sie großes Pech hatten. Oder nehmen Sie die Liste zur Hand, die Sie ganz zu Anfang gemacht haben, auf der Sie die ganzen großen oder kleinen Katastrophen der vergangenen zwei, drei Monate notiert haben, und suchen Sie sich davon eine aus. Erinnern Sie sich möglichst plastisch daran, spielen Sie die Situation in Gedanken noch einmal durch, lassen Sie sich Ihre Gefühle dabei noch einmal erleben und beantworten Sie sich dann folgende Fragen:

- Neigen Sie dazu zu glauben, dass das jetzt immer so weitergehen wird?
- Machen Sie sich Sorgen, wie die Zukunft aussehen soll, wenn das so weitergeht?
- Oder denken Sie eher, dass das jetzt eine vereinzelte Sache war, die sich so schnell nicht wiederholen wird?

Wenn Sie die beiden ersten Fragen bejahen, so könnte das darauf hinweisen, dass Sie in Bezug auf den ersten Wirkfaktor, nämlich die Dauer, ein eher negatives Denkmuster benutzen. Lassen Sie noch andere negative Ereignisse, die Ihnen zugestoßen sind, in Gedanken Revue passieren und überprüfen Sie, ob da das gleiche Muster gilt. Stellen Sie sich anschließend bitte weitere Fragen:

- Haben Sie die Tendenz, Ihre Fehler größer zu sehen als sie von anderen Menschen gesehen werden?
- Erscheint Ihnen ein Fehler, den Sie machen, als ziemliche Katastrophe, auch wenn Sie den gleichen Fehler bei jemand anderem nicht schlimm fänden?
- Wenn etwas schief geht, sagen Sie sich dann gerne Dinge wie »Ich kriege aber auch nie etwas hin!« oder »Ich bin absolut unfähig«?

Wenn Sie diese Fragen bejahen, so könnte es sein, dass Sie in Bezug auf den zweiten Wirkfaktor, nämlich den Geltungsbereich, der einem Ereignis zugesprochen wird, negative Denkmuster einsetzen. Überprüfen Sie das an mehreren Beispielen, um mit mehr Sicherheit zu erkennen, mit welchen Mustern Sie vorgehen. Wenn Sie hinsichtlich beider Wirkfaktoren hinderliche Denkmuster verwenden, um mit negativen Ereignissen umzugehen, so haben Sie wahrscheinlich auch schon die Erfahrung gemacht, dass ein solches Ereignis Sie übermäßig lange beschäftigt. Sie haben vermutlich lange gebraucht, um sich davon zu erholen, denn es hat Sie immer wieder heruntergezogen.

Fragen Sie sich jetzt bitte noch Folgendes:

- Suchen Sie bei einem negativen Ereignis automatisch die Schuld bei sich selbst?
- Beschimpfen Sie sich selbst, egal, was passiert?

Diese Kategorie zeigt Ihnen, wie es mit Ihrem Selbstvertrauen aussieht. Wenn Sie die beiden Fragen bejahen, erleben Sie vermutlich sehr viel inneren Druck.

Wenn Sie sich unsicher fühlen bei der Beantwortung all dieser Fragen, hilft es Ihnen vielleicht, mit einem Menschen darüber zu sprechen, dem Sie vertrauen. Wenn man erfährt, wie andere einen einschätzen, gewinnt man manchmal auch selbst einen klareren Blick, denn der Blick von außen sieht gelegentlich mehr als der eigene. Wir sind, was uns selbst betrifft, doch ab und zu mit Scheuklappen behaftet.

Wie Sie Ihr eigenes Denkmuster herausarbeiten

Um Ihr Denkmuster klarer zu erkennen, empfehlen wir Ihnen, sich wieder eine kleine Tabelle anzulegen, in der Sie kurz notieren, was Sie denken, wenn Sie mit einem unangenehmen Ereignis konfrontiert waren. Wenn sich bestimmte Gedanken immer wiederholen, können Sie schnell erkennen, wie es bei Ihnen bezüglich der drei Wirkfaktoren bestellt ist.

Negative Situation	*Gedanken bezüglich der Dauer*	*Gedanken bezüglich des Geltungsbereichs*	*Gedanken bezüglich des eigenen Anteils*
Sie hatten ein unangenehmes Verkaufsgespräch mit einem Kunden.	»Den Kunden brauche ich nicht mehr zu besuchen, das nächste Gespräch wird genauso ungünstig verlaufen.«	»Der Job als Verkäufer liegt mir nicht, ich kann das einfach nicht.«	»Das lag ganz allein an mir, ich habe schon den Gesprächseinstieg versaut.«

4.

Wenn ein negatives Denkmuster auf ein positives Ereignis trifft

Sie haben nun die drei Dimensionen, die zu negativen Denkmustern führen, kennen gelernt. Ein Mensch, der in jeder dieser drei Dimensionen negativ denkt, also

1. Es wird sich nie ändern
2. Ich bin einfach immer ein Pechvogel
3. Ich bin selbst schuld daran

der fühlt sich mit Sicherheit seinem Schicksal hilflos ausgeliefert. Wenn er ganz extrem so empfindet, erleidet er wahrscheinlich eine Depression.

Sie haben nun einen kurzen Einblick gewonnen, wie Menschen, die sich hilflos fühlen, auf negative Ereignisse reagieren. Interessant ist aber auch, wie sie mit positiven Geschehnissen umgehen. Da wird das Muster nämlich umgedreht. Menschen, die dazu neigen, von einem einzigen Misserfolg oder einer Enttäuschung auf eine unendliche Reihe weiterer negativer Ereignisse zu schließen, sehen im Gegensatz dazu jedes Erfolgserlebnis ganz isoliert. Es wird als ein vereinzelter Glückstreffer wahrgenommen, als das Korn, das selbst ein blindes Huhn auch mal findet, und keineswegs als der Beginn einer Glückssträhne.

Statt analog zu ihrer Reaktion auf ein Missgeschick zu denken »Aha, von jetzt an geht es bergauf!«, beruhigen sie sich nach dem Schreck, dass ihnen auch einmal etwas Gutes zustößt, mit dem Gedanken »Das ist jetzt einmal ausnahmsweise gut gegangen, das besagt aber noch gar nichts! Ich weiß, dass der Pferdefuß noch nachkommt.« Absurderweise halten viele Menschen das auch noch für eine vernünftige Strategie, um sich vor späteren Enttäuschungen zu schützen! Es wäre zum Lachen, wenn es nicht so traurig wäre.

Andere neigen zwar dazu, von einer einzigen Sache, die ihnen nicht gelang, auf ihre Fähigkeiten im Allgemeinen und ihren generellen Lebenserfolg zu schließen, engen jedoch gleichzeitig den Geltungsbereich der Dinge, die sie gut können, radikal ein: »Das war jetzt auch nichts Besonderes« oder »Das kann ja jeder«. Sie wollen einen Erfolg auf keinen Fall als Indiz werten, dass sie tatsächlich etwas können: »Der Braten heute hat zwar gut geschmeckt, aber als Hausfrau bin ich trotzdem miserabel!« Das ist fatal, denn mit dieser Einschätzung der eigenen Fähigkeiten kann man schnell und effektiv verhindern, sich selbst etwas zuzutrauen und auch mal größere Projekte anzugehen. Wer so denkt, sieht sich zwar als Ursache eines jeden Missgeschicks an, aber erstaunlicherweise nicht als die Ursache eines Erfolges. So auch eine Professorin, die zu uns zur Beratung kam:

Beispiel: Die Professorin war fest davon überzeugt, selbst nichts dazu beigetragen zu haben, dass sie eine solche Position an der Universität einnahm. Ihr Abitur, so erzählte sie, war ihr sehr leicht gefallen, weil die Lehrer sie halt mochten, was sie nicht verstand, und bei ihrem Diplom hatte sie großes Glück gehabt, weil nur Sachen gefragt wurden, die sie zufälligerweise wusste. Aus purem Zufall war dann gerade eine Doktorandenstelle frei und man nahm sie, weil eben kein Besserer zur Hand war. Ihre Promotion verdankte sie der optimalen Unterstützung ihres Doktorvaters, und die Habilitation hatte man ihr quasi geschenkt.

Es wird Sie nicht verwundern zu erfahren, dass diese Frau – trotz ihres hohen akademischen Ranges – praktisch kein Selbstwertgefühl besaß und in ihrer Handlungsfähigkeit stark eingeschränkt war, weil sie sich nichts zugetraut hat.

Der richtige Umgang mit positiven Ereignissen

Natürlich muss man sich nicht immer als die alleinige Ursache eines jeden Erfolges, den man erzielt, sehen. Es ist schon klar, dass immer auch eine Portion Glück im Spiel ist. Doch um handlungsfähig zu sein, ist es gut, wenn Sie auch Ihren eigenen Anteil an Erfolgen wahrnehmen und anerkennen können. Sie fühlen sich dann weniger dem Schicksal ausgeliefert: Denn auf diese Weise wissen Sie, dass man etwas dazu beitragen kann, wie das eigene Leben verläuft.

Wenn das, wie im vorigen Beispiel, nicht gelingt, setzt sich die Spirale der negativen Gedanken auch bei positiven Ereignissen fort. Dass die Denkmuster bei einem solchen Umgang mit positiven beziehungsweise negativen Ereignissen so ineinander greifen (»Zuerst hatten wir kein Glück und dann kam auch noch Pech dazu«), verschärft die Situation für den Betroffenen natürlich. Seine Handlungsfähigkeit wird dadurch so stark eingeschränkt, dass er kaum eine Möglichkeit sieht, irgendwie auf den Gang der Dinge Einfluss zu nehmen. Das schlägt sich natürlich auch auf die Wahrnehmung der eigenen Fähigkeiten nieder. Zum Glück gibt es die extrem ausgeprägte Form solch negativer Gedankenmuster selten.

Im Alltag ist man jedoch häufig mit Mischformen der negativen Gedankenmuster konfrontiert, die sich hemmend auf die Handlungsfähigkeit oder das Selbstwertgefühl der handelnden Personen auswirken. Außerdem ist zu beobachten, dass es bei vielen Menschen Unterschiede in den einzelnen Lebensbereichen gibt: Jemand fühlt sich in bestimmten Kontexten oder Aufgaben zwar sicher und souverän, in anderen aber hilflos und unfähig. Die wenigsten Menschen haben gelernt, die Sicherheit, die sie in einem bestimmten Gebiet empfinden, auf andere Situationen zu übertragen. Aber auch dafür gibt es geeignete Techniken, auf die wir in Kapitel 11, *Check your Mind: Ressourcentransport – die eigenen Kräfte verfügbar machen,* noch genauer eingehen werden.

Wie gehen Sie mit positiven Ereignissen um?

Nehmen Sie sich wieder ein bisschen Zeit, sich selbst besser kennen zu lernen und festzustellen, wie Sie mit Erfolgen umgehen. Denken Sie an positive Ereignisse – und damit meinen wir jetzt nicht ganz herausragende Vorkommnisse wie Ihren Hochzeitstag, die Überreichung Ihres Diploms oder die Ernennung zur Abteilungsleiterin, sondern die ganz alltäglichen kleinen Erfolgserlebnisse, zum Beispiel die Rückmeldung eines zufriedenen Kunden oder den Abschluss eines schwierigen Projekts. Mit welchen Gedanken und Gefühlen begleiten Sie diese Erlebnisse? Oder nehmen Sie sie gar nicht besonders zur Kenntnis?

Wenn das der Fall ist, dann sagt das auch etwas über Ihre Denkstrategien und Gedankenmuster aus. Mit den folgenden Fragen können Sie Ihren Denkgewohnheiten ganz leicht auf die Spur kommen:

- Neigen Sie dazu, etwas, das gut läuft, in Gedanken in die Zukunft auszuweiten, also etwa zu denken: »Wenn ich das hingekriegt habe, schaffe ich noch ganz andere Dinge!« oder »Jetzt beginnt meine Glückssträhne«? Oder sagen Sie sich eher etwas Entmutigendes?
- Wenn Ihnen etwas gelungen ist, sagen Sie sich dann eher »Das beweist, dass ich einfach gut bin!« oder eher »Na ja, da habe ich Glück gehabt!«
- Erkennen Sie Ihren eigenen Anteil an einem Erfolg an? Oder treten Sie lieber bescheiden zurück und machen die günstigen Umstände verantwortlich?

Wenn Sie sich unsicher fühlen, wie Sie Ihre eigenen Reaktionen einschätzen sollen, hilft es vielleicht auch hier weiter, einen anderen Menschen zu fragen, wie er Sie sieht. Außerdem fällt es Ihnen sicherlich leichter, Ihre Denkmuster möglichst klar vor Augen zu haben, wenn Sie wiederum eine Tabelle anlegen. Auf der folgenden Seite finden Sie ein Beispiel:

Gelungenes Ereignis	*Gedanken bezüglich der Dauer*	*Gedanken bezüglich des Geltungsbereichs*	*Gedanken bezüglich des eigenen Anteils*
Sie haben ein ein erfolgreiches Kundengespräch hinter sich gebracht.	»Die Geschäftsbeziehungen zu diesem Kunden sind sehr gut, die nächsten Gespräche werden auch gut laufen.«	»Das Gespräch ist sehr gut verlaufen, ich freue mich schon auf die Termine mit den anderen Kunden.«	»Meine Gesprächsstrategie war ideal, ich bin den Kunden genau richtig angegangen.«

Konstruktive Denkmuster

Menschen, die über konstruktive Denkmuster verfügen, sind gesünder, sie erholen sich schneller von Schicksalsschlägen, sie halten Jobs, die immer mal wieder mit Misserfolgserlebnissen verbunden sind, länger durch, sie sind hartnäckiger bei schwierigen Aufgaben: Sie erleben insgesamt mehr Wohlbefinden. Ihre Erklärungsmuster sind den negativen Denkmustern, die wir bisher beschrieben haben, genau entgegengesetzt. Ein Misserfolg wird als einmaliges Ereignis betrachtet, und es wird ihm kein größerer Geltungsbereich eingeräumt als nötig. Außerdem haben sie großes Zutrauen zu sich und ihren Fähigkeiten.

Für die Personen aus den vorherigen Beispielen würde das Folgendes bedeuten: Herr X vor der verschlossenen Bahnschranke würde sich vermutlich gar keine Gedanken darüber machen, wie häufig die Schranke zu ist, wenn er sie passieren will, sondern einfach darauf warten, dass sie sich wieder öffnet. Frau Y würde es bedauern, diesmal den Stoff verschnitten zu haben und sich frohgemut an den nächsten Versuch machen. Und der Verkäufer Z würde sich sagen: »Der Einstieg in das Gespräch war wirklich nicht besonders, das muss ich beim nächsten Mal anders machen. Aber der Kunde war auch gar nicht gut drauf. Wer ist denn der Nächste auf meiner Liste?«

Konstruktiv denkende Menschen schließen nicht aus einem negativen Einzelereignis, dass das der Anfang vom Ende war. Sie sprechen sich auch nicht ihre eigenen Fähigkeiten ab, sondern sehen ein, dass sie in diesem bestimmten, klar umrissenen Fall einen Fehler gemacht, etwas nicht gewusst oder versäumt haben. Sie suchen die Schuld für ein Missgeschick oder einen Misserfolg nicht automatisch und ausschließlich bei sich, sondern auch bei anderen Beteiligten oder machen die ungünstige Situation dafür verantwortlich. Und sie gehen davon aus, dass der nächste Versuch besser wird.

Das ist vielleicht der wichtigste Unterschied zu Menschen mit negativen Denkmustern, die eine unendliche Kette negativer Ereignisse vor sich sehen: Konstruktive Denkmuster erhalten die Handlungsfähigkeit! Und da sie sich nicht selbst die Schuld für alles in die Schuhe schieben, bleibt ihr Selbstwertgefühl auch dann intakt, wenn sie einen Rückschlag erleiden. So können sie Misserfolge verkraften, denn ihr Vertrauen in sich selbst ist ungebrochen – sie wissen, dass sie es eines Tages schaffen werden!

Das heißt natürlich nicht, dass derjenige die besten Denkmuster hat, der nie die Verantwortung für seine Fehler übernimmt, weil er die Schuld überall anders sucht, nur nicht bei sich. Ein Mensch, der sich so verhält, kann leider nichts dazulernen, weshalb man auch nicht von einem konstruktiven Denkmuster sprechen kann. Dahinter steckt vermutlich eher Überheblichkeit, die oft genug große Angst oder Unsicherheit verbergen soll.

Bei konstruktiven Denkmustern geht es also nicht darum, einfach nur die Schuld für Schiefgegangenes abzuschieben. Es geht vielmehr darum zu erkennen, dass man in vielen Fällen nicht die alleinige Ursache eines Misserfolges ist, sondern dass dabei viele Faktoren eine Rolle spielen können. Und selbst wenn es einmal so sein sollte, dass man einen Fehlschlag ganz allein sich selbst zuzuschreiben hat, wird ein konstruktiv denkender Mensch sich nicht als ganze Person infrage stellen, sondern in der Lage sein zu sagen: »In dieser Situation habe ich alles falsch gemacht. Das mache ich garantiert nicht wieder! Daraus habe ich etwas gelernt.« Während jemand mit negativen Denkmustern die *Schuld* ganz automatisch bei sich selbst sucht und findet – ganz egal was passiert ist –, wird sich jemand mit konstruktiven Denkmustern daranmachen, die *Ursachen* für einen Fehlschlag zu ergründen – und dabei eben manchmal auch auf sein eigenes Verhalten stoßen.

Positive Denkmuster und der Umgang mit Erfolgen

Positive Denkmuster lassen sich auch daran erkennen, wie jemand mit Erfolgen oder erfreulichen Ereignissen umgeht. Ein Mensch mit positiven Denkmustern motiviert sich durch die Erwartung, dass sein Erfolg anhalten wird. Dinge, die ihm gelingen, schreibt er voll und ganz sich selbst zu. Ein Anfänger im Skifahren, der mit positiven Denkmustern gesegnet ist, wird sich beim ersten schönen Bogen, der ihm gelingt, sagen: »Ich hab's raus! Ich schaffe eben alles im Leben, was ich will!« Dieser Glaube ermutigt ihn natürlich weiter zu trainieren, selbst wenn er nach der nächsten Kurve stürzen sollte. Sein Denkmuster hält ihn handlungsfähig.

Das mag nicht unbedingt eine realistische Sichtweise sein, aber sie ist auf jeden Fall hilfreich. Und darauf kommt es im Leben vermutlich mehr an, als auf einen Realismus, mit dem man dann aufgibt. Wer bei Erfolgen und erwünschten Ereignissen seinen eigenen Anteil hervorheben kann, stärkt sein Selbstvertrauen und das Gefühl »Ich kann etwas erreichen, ich kann etwas bewegen«. Damit stellen sich weitere Erfolge ein, und so kommt ein positiver Kreislauf in Gang, da jedes Erfolgserlebnis ihn in seiner Grundhaltung bestätigen wird.

Wenn Sie sich nun die Arbeit gemacht haben, Ihre eigenen Denkmuster genauer zu erkunden, werden Sie wahrscheinlich festgestellt haben, dass bei Ihnen von allem ein bisschen etwas dabei ist. Die »Reinformen« dürfte es vermutlich relativ selten geben, und wahrscheinlich variieren die Ausprägungen des positiven oder negativen Denkmusters zusätzlich noch in den verschiedenen Lebensbereichen.

Doch mit Sicherheit werden Sie auf einige Denkstrategien gestoßen sein, an denen Sie gern arbeiten würden, sonst hätten Sie dieses Buch längst zur Seite gelegt. In den folgenden Kapiteln zeigen wir Ihnen, wie Sie destruktive in konstruktive Denkmuster umwandeln. Mithilfe der Check-your-Mind-Methode ergeben sich konstruktive Denkmuster quasi von selbst, weil den negativen Denkgewohnheiten ihre Glaubwürdigkeit und damit ihre Wirksamkeit entzogen wird. Das ist der »natürliche Weg«, um zu positiven Denkweisen zu kommen – und nicht mittels aufgesetzter Phrasen, die eigentlich nichts mit dem zu tun haben, wie Sie sich wirklich fühlen. In dem Moment, in dem Sie destruktive Denkgewohnheiten außer Kraft setzen, schaffen Sie Raum für Sichtweisen und Denkmuster, die förderlich sind für Ihre Belange, Ihre Ziele und Ihr Selbstwertgefühl.

5.

Check your Mind: Identifizieren Sie negative Gedanken

Wenn Sie unseren Anregungen in den vorherigen Kapiteln gefolgt sind, sich Gedanken über Ihre Gedanken zu machen, haben Sie schon einen ganz guten Einblick in Ihre Denkstrategien gewonnen. Jetzt wollen wir ganz praktisch werden und Sie auffordern, ein ganz konkretes Problem mit der Check-your-Mind-Methode in Angriff zu nehmen.

Der erste Schritt besteht darin, zunächst alle automatisierten negativen Gedanken, die in einer bestimmten Situation auftreten, zu identifizieren. Machen Sie sich Ihre negativen Gedanken bewusst, lernen Sie sie kennen – denn einen Feind, den man kennt, kann man leichter besiegen. Gelegentlich hat das bewusste Erkennen der automatisierten negativen Gedanken schon das Problem gelöst: Wenn dem Betroffenen klar wurde, wie absurd diese Gedanken eigentlich sind – gemessen an seiner Kompetenz, Erfahrung, Leistungsfähigkeit und seinem Wissen –, konnte er sich von diesen hemmenden Gedanken leicht trennen. Das waren jedoch Ausnahmen. In der Regel muss man sich mit den automatisierten negativen Gedanken so lange bewusst auseinander setzen, bis sie ihre Wirksamkeit verloren haben.

Denn dadurch, dass sie so unendlich oft schon gedacht worden sind, besitzen die negativen Gedanken eine Selbstverständlichkeit, die die positiven Gedanken leider noch nicht haben. Wenn man sie nicht durch geeignete Mittel entkräftet, funken die negativen Gedanken ständig dazwischen bei dem Versuch, ein Problem lösungsorientiert anzugehen. Da destruktive Gedanken viel stärkere emotionale

Auswirkungen erzielen als die noch ungewohnten konstruktiven Gedanken, setzen sie sich auch gefühlsmäßig schneller wieder durch.

Die bewusste Auseinandersetzung mit den automatisierten negativen Gedanken ist deshalb ein Weg, den man unter Umständen viele Male gehen muss, bis diese Gedanken ihre Wirksamkeit verloren haben. Aber wenn es so weit ist, erhalten die konstruktiven Gedanken plötzlich Kraft und Energie: Sie werden nicht mehr als Schönfärberei angesehen, sondern erscheinen ganz normal und vor allem völlig glaubwürdig. Die innere Stimme, die hämisch vor der rosaroten Brille warnt und damit jede Veränderung im Keim erstickte, ist endlich zum Schweigen gebracht.

In Seminaren haben wir immer die Erfahrung gemacht, dass jemand, der schließlich an diesem Punkt angekommen ist, plötzlich gar nicht mehr verstehen kann, wieso er jemals so negativ gedacht hat. Viele Teilnehmer konnten nicht anders als über das zu lachen, was vorher so ängstigend erschien, dass es ein echtes Hindernis dargestellt hat.

Manchmal scheitern Gutwillige übrigens auch deshalb am zuvor beschriebenen »positiven Denken«, weil ihnen suggeriert wurde, dass man damit alles erreichen kann. Wenn sich dann aber die Millionen auf dem Konto und die Traumvilla doch nicht einstellen, ruft das berechtigte Zweifel an der Methode auf den Plan. Die Kluft zwischen den grandiosen Vorstellungen und der erlebten Realität führt letztlich zu einer Enttäuschung, die den negativen Gedanken weitere Nahrung gibt.

Deshalb legen wir bei der Check-your-Mind-Methode großen Wert darauf, dass die konstruktiven Gedanken glaubwürdig und realistisch sind. Statt Gedanken zu fördern wie »Ich bin in dieser Hinsicht das größte Talent, das die Welt je gesehen hat, ich kann einfach alles« (für wen ist das schon wirklich glaubwürdig?), unterstützt die Methode die Menschen eher darin, Folgendes zu denken: »Ich kann auch vor dem Vorstand präsentieren, denn ich habe schon oft im Team überzeugend präsentiert. – Ich kann eine Moderation auf Englisch leiten, denn mein Englisch ist in Ordnung. – Ich kann

Autofahren lernen, denn ich habe schon oft bewiesen, dass ich lernfähig bin. – Ich kann neue Kunden akquirieren, denn ich habe in der Vergangenheit oft genug bewiesen, dass ich die nötigen Fähigkeiten dazu besitze.«

Und genau das ist der springende Punkt: Die Fähigkeiten, die jemand braucht, um eine für ihn schwierige Situation zu bewältigen, sind für gewöhnlich schon immer vorhanden! Das negative Denkmuster hindert ihn nur daran, sich dieser Fähigkeiten zu bedienen. Man denkt nämlich keineswegs »realistisch«, wenn man die Situation und die eigenen Aussichten darin so negativ einschätzt. Leider ist das aber ein Denkfehler ist, dem man erschreckend häufig begegnet: Viele pessimistisch eingestellte Menschen halten sich für »Realisten«. Und wenn dann – dank ihrer alles behindernden Geisteshaltung – die Dinge wirklich denkbar schlecht laufen, fühlen sie sich auch noch bestätigt: »Ich habe es doch gleich gesagt, dass daraus niemals etwas werden kann!«

Wer alles nur schwarz sieht, ist genauso wenig realistisch wie jemand, der die Welt nur durch eine rosarote Brille betrachtet. So gesehen sind weder das »positive Denken« noch das »negative Denken« eine adäquate oder »realistische« Reaktion auf die Herausforderungen des Lebens. Beide resultieren ausschließlich aus Fantasien. Es ist vielmehr »konstruktives Denken« notwendig, um Schwierigkeiten gut bewältigen und das eigene Potenzial ganz entwickeln zu können. Und konstruktiv bedeutet, dass Sie alles, was Sie an Fähigkeiten, Fertigkeiten, Wissen und Erfahrungen besitzen, in Ihr Denken über ein Problem oder eine schwierige Situation mit einbeziehen.

Mit veränderten Denkstrategien negative Situationen meistern

Sie haben in den vorangegangenen Kapiteln nun schon einiges erfahren über hinderliche und förderliche Gedankenmuster und ihre Auswirkungen auf Ihr Leben. Beim Lesen und Nachdenken sind Ihnen vielleicht auch schon einige Ihrer eigenen Lebenssituationen bewusst geworden, mit denen Sie nicht zufrieden sind und die Sie gern ändern würden.

Herzlichen Glückwunsch zu diesem Entschluss! Sie können zwar nur sehr begrenzten Einfluss nehmen auf das, was von außen auf Sie zukommt, aber wie Sie mit dem umgehen, was Ihnen im Leben zustößt und geboten wird, das bestimmen allein Sie! Sie können es lernen, jene Denkstrategien, die weder Ihrem Wohlbefinden noch Ihrem Erfolg zuträglich sind, zu verändern. Um Ihnen die Arbeit zu erleichtern, finden Sie am Ende dieses Kapitels eine zusammenfassende Anleitung der Schritte, die Sie benötigen, um Ihre negativen Gedanken zu erfassen. So werden wir es mit allen weiteren Schritten der Check-your-Mind-Methode handhaben. Sie können also zunächst die einzelnen Schritte einfach in Ruhe durchlesen.

Wie bereits geschildert wurde, besitzen negative Gedanken meist eine hohe Glaubwürdigkeit. Sie sind tausend Mal unwidersprochen gedacht worden und haben sich dadurch eine tiefe Spur gegraben. Wenn Sie versuchen, sie einfach durch einen positiven Gedanken aus dieser Spur zu schubsen, kann es passieren, dass sie sich nur noch tiefer eingraben. Unter dem neuen, noch oberflächlichen »positiven« Gedanken meldet sich dann eine perfide kleine Stimme: »Das glaubst du doch selbst nicht! Als ob es schon jemals geholfen hätte, sich etwas schönzureden!« Um mit den negativen Gedanken zurande zu kommen, muss also ihre Glaubwürdigkeit erschüttert werden!

Dazu müssen aber zunächst einmal alle negativen Gedanken, die sich auf eine bestimmte Situation beziehen, identifiziert werden. Und das ist wahrscheinlich der schwierigste Teil der Übung. Denn oft genug ist es nicht leicht überhaupt zu merken, dass man in einer negativen Situation tatsächlich etwas denkt. Wie gesagt, die Gedanken, die in Wirklichkeit für das Unwohlsein in der Situation verantwortlich sind, laufen so automatisiert ab, dass sie sich der bewussten Wahrnehmung entziehen. Sie spüren für gewöhnlich zunächst einmal nur die Auswirkungen der Gedanken: Blockade, Anspannung, Ängstlichkeit, Gereiztheit, Hektik, einen verkrampften Bauch, ein klopfendes Herz, flachen Atem, Gefühle der Lähmung oder Unsicherheit, um nur einige zu nennen.

Wie Sie Ihre negativen Gedanken erkennen

Wenn Sie Ihren Gedanken auf die Spur kommen wollen, sollten Sie Ihr Vorstellungsvermögen zu Hilfe nehmen. Sorgen Sie dafür, dass Sie eine Weile ganz ruhig und ungestört sein können, denn diese Arbeit erfordert etwas Konzentration. Wenn Sie diese Bedingungen geschaffen haben, sorgen Sie dafür, dass Sie entspannt und bequem sitzen oder liegen – jedoch ohne gleich einzuschlafen: Sie brauchen Ihre bewusste Mitwirkung. Und nun versetzen Sie sich in Gedanken so konkret wie möglich in jene Situation, die Ihnen Schwierigkeiten macht. Um Ihnen Schritt für Schritt darzustellen, wie Sie diesen Teil der Check-your-Mind-Methode für sich einsetzen können, nutzen wir als Autoren jetzt unser Vorstellungsvermögen:

Beispiel: Wir stellen uns vor, Sie seien ein nicht mehr ganz junger Mensch auf Stellensuche, der sich davor drückt, weitere Bewerbungen zu schreiben – etwa so wie einer der beiden Männer aus unserem Anfangsbeispiel. Jedes Mal, wenn Sie »eigentlich« eine Bewerbung schreiben wollen, kommt Ihnen irgendetwas dazwischen. Entweder müssen Sie dringend Ihren Schreibtisch, die Küche, den Keller oder die Garage aufräumen, oder Sie müssen eine Besorgung machen oder jemanden anrufen, oder Sie fühlen sich so schlapp, dass Sie ein Stündchen ruhen müssen. Die letzte Situation war gestern Abend: Ihr Partner hat Sie daran erinnert, dass Sie doch eigentlich noch eine Bewerbung für die Firma Schmidt schreiben wollten. Sie fühlten sich schon ganz gereizt und unruhig werden, aber da ist Ihnen zum Glück eingefallen, dass gleich eine neue Folge des »Bullen von Tölz« im Fernsehen läuft, die Sie natürlich nicht versäumen dürfen.

Sie wollen Ihr Verhalten ändern, denn da Sie ein ehrlicher Mensch sind, kommen Sie nicht umhin, sich selbst gegenüber zuzugeben, dass all diese Vorwände langsam Ihr Selbstbewusstsein untergraben. Also setzen Sie sich bequem hin und versuchen Sie, etwas Ruhe und Entspannung zu finden. Sie schließen die Augen und denken zurück an gestern Abend. Sie lassen es wie einen Film vor Ihrem inneren Auge ablaufen: Sie haben zu Abend gegessen, gemeinsam das Geschirr abgeräumt, da fühlten Sie sich noch ganz prima und dann sagte Ihr Partner: »Jetzt wäre doch ein guter Zeitpunkt, um die Bewerbung zu schreiben.« Peng – prima Gefühl beim Teufel! Was geht Ihnen in diesem Moment durch den Kopf? Welche Gedanken schießen Ihnen blitzschnell durch das Hirn? Versuchen Sie, diese Gedanken möglichst wörtlich zu erfassen, etwa folgenderweise:

- Nein, ich will jetzt nicht.
- Ich weiß eh nicht, was ich schreiben soll.
- Ich kriege sowieso wieder eine Absage.
- Mich will doch sowieso keiner mehr.
- Warum sollte ich denn jetzt noch die zwanzigste Bewerbung schreiben?
- Ich habe Angst vor der Blamage, wenn ich wieder abgelehnt werde.

Vielleicht gehören Sie aber auch zu den Menschen, bei denen erst einmal die Gefühle im Vordergrund stehen. Dann sehen Ihre ersten Antworten bei der Fantasieübung vielleicht eher so aus:

- Ich fühle mich angespannt.
- Ich fühle mich gereizt.
- Mein Magen krampft sich zusammen.
- Ich habe Herzklopfen.

Doch wie Sie in den vorangegangenen Kapitel gelernt haben, stecken auch hinter diesen Gefühlen Gedanken. Versuchen Sie also noch einmal, indem Sie in Ihrer Vorstellung die unangenehme Situation erneut durchleben, dahinter zu kommen, welche Gedanken

Ihre Anspannung, Ihre Gereiztheit und alle anderen negativen Empfindungen auslösen. Wenn Sie zum Beispiel das Gefühl haben, überfordert zu sein, wird das vielleicht durch folgende Gedanken hervorgerufen:

- Ich weiß ohnehin nicht, was ich schreiben soll, um überhaupt eine Chance zu haben.
- Wenn ich nur wüsste, nach welchen Kriterien die in der Personalabteilung die Leute auswählen.
- Ich habe keine Ahnung, auf was die Wert legen.
- Ich bin nicht gut genug.
- Ich kann mich schriftlich gar nicht gut ausdrücken.

Wie schon gesagt, dieser Teil ist der Wichtigste der Check-your-Mind-Methode. Denn nur wenn Sie alle Ihre hinderlichen Gedanken erfasst haben, können Sie sicher sein, dass es keine »Stolpersteine« mehr in Ihrem Denken gibt, die später Ihr Handeln zu Fall bringen. Es erfordert sicher sehr viel Aufmerksamkeit und Konzentration, sich bisher unbewusst abgelaufene, automatisierte Gedanken zugänglich zu machen. Doch das Identifizieren der negativen Gedanken ist die Basis für die ganze weitere Arbeit. Wenn Sie allein nicht weiterzukommen glauben, kann es helfen, mit einer Vertrauensperson zu sprechen. Schildern Sie einem Menschen Ihres Vertrauens die Situation, die Sie ändern möchten, und bitten Sie ihn oder sie, alle wesentlichen »Ich«- oder »Du«-Aussagen mitzuschreiben. Meist stehen die hinderlichen Gedanken dann schon auf dem Papier. Stellen Sie sich vor, Sie erzählen einem Freund oder einer Freundin die Bewerbungssituation:

Beispiel: »Klar will ich wieder arbeiten. Aber wer will mich denn noch, in meinem Alter? Natürlich weiß ich, dass ich dafür Bewerbungen schreiben muss, aber wie viele Bewerbungen soll ich denn eigentlich noch schreiben? Verstehst du, ich habe es allmählich satt, dass ich mir immer wieder diese Mühe mache, und dann kommt doch nichts dabei heraus. Und wenn ich eine Bewerbung losschicke, weiß ich genau, dass ich mir wieder unnötige Hoffnungen mache. Das ist das Schlimmste, dann wieder die Enttäuschung zu erleben, wenn die nächste Absage kommt. Außerdem, und das sage ich jetzt nur dir, schäme ich mich dann auch noch dafür, dass keiner mich haben will.«

Aus diesen Aussagen lassen sich leicht die demotivierenden Gedanken herausziehen:

- In meinem Alter habe ich ja doch keine Chance mehr.
- Es ist ohnehin alles umsonst.
- Ich bekomme auf jeden Fall wieder eine Absage.
- Ich ertrage die Enttäuschung nicht.
- Ich bin nicht gut genug.
- Ich bin selber schuld daran, dass ich keine Arbeit bekomme.

Negative Gedankenmuster führen jedoch nicht nur dazu, dass man sich in beruflichen oder familiären Situationen blockiert. Manchmal verhindern sie auch, dass man sich einen Lebenstraum erfüllt. Einer unserer Klienten träumte seit Jahren davon, seinen gesamten Jahresurlaub auf einmal zu nehmen, um in der Lage zu sein, sechs Wochen durch Australien zu reisen. Doch bisher hatte er sich nicht getraut. Schon allein bei der Vorstellung, ins Reisebüro zu gehen und den Flug zu buchen, wurde ihm flau im Magen und folgende Gedanken schossen ihm durch den Kopf:

- Sechs Wochen allein in einem fremden Land – da ist man schon sehr einsam.
- So besonders gut ist mein Englisch auch nicht.
- Giftige Schlangen und Spinnen gibt es da, das ist gefährlich.
- Es gab da mal einen Überfall – ich wäre das ideale Opfer.
- Bis ich wieder heimkomme sind alle meine Pflanzen verdorrt.
- Mein Chef lässt mich nie im Leben sechs Wochen weg.
- Wie willst du das alles organisieren?
- Wer soll so eine Reise bezahlen?

Gerade beim letzten Beispiel zeigt sich schön, dass hemmende Gedanken sich manchmal auch als Fragen verkleiden können. Das sind jedoch keine echten Fragen (die Frage »Wie willst du das alles organisieren?« wäre als echte Frage ja eigentlich ganz vernünftig), sondern es stecken negative Aussagen dahinter. Die sollten als solche dann aber auch formuliert werden, damit klar wird, was damit eigentlich gemeint ist. So wird aus »Wie willst du das alles organisieren?« die Aussage »Das schaffst du gar nicht«, und aus »Wer soll so eine Reise bezahlen?« wird »Das kannst du dir doch gar nicht leisten«.

Negative Gedanken aufschreiben

Wenn Sie in einem Zustand der Entspannung die Situation, die Sie aufarbeiten wollen, in Ihrer Fantasie durchlebt haben, sollten Sie nun alle Gedanken aufschreiben, die Ihnen währenddessen oder danach bewusst geworden sind. Schreiben Sie Ihre Gedanken alle wortwörtlich auf, denn diese Liste brauchen Sie für die spätere Arbeit noch. Da man nicht davon ausgehen kann, dass Sie mit einem Mal sämtliche Gedanken, die mit dieser Schwierigkeit verknüpft sind, zu fassen bekommen haben, sollten Sie diese Übung noch mindestens zwei oder drei Mal wiederholen. Hören Sie mit der Übung erst auf, wenn Sie den Eindruck haben, wirklich alle Gedanken zu Papier gebracht zu haben.

Schon das Aufschreiben hilft manchmal, sich die Absurdität der negativen Gedanken vor Augen zu führen. Es kann wie gesagt schwierig sein, den negativen Gedanken ganz allein auf den Grund zu kommen. Dann ist es besser, jemanden um Unterstützung zu bitten, der Ihnen hilft, Ihre Gedanken zu sortieren. Nehmen wir an, dem verhinderten Australienreisenden aus dem letzten Beispiel sei es so gegangen. Er kommt nicht klar damit, für sich allein nach innen zu hören, und bittet deshalb einen Freund, darauf zu achten, welche negativen Gedanken beim Sprechen über die gewünschte

Reise zum Vorschein kommen. Das Gespräch sollte damit beginnen, dass er dem Freund erklärt, weshalb er die Reise bisher nicht gemacht hat:

Beispiel: »Ich habe die Reise deshalb noch nicht gemacht, weil ich bisher immer ein bisschen Angst hatte, ob das nicht eine Nummer zu groß für mich ist. Es reizt mich sehr und ich war immer der Überzeugung, solch eine Abenteuerfahrt sollte man wenigstens einmal im Leben gemacht haben, aber wenn ich daran denke, was alles schief gehen könnte, verlässt mich wieder der Mut. Außerdem habe ich Angst, dass so eine Reise meinen finanziellen Rahmen sprengt. Flug, Leihwagen, Verpflegung, das allein ist schon ziemlich teuer, eine Reserve für Unvorhergesehenes muss auch dabei sein, und dann will man sich auch noch das eine oder andere gönnen – ich will ja auch keinen Kredit aufnehmen, nur um in den Urlaub zu fahren! Andererseits spare ich schon ziemlich lange darauf und habe schon Etliches genau dafür zur Seite gelegt.«

Die Aufgabe des Freundes ist nicht ganz leicht, denn es ist wichtig, dass er möglichst alle Ängste und Bedenken aus dem Gesagten heraushört. Er sollte sich also alles sehr aufmerksam anhören und versuchen, Überschriften zu finden für das, was ihm erzählt wird. Im obigen Fall könnten das die Überschriften sein »Ich habe Angst vor dem, was alles schief gehen könnte« und »Ich kann mir die Reise gar nicht leisten«. So fasst er jeden negativen Gedanken in einem Satz zusammen. Als Nächstes hört er:

Beispiel: »Ich finde es auch schwierig, sechs Wochen nicht in die Firma zu gehen. Meine Arbeit macht bei uns sonst ja keiner. Mein Chef hat zwar schon mal gesagt, das würde durchaus gehen, wenn wir uns rechtzeitig darauf vorbereiten können – aber ob er das wirklich so ernst gemeint hat? Einer Bekannten meines Schwagers hat man während ihres Urlaubs den Stuhl vor die Tür gesetzt. Ich will doch nachher nicht arbeitslos dastehen!«

Daraus macht der zuhörende Freund die Überschrift »Mein Chef wird mich feuern«. Gleichgültig, ob Sie allein oder mit einem Gesprächspartner diese Übung machen: Wichtig ist, dass Sie wirklich die Gedanken identifizieren und nicht nur die Emotionen auf Ihrer Liste haben, die Sie bewegen.

So kann es beispielsweise vorkommen, dass jemand während der Fantasieübung äußert: »Ich denke, ich bin total unsicher in dieser Situation.« Das ist jedoch nicht der Originalgedanke. Um den oder die Gedanken zu finden, um die es wirklich geht, muss man sich dann weiter fragen: »Wie kriege ich es hin, in dieser Situation ein Gefühl von Unsicherheit zu entwickeln? Was sage ich mir, damit ich mich unsicher fühle?« Man muss mit seinen Fragen quasi noch eine Etage tiefer gehen. Der Ursprungsgedanke für die Unsicherheit könnte beispielsweise sein: »Das schaffst du ja doch nicht. Ausgerechnet du! Von dir will doch keiner etwas wissen. Das kannst du nicht.«

Da es wichtig ist, dass Sie alle negativen Gedanken hinsichtlich eines Problems oder einer schwierigen Situation identifizieren, sollten Sie tatsächlich das wortwörtlich aufschreiben, was Sie gedacht haben – auch wenn Kraftausdrücke dabei sein sollten. Scheuen Sie sich nicht, auch die hinzuschreiben – es ist schließlich Ihre private Liste, die sonst keiner zu lesen braucht.

Wie negative Gedanken durch innere Blockaden »vernünftig« erscheinen

Manchmal kann es auch schon schwierig sein, alles negative Denken überhaupt als negativ zu erkennen. Denn es kann vorkommen, dass Ihnen die negativen Gedanken vernünftig, klar und logisch erscheinen – einfach weil Sie Ihnen so vertraut sind, weil Sie sie so unendlich oft gedacht haben. Sie scheinen einfach zu stimmen und die Welt so abzubilden, wie sie nun einmal ist. Wenn Sie in solchen Gedankengängen gefangen sind, haben Sie zunächst einmal tatsächlich keinen Zugang zu anderen Informationen – Informationen, die Ihnen ein ganz anderes Bild der Welt und Ihrer Fähigkeiten zeigen. Die durch die negativen Bewertungen ausgelösten Emotionen kommen so rasch und überfallartig, dass Sie in dieser Phase keinen Zugriff haben zu Ressourcen, die Ihnen sonst zur Verfügung stehen. Das zeigt sehr eindrücklich das Beispiel von Herrn Hauptmann, der sein Problem, nicht zufrieden stellend vor der Geschäftsleitung präsentieren zu können, mit der Check-your-Mind-Methode bearbeitete:

Beispiel: Herr Hauptmann war ein Abteilungsleiter, mit dessen Arbeit sein Chef sehr zufrieden war. Es gab nur ein Problem: Wann immer Herr Hauptmann eine Präsentation vor der Geschäftsleitung machen sollte, brachte er sich so in Panik, dass er wirklich schlecht präsentierte. Deshalb stand er in schlechterem Ansehen, als er es seinen Leistungen nach eigentlich verdient hätte. Was er darbot, war trocken und langweilig, er verhaspelte sich leicht und seine Aufregung war ihm deutlich anzumerken. Aus diesem Grund drückte er sich möglichst oft vor Präsentationen, sodass das Augenmerk der oberen Chefs eher seinen Kollegen galt, obwohl er die Arbeit gemacht hatte. Beim Coaching erklärte er das Problem so, wie er es sich selbst und allen anderen, die ihn danach gefragt hatten, seit Jahren schon erklärte: »Ich kann eben nicht präsentieren. Das ist absolut nicht meine Stärke!« Er glaubte felsenfest an dieses Erklärungsmodell, es war ja schließlich auch logisch, man brauchte sich seine Präsentationen ja nur einmal vor Augen zu führen …

Erstaunlicherweise stellte sich bei näherem Nachfragen heraus, dass er vor seinem Team sehr wohl präsentieren konnte. Da gelang es ihm ohne weiteres, etwas flüssig und interessant darzustellen und sogar mitreißend zu sein. Doch diese Fähigkeiten vergaß er vollkommen, wenn es darum ging, vor der Geschäftsleitung aufzutreten – sei es in Wirklichkeit oder in der Vorstellung. Wenn er wegen einer bevorstehenden Präsentation in Panik war, war ihm überhaupt nicht mehr bewusst, welche anderen Präsentationen er schon gemacht hatte – vorherrschend war nur der Gedanke »Ich kann das nicht!« Er selbst war völlig überrascht davon, als ihm dieser Widerspruch aufgezeigt wurde – jahrelang hatte er seine Erklärung »Ich kann eben nicht präsentieren« unwidersprochen selbst geglaubt, obwohl er immer wieder auch andere Erfahrungen gemacht hatte.

Die Emotionsforschung hat gezeigt, dass das ein allgemeines und verbreitetes Phänomen ist. Solange wir uns im Griff von negativen Emotionen befinden, scheint es uns unmöglich zu sein, an Informationen heranzukommen, die unsere Lage erleichtern würden. Die Emotionsforscher nennen diese Zeitspanne »Refraktärphase«. Es ist eine Phase, »in der unser Denken keine Informationen verarbeiten kann, die zu dem uns beherrschenden Gefühl nicht passen, es nicht nähren und rechtfertigen« (Paul Ekman, Gefühle lesen, S. 56). Die Refraktärphase ist je nach Anlass und bei jedem Menschen unterschiedlich lang.

Die gute Nachricht ist, dass auch die Emotionsforschung davon ausgeht, dass wir Menschen nicht dazu verdammt sind, einmal erworbene emotionale Reaktionen auf immer und ewig zu behalten, sondern dass wir gelernte unangenehme Emotionen auch wieder verlernen können. Der Schlüssel dazu ist Achtsamkeit. Wenn Sie sich auf sich selbst konzentrieren und aufmerksam sind gegenüber Ihren eigenen negativen Gedanken, die zu Ihren Bewertungen und damit zu Ihren negativen Empfindungen führen, haben Sie schon einen großen Schritt getan.

Versetzen Sie sich also so oft wie möglich und nötig in entspanntem Zustand in die Situation, mit der Sie als Erstes arbeiten möchten, und hören Sie aufmerksam nach innen. Schenken Sie jedem Gedanken, der kommt, Ihre Achtsamkeit. Erst, wenn Sie so weit sind und eine Liste mit all Ihren negativen Gedanken bezüglich einer bestimmten Situation oder eines bestimmten Verhaltens aufgestellt haben, werden wir uns an den nächsten Schritt der Check-your-Mind-Methode machen. Jetzt geht es zunächst darum, all diese Gedanken zu erfassen.

Wo sich gedankliche Blockaden überall auswirken können

Zur besseren Illustration wollen wir für Sie noch einige Beispiele zitieren, wie Menschen sich mit ihren Gedanken blockieren können. Ein Angestellter litt jahrelang unter seiner Schüchternheit. Es fiel ihm unendlich schwer, den Mund aufzumachen und seine Meinung zu äußern. Bei Arbeitssitzungen zögerte er immer so lange damit, Punkte einzubringen, die er sich überlegt hatte, dass sie regelmäßig von jemand anderem genannt wurden. So hatte er nie eine Chance zu zeigen, was in ihm steckt. Er erkannte folgende Gedanken bei sich:

- Dir hört sowieso keiner zu.
- Wen interessiert schon deine Meinung.
- Die Kollegen machen sich über deine Vorschläge doch nur lustig.
- Was du zu sagen hast ist so banal, das kannst du auch bleiben lassen.
- Du machst dich nur lächerlich.

Ein Seminarteilnehmer war wiederum aufgefordert worden, beim runden Geburtstag seines besten Freundes eine Tischrede zu halten. Schon der Gedanke daran löste bei ihm Schweißausbrüche aus, so aufgeregt wurde er. Seine Gedanken waren:

- Das ist ja furchtbar, alle starren mich an.
- Jeder erwartet eine Superrede.
- Ich kann doch gar nicht so witzig sein.
- Ich war noch nie ein guter Redner.
- Ich hasse Tischreden.
- Niemand mag Tischreden.
- Wahrscheinlich bleibt mir die Stimme weg.
- Meine Stimme klingt sowieso so dünn.
- Wenn ich mich verhasple, werden alle denken, dass ich blöd bin.

Ein anderer schob ein notwendiges Gespräch mit seinem Vermieter vor sich her, weil er fürchtete, es könne zu einer Auseinandersetzung kommen. Die dafür verantwortlichen Gedanken lauteten:

- Wenn ich ärgerlich oder wütend werde, blamiere ich mich nur.
- Er wird niemals auf unsere Wünsche eingehen. Warum sollte er auch?
- Er sitzt eh am längeren Hebel, da habe ich keine Chance.
- Zum Schluss bleibt mir nur der Gang zum Rechtsanwalt, das kann ich mir gar nicht leisten.

Eine Teilnehmerin hätte dringend einen Anschaffungskredit von ihrer Bank benötigt. Doch sie hatte es bislang nicht fertig gebracht, einen Termin mit einem Bankberater zu vereinbaren. So hielt sie sich davon ab:

- Ich hasse es, ein Bittsteller zu sein.
- Der Mensch von der Bank denkt wahrscheinlich, ich kann nicht mit Geld umgehen, sonst bräuchte ich ja keinen Kredit.
- Diese missbilligenden Blicke kann ich mir gut vorstellen.
- Er denkt womöglich, ich will mir Sachen kaufen, die ich mir gar nicht leisten kann.
- Es wird mir unendlich peinlich sein, wenn der Kredit abgelehnt wird.
- Habe ich überhaupt das Recht, um Geld zu bitten?

Ein weiterer Teilnehmer konnte es nicht über sich bringen, mit seinem Chef über eine Gehaltserhöhung zu sprechen:

- Ich kann doch nicht dauernd mehr Geld verlangen!
- Mein Chef hält mich bestimmt für unverschämt.
- Er ist mir rhetorisch sowieso überlegen, da schrumpfen meine Argumente zusammen.
- Rechtfertigt das, was ich jetzt mehr mache, wirklich mehr Geld?
- Wahrscheinlich fange ich an, herumzustottern, da mache ich mich bloß lächerlich.

- Eigentlich brauche ich nicht unbedingt mehr Geld.
- Wenn alle wegen mehr Geld zu ihm kämen, könnte er seinen Laden dicht machen.

Wir hoffen, dass wir Ihnen mit diesen Beispielen zeigen konnten, auf welch unterschiedliche Arten man sich gedanklich blockieren kann. Blockaden können aber auch noch auf eine andere Weise entstehen: nämlich durch Stress. Darauf gehen wir im folgenden Kapitel ein.

Die Stress auslösenden Gedanken identifizieren

Die bisherigen Beispiele bezogen sich alle auf eine Situation, vor der man sich drückt. Nun ist Ihr Problem aber vielleicht ganz anderer Natur und Sie sagen sich: »Ich drücke mich vor gar nichts. Im Gegenteil, ich packe alles an. Aber gerade dadurch habe ich reichlich viel Stress in meinem Leben, der macht mich noch ganz krank!« Aber wie wir weiter vorn schon ausgeführt haben: Der meiste Stress ist hausgemacht! Es sind weniger die Last und die Menge der Aufgaben oder die Schwierigkeit der Anforderungen, die Ihren Stress erzeugen, sondern vielmehr die Gedanken, die Sie sich darüber machen. Jemand, der unter dem Druck gewaltiger Anforderungen steht, kann innerlich auch gelassen sein.

Wir stellen Sie uns wieder als jemanden vor, der besser mit seinem Stress zurechtkommen möchte. Sie haben ohnehin viel zu tun, haben am Abend noch dringende private Verpflichtungen, und just an diesem Tag halst Ihnen Ihr Chef noch eine weitere Aufgabe auf. Versuchen Sie nun einmal, entspannt und mittels Ihrer Vorstellungskraft, hinter die Gedanken zu kommen, die Ihren Stress auslösen. Nutzen Sie Ihre Vorstellungskraft und malen Sie sich die Situation, als Ihr Chef in Ihr Büro kam, recht detailliert aus: Wie sahen Sie aus an diesem Tag, welche Kleider trugen Sie, welche Kleider trug Ihr

Chef, wie sah Ihr Schreibtisch aus? Je mehr solcher Details Sie sich ins Gedächtnis rufen, desto mehr wird Ihre Erinnerung angereichert, desto lebensnaher wird Ihre Vorstellung. Dann fallen Ihnen die Gedanken ein, die Ihnen in der damaligen Situation durch den Kopf schossen:

- Wie soll ich denn das heute noch schaffen?
- Ausgerechnet heute ist es wichtig, dass ich pünktlich gehen kann!
- Es ist so ungerecht, dass immer alles an mir hängen bleibt.
- Nur weil ich zuverlässig bin, bin ich immer der Dumme.
- Jetzt muss ich aber tierisch schnell machen, sonst schaffe ich das nie.
- Ich habe noch so entsetzlich viel zu erledigen.
- Wenn ich nicht pünktlich nach Hause komme, gibt es eine Katastrophe.
- Heute Abend kann ich bestimmt vor lauter Kopfschmerzen wieder nicht einschlafen.

Glauben Sie, dass Sie dieselbe Hektik und denselben Stress empfunden hätten, wenn Sie stattdessen gedacht hätten: »So, so, jetzt kommt der Chef mit noch einer Aufgabe. Er scheint zu glauben, ich kriege das hin. Weiß ich ja noch nicht, aber jetzt schauen wir halt mal.« Wenn man jetzt davon ausgeht, dass Sie in beiden Fällen gutwillig so viel arbeiten, wie Sie eben können, kann man vermutlich auch davon ausgehen, dass im zweiten Fall das Ergebnis nicht schlechter ist als im ersten. Und dass der Stress, den Sie im ersten Fall erleben, nicht auf die Menge der Arbeit zurückzuführen ist, sondern auf Ihre Gedanken darüber.

Um hinter die negativen Gedanken zu kommen, die Stress verursachen, können Sie sich einer Technik bedienen, die »Symptomverschreibung« heißt. Stellen Sie sich vor, ein ganz entspannter und gelassener Mensch will aus irgendeinem Grund lernen, genauso hektisch, nervös und gereizt zu sein wie Sie. Erklären Sie ihm doch einfach, was er sich alles sagen muss, um seine Gelassenheit zu verlieren. Und schon haben Sie all Ihre negativen Gedanken auf dem

Präsentierteller vor sich. So eine Symptomverschreibung könnte sich etwa folgendermaßen abspielen:

Beispiel

Frage: Wie kriegst du das überhaupt hin, dermaßen in Hektik und Stress zu geraten? Wenn ich das erleben wollte, was müsste ich tun? ✗

Antwort: Nun, als erstes musst du dir sagen: »Muss der Chef ausgerechnet jetzt noch damit ankommen! Ich krieg die Krise! Ausgerechnet heute, wo ich diese wichtige Verabredung habe. Es ist doch wie verhext, heute hat sich aber auch alles gegen mich verschworen! Nur damit ich nicht mit Eva zu diesem Konzert gehen kann. Denn das kann ich mir jetzt ja abschminken. Also, wenn ich das je noch hinkriegen will, muss ich massiv aufs Tempo drücken.«

Frage: Und das reicht dir aus?

Antwort: Nein, du musst zusätzlich ein solches Chaos auf dem Schreibtisch anrichten, dass du genau die Sachen, die du am dringendsten brauchst, erst nach langem Suchen findest. Dabei musst du dir permanent vorhalten, wie viel Zeit diese Sucherei kostet. Außerdem beschimpfst du dich noch die ganze Zeit dafür, dass du solch ein Chaot bist. Dann machst du in der Eile natürlich einen Fehler und beschimpfst dich daraufhin wieder, unnötig Zeit zu verplempern. Du siehst alle paar Minuten auf die Uhr und sagst dir dabei: Mach schneller, sonst schaffst du es nicht!

Langsam wird klar, wie man sich in Hektik und Stress bringen kann, oder? Und folglich auch, wie man beides einschränken beziehungsweise weitestgehend verhindern kann.

Checkliste: Wie Sie die negativen Gedanken identifizieren

Zur Vorbereitung sollten Sie sich Papier und Stift bereitlegen. Sorgen Sie dafür, dass Sie in dieser Zeit (etwa 15 Minuten) ungestört sind.

- ○ Wählen Sie ein Problem oder eine für Sie schwierige Situation aus, die Sie mit der Check-your-Mind-Methode bearbeiten wollen.
- ○ Setzen Sie sich bequem und entspannt hin und lassen Sie sich die schwierige Situation oder das Problem noch einmal in der Vorstellung erleben. Erinnern Sie sich an möglichst viele Details und spüren Sie den Gedanken nach, die damit verbunden sind.
- ○ Schreiben Sie sich alle negativen Gedanken auf.
- ○ Spielen Sie die Situation in Ihrer Vorstellung mehrmals ab und ergänzen Sie Ihre Liste immer wieder.
- ○ Wenn Sie den Eindruck haben, dass Ihre Liste vollständig ist, gehen Sie sie durch und kontrollieren Sie, ob Sie vielleicht auch Gefühle statt Gedanken aufgeschrieben haben. Wenn ja, untersuchen Sie, welche negativen Gedanken sich hinter den Gefühlen verbergen (Frage: Wie schaffe ich es, dieses Gefühl zu haben?) und schreiben Sie diese ebenfalls auf.
- ○ Äußern sich manche negativen Gedanken als Fragen? Dann wandeln Sie jede Frage in die negative Äußerung um, die eigentlich dahinter steckt.

6. Check your Mind: Die negativen Gedanken logisch überprüfen

Sie wissen inzwischen – und haben vielleicht auch schon selbst die Erfahrung gemacht –, dass es gar nichts nützt, negative Gedanken mit einem positiven Neuanstrich übertünchen zu wollen. Doch es nützt sehr wohl etwas, sie auf den Prüfstand zu stellen, denn die meisten negativen Gedanken halten einer logischen Überprüfung nicht stand. Schon die einfache Frage »Stimmt dieser Gedanke überhaupt?« bringt oft die verblüffende Erkenntnis, dass man einfach viele Informationen, die dem negativen Gedanken und seinen Schlussfolgerungen widersprechen, außer Acht gelassen hat.

Ein Beispiel dafür, wie leicht man wichtige Informationen ausblenden kann, bot jene Seminarteilnehmerin, die mit der Check-your-Mind-Methode folgendes dringliches Problem bearbeiten wollte:

Beispiel: Sie hatte sich vorgenommen, für ihren Mann zu seinem runden Geburtstag ein ganz besonderes Fest zu organisieren, und sie wusste auch, dass sich ihr Mann schon darauf freute. Doch sie schob diese Aufgabe immer wieder auf die lange Bank, und allmählich wurde die Zeit knapp. Bisher hatte sie sich immer mit den Gedanken entmutigt: »Wie soll ich das denn bloß machen, dass das klappt mit so vielen Leuten? Hoffentlich fühlen sich dann auch alle wohl (ich fürchte, dass sie sich nicht wohl fühlen)! So viele Leute zufrieden zu stellen, ist extrem schwierig, ich habe gar keine Idee, womit ich sie unterhalten soll.«

Bei der Überprüfung dieser Gedanken stellte sich heraus, dass sie für ihren Chef schon bedeutend größere Firmenevents organisiert hatte, die alle großen Anklang gefunden hatten, etliche Teilnehmer hatten ihr gesagt, wie einfallsreich und gelungen sie das fanden. Daran hatte sie, wann immer sie sich mit dem Fest für ihren Mann befasste, einfach überhaupt nicht mehr gedacht, weil das zwei gänzlich verschiedene Angelegenheiten für sie waren.

Es kann auch sein, dass man bei der Überprüfung der hinderlichen Gedanken erkennt, dass man ganz falsche Verknüpfungen gemacht hat, indem man Dinge in einen scheinbar logischen Zusammenhang gebracht hat, die gar nicht zusammengehören. So erging es auch folgendem Autoverkäufer:

Beispiel: Nach jedem nicht erfolgreichen Verkaufsgespräch war der Autoverkäufer überzeugt, ein schlechter Verkäufer zu sein. Wenn er mit einem Kunden nicht zu einem Abschluss kam, quälte er sich hinterher mit Selbstvorwürfen: »Du hast mal wieder versagt! Ein guter Verkäufer hätte diesen Kunden überzeugt. Du hast deinen Beruf verfehlt!« Er verknüpfte die Ablehnung seines Angebots mit seinen Fähigkeiten als Verkäufer. Dabei ließ er völlig außer Acht, dass sein potenzieller Kunde ganz andere Gründe für seine Ablehnung haben könnte: Er hatte im Moment gar kein Geld für ein so teures Produkt, er brauchte etwas ganz anderes, oder er war zu beschäftigt, um sich um einen solchen Kauf zu kümmern. All diese möglichen Erklärungen kamen dem Verkäufer gar nicht erst in den Sinn.

Bei einer logischen Überprüfung kann einem auch auffallen, dass man von einem einzigen Ereignis auf alle zukünftigen schließt, so wie es einer anderen Seminarteilnehmerin ergangen war:

Beispiel: Sie hatte einmal im Zusammenhang mit dem Protokoll einer wichtigen Sitzung, das sie anfertigen sollte, eine schlechte Erfahrung gemacht. Sie hatte geglaubt, ein Ergebnisprotokoll sei ausreichend, doch es war ein ausführliches Protokoll erwartet worden. Die ätzenden Worte ihres Chefs daraufhin hatte sie immer noch im Ohr, obwohl der Vorfall inzwischen Jahre zurück lag. Wann immer sie seither ein Protokoll zu schreiben hatte, bekam sie Bauchgrimmen, denn »Protokoll schreiben kann ich nicht. Da mache ich nur Fehler!« Bei diesen negativen Gedanken hat sie völlig ausgeblendet, dass die Tatsache, einmal etwas falsch gemacht zu haben, natürlich nicht bedeutet, dass man es nun bis in alle Ewigkeit falsch machen wird. Und sie hat dabei ihre Fähigkeit ausgeblendet, aus Fehlern zu lernen.

Manchmal erkennt man auch, dass man bestimmte Sachverhalte als Tatsachen hinnimmt, obwohl es sich nur um Interpretationen handelt – Interpretationen, die ganz falsch sein können. So wie bei einem weiteren Teilnehmer:

Beispiel: Er litt unter der Angst, seine Frau interessiere sich nicht mehr für ihn. Dieser Gedanke war ihm in einer Zeit gekommen, da er sich mit beruflichen Schwierigkeiten herumschlug. Zu Hause war er aus diesem Grund ernst und schweigsam – und wartete sehnsüchtig darauf, dass seine Frau ihn fragte, was los sei. Sie tat es jedoch nicht. Er bewertete das folgendermaßen: »Sie interessiert sich nicht für mich!« Wie sich später herausstellte, brannte sie darauf zu wissen, was los war, und machte sich die größten Sorgen, glaubte jedoch, ihn nicht bedrängen zu dürfen.

Auch der folgende Coaching-Klient hat seine negativen Gedanken und seine Schlussfolgerungen nicht logisch überprüft:

Beispiel: Er glaubte, dass sein Chef unzufrieden mit seiner Leistung sei, denn seiner eigenen Einschätzung zufolge hätte er in seiner Position eine Gehaltserhöhung verdient. Dass sein Chef ihm von sich aus keine anbot, konnte aus seiner Sicht nur eines bedeuten: »Ich bin doch nicht gut genug. Mein Chef erwartet mehr von mir.« Tatsache war jedoch, dass sein sparsamer Chef den Standpunkt einnahm: »Solange die Angestellten nichts sagen, sind sie mit ihrem Gehalt zufrieden, also brauche ich nichts zu tun.«

Mit Logik den negativen Gedanken entgegenwirken

Sie sehen wie wichtig es ist, diesen zweiten Schritt der Check-your-Mind-Methode durchzuführen: nämlich die logische Überprüfung Ihrer negativen Gedanken. Das sollten Sie am besten ebenfalls schriftlich machen, denn die Notizen werden Sie später noch brauchen. Nehmen Sie sich für jeden negativen Gedanken ein eigenes Blatt Papier, auf dem Sie oben Ihren Gedanken wörtlich aufschreiben, darunter notieren Sie alle Gegenargumente zu diesem Gedanken.

Um alle Gegenargumente zu Ihren negativen Gedanken zu erfassen und sie aufschreiben zu können, stellen Sie sich bitte immer wieder folgende Fragen:

- Stimmt die Aussage, die mich behindert, so überhaupt?
- Welche Gegenbeweise zu dieser Aussage gibt es?
- Habe ich nicht schon Erfahrungen gemacht, die gegen diesen Gedanken sprechen?
- Könnte man die Dinge auch ganz anders sehen oder interpretieren?
- Stimmen denn die Schlussfolgerungen, die in dem negativen Gedanken stecken?

Nehmen wir uns zum Beispiel noch einmal den verhinderten Australienreisenden vor. Einer seiner negativen Gedanken, die ihn von der Reise abhielten, lautete: »Mein Chef setzt mich womöglich auf die Straße, wenn ich so lange weg bin.« Mögliche Argumente dagegen sind:

- Mein Chef hat mir schon zugesagt, dass ich sechs Wochen Urlaub am Stück nehmen kann.
- Er hat noch niemals jemanden ohne triftigen Grund entlassen, also wird er mir auch nicht kündigen.
- Er hätte rein rechtlich auch gar nicht die Möglichkeit dazu.
- Ich bin der Einzige, der mit dem neuen Projekt klarkommt.

Das waren Antworten auf die ersten Fragen. Die dritte Frage – »Habe ich nicht schon Erfahrungen gemacht, die gegen diesen Gedanken sprechen?« – ist wichtig, um wieder Zugang zu Informationen über die eigenen Fähigkeiten zu bekommen, die man ausblendet, weil man einen negativen Gedanken so absolut formuliert. »Ich kann eben nicht präsentieren«, dachte der Abteilungsleiter, wenn er vor der Geschäftsleitung sprechen sollte – und vergaß dabei völlig, wie gut er vor seinem Team präsentierte.

Sehen wir uns die vierte Frage an: »Könnte man die Dinge auch ganz anders interpretieren?« Wir nehmen dazu das Beispiel desjenigen, der eine Geburtstagsrede halten soll und sich Magengrimmen verursacht mit dem Gedanken »Wenn ich mich verhasple, werden alle denken, dass ich blöd bin«. Wie könnte man die Folgen des Ereignisses »Ich verhasple mich« noch sehen? Zum Beispiel so:

- Wahrscheinlich werden die meisten das kaum registrieren.
- Die, die es überhaupt bemerken, sind ganz erleichtert, dass das anderen auch passiert.
- Sich zu verhaspeln hat nichts mit Intelligenz zu tun.

Diese letzte Antwort kann sich auch auf die fünfte Frage nach den Schlussfolgerungen beziehen. Es ist ganz und gar keine zwingende Schlussfolgerung, dass andere jemanden für unintelligent halten, nur weil er sich verhaspelt. Da ist die Schlussfolgerung »Sie werden sich solidarisch fühlen und froh sein, dass sie nicht die Einzigen sind, denen das passiert« doch durchaus realistischer.

Menschen neigen dazu, sehr schnell Schlussfolgerungen aus einem einzigen negativen Ereignis zu ziehen, eben weil es ihnen so unangenehm war. Doch wenn sie deshalb eine ähnliche Situation vermeiden, berauben sie sich der Chance, eine andere Erfahrung zu machen. Die Kreditsuchende, die den Termin mit ihrer Bank hinausschob, war einmal bei einem arroganten Bankberater – daher ihre Angst vor »missbilligenden Blicken«. Doch ein solches Erlebnis heißt ja nicht zwingend, dass sie bei einer anderen Bank auch wieder von einem unfreundlichen und arroganten Kerl bedient würde.

Manchmal kann es auch schwierig sein zu erkennen, dass es sich überhaupt um voreilige oder sogar unzulässige Schlussfolgerungen handelt, die in einem negativen Gedanken stecken. Man hält die Implikation für logisch, einfach weil man sich so sehr an den Gedanken gewöhnt hat. Nehmen wir als Beispiel die Angst vor einem Vortrag: »Ich bin bestimmt so aufgeregt, dass ich gar nicht klar denken kann!« Darin steckt die Annahme, dass man nicht klar denken könne, wenn man aufgeregt sei. Prüflinge in egal welchen Examen, Prüfungen oder Klausuren beweisen jedoch täglich das Gegenteil.

Auch der Mieter, der eigentlich mit seinem Vermieter sprechen will, impliziert mit seinem ängstlichen und aggressiven Gedanken »Er sitzt am längeren Hebel, da habe ich eh keine Chance«, dass es auf jeden Fall eine unangenehme Auseinandersetzung geben wird. Er setzt dabei voraus, dass das Gespräch auf einen Kampf hinausläuft, bei dem man eine »Hebelwirkung« braucht, um der Stärkere zu sein. Das ist jedoch noch gar nicht gesagt: Es gibt jede Menge Vermieter, die großen Wert auf ein gutes Verhältnis zu ihren Mietern legen und grundsätzlich sehr entgegenkommend sind, wenn man ihnen ihrerseits freundlich (und nicht auf Streit gebürstet) begegnet.

Der Umgang mit der Frage »Könnte man die Dinge auch ganz anders sehen?« ist vielleicht am schwierigsten. Denn in vielen Menschen sträubt sich innerlich alles dagegen, sich die Welt und ihre Mitmenschen auf gänzlich andere Art zu erklären, als sie das bislang immer gemacht haben. Schließlich geht von einem fest gefügten Erklärungsmuster, von einem unerschütterlichen Weltbild eine identitätsstiftende Wirkung aus: »So bin ich und so ist die Welt – basta!«

Man kann seinen Blickwinkel leichter erweitern, indem man versucht, sich in eine andere Person hineinzuversetzen: »Wie würde meine beste Freundin/mein Vater/meine sehr selbstbewusste Kollegin diese Situation interpretieren? Wie würde das jemand sehen, der sehr streitsüchtig ist? Wie jemand, der ein großes Harmoniebedürfnis hat?« Sich intensiv in jemand anderen hineinzuversetzen führt dazu, dass man sein gewohntes Denkmuster verlassen kann. Dadurch eröffnen sich neue Sichtweisen. Und es tut gut sich klarzu machen, dass die eigene Sichtweise immer nur eine von vielen möglichen ist – und dass jede andere Sichtweise neue Wege im Umgang mit einer Situation ermöglicht.

Um Ihren negativen Gedanken wirkungsvoll die Glaubwürdigkeit zu entziehen, sollten Sie für jeden negativen Gedanken mindestens drei Gegenargumente finden, die so formuliert sind, dass Sie sie wirklich annehmen können. Übertreibungen und Grandiosität bringen Sie hier nicht weiter. Wenn Sie sich davon abhalten Bewerbungen zu schreiben, weil der negative Gedanke lautet: »Ich finde eh keinen Job«, dann wäre die Äußerung »Mir stehen alle Jobs offen« vermutlich kein glaubwürdiges Gegenargument. Folgende Aussagen hingegen schon:

- Es gibt auf jeden Fall offene Stellen, auch wenn sich viele darum bewerben.
- Ich besitze eine gute Ausbildung.
- Ich habe etliche Jahre Berufserfahrung.
- Wenn ich lange genug dranbleibe, steigen sicherlich meine Chancen.

Um den negativen Gedanken wirklich auszuhebeln, muss ein Argument realistisch und glaubwürdig sein – ist es das nicht, gibt es eher der negativen Stimme wieder Nahrung. Zerbrechen Sie sich in diesem Stadium der Arbeit an Ihren negativen Gedankenmustern noch nicht den Kopf darüber, dass Ihre Gegenargumente bisher rein von der Verstandesebene herkommen und Ihre Gefühle nach wie vor negativ und pessimistisch sind. Das wird sich erst ändern, wenn Sie das automatisierte negative Muster durchbrechen – und damit beginnen Sie ja gerade erst. Sie haben jetzt aber schon einen wesentlichen Schritt getan, indem Sie die negativen Gedanken ans Licht befördert haben.

Checkliste: Wie Sie die negativen Gedanken logisch überprüfen

Sie brauchen Ihre Liste mit den negativen Gedanken, einen Stapel Papier und einen Stift.

- Schreiben Sie bitte wörtlich jeden einzelnen negativen Gedanken, den Sie auf Ihrer Liste haben, auf ein eigenes Blatt Papier.
- Darunter notieren Sie bitte alle jeweiligen Gegenargumente, die diesen Gedanken entkräften.
- Achten Sie darauf, dass die Gegenargumente für Sie glaubwürdig und realistisch sind.
- Um Gegenargumente zu finden, stellen Sie sich bitte immer wieder folgende Fragen:
  - Stimmt die Aussage, die mich behindert, so überhaupt?
  - Welche Gegenbeweise zu dieser Aussage gibt es?
  - Habe ich nicht schon Erfahrungen gemacht, die gegen diesen Gedanken sprechen?
  - Könnte man die Dinge auch ganz anders interpretieren?
  - Stimmen denn die Schlussfolgerungen, die in dem Gedanken stecken?

Kleine Hilfestellung zum Finden von Gegenargumenten

Wir haben in unserem Seminar zur Check-your-Mind-Methode »Erfolg beginnt im Kopf« gelegentlich die Erfahrung gemacht, dass es manchen Menschen schwer fällt, überhaupt Gegenargumente zu ihren automatisierten negativen Gedanken zu finden. Es kommt zwar darauf an, dass jeder für sich die individuell richtigen Gegenargumente findet, aber es gibt dennoch bestimmte Fragen oder Anregungen, die dabei hilfreich sein können. Wir haben uns deshalb einige »Klassiker« der negativen Gedanken herausgegriffen, um an diesen zu demonstrieren, wie Sie zu Gegenargumenten kommen können.

Negativer Gedanke: »Dazu bin ich viel zu unsicher«

Um diesem Gedanken beizukommen, sollten Sie sich klarmachen, dass Unsicherheit sehr häufig nur aus mangelnder Praxis resultiert: Man fühlt sich oft nur deshalb unsicher, weil man ungeübt ist. Übung lässt sich jedoch erwerben, und dann kommt die Sicherheit von allein. Mögliche Gegenargumente zu diesem negativen Gedanken:

- »Sicherheit kommt mit der Erfahrung, darum spreche ich jetzt französisch/halte den Vortrag/beginne mit der Telefonakquise, um die nötige Übung zu bekommen.«
- »Es ist nicht das erste Mal, dass ich durch Erfahrung Sicherheit gewinne.«
- »Jeder Mensch darf unsicher sein, wenn er etwas Neues beginnt, es kommt nur darauf an, es trotzdem zu tun.«

Negativer Gedanke: »Das habe ich noch nie gekonnt«

Bei diesem Gedanken hilft es, sich zu fragen: »Ist das wirklich wahr, dass ich das noch kein einziges Mal gekonnt habe? Würden das Menschen, die mir nahe stehen, genauso radikal sagen?« Außerdem sollten Sie sich klarmachen, dass diese Aussage eine unzulässige Schlussfolgerung beinhaltet, denn dass Sie es in der Vergangenheit nicht konnten, sagt nichts darüber aus, ob Sie es nicht in der Zukunft können werden. Mögliche Gegenargumente zu diesem negativen Gedanken:

- »Bisher habe ich noch alles, was mir wirklich wichtig war, gelernt, also kann ich das auch lernen.«
- »Ich weiß, dass ich intelligent/sportlich/leistungsfähig/kreativ bin, also kann ich mir das, was noch fehlt, aneignen.«
- »In anderen Bereichen habe ich schon die Erfahrung gemacht, dass es mir Freude macht, etwas Neues kennen zu lernen oder auszuprobieren.«

Negativer Gedanke: »Ich kann nicht präsentieren«

Dabei hilft es manchmal schon, ein »noch« in den Satz einzufügen. Das gilt für sehr viele Sätze, die mit »ich kann nicht« anfangen, weswegen Sie das Wort »präsentieren« hier exemplarisch sehen sollten. Eine gute Frage ist auch: »Gibt es stichhaltige Gründe, weshalb andere es lernen können, aber ich nicht?« Da man in Stress oder Angst auslösenden Situationen oft eigene Fähigkeiten ausblendet, lohnt es sich auch, danach zu fragen: »Kann ich in einem anderen Kontext oder einem anderen Lebensbereich das, was mir jetzt fehlt?« Mögliche Gegenargumente zu diesem negativen Gedanken:

- »Vor Kollegen in einem Kreis, wo ich mich sicher fühle, habe ich bewiesen, dass ich präsentieren kann.«
- »Es mangelt mir bisher nur an Übung.«
- »Ich beherrsche mein Sachgebiet.«
- »Ich kann mich gut ausdrücken.«

Negativer Gedanke: »Das schaffe ich nicht«

Erinnern Sie sich daran, was Sie bisher schon alles geschafft haben: Schule, Ausbildung, Ihren Job, Kindererziehung – das sind alles Leistungen, die Sie anerkennen sollten. Man braucht keine Goldmedaille oder das Bundesverdienstkreuz errungen zu haben: Das alltägliche Leben zu meistern, ist anerkennenswert genug. Mögliche Gegenargumente zu diesem negativen Gedanken:

- »Ich bin lernfähig, das habe ich schon oft genug bewiesen.«
- »Ich besitze Durchhaltevermögen.«
- »Ich brauche nicht alles auf einmal zu schaffen, sondern kann Schritt für Schritt daran arbeiten.«

Negativer Gedanke: »Jemand mag mich nicht / akzeptiert mich nicht«

Denken Sie an die Menschen, die Sie mögen und akzeptieren. Führen Sie sich dabei besonders vor Augen, dass es bestimmt etliche Menschen gibt, die Sie nicht nur von Ihrer Schokoladenseite kennen – und die Sie trotzdem mögen und akzeptieren! Mögliche Gegenargumente zu diesem negativen Gedanken:

- »Ich bin so, wie ich bin – egal, ob er/sie mich mag oder nicht.«
- »Es ist möglich, dass ich sein/ihr Verhalten ganz falsch interpretiere.«
- »Dass er/sie mich nicht mag, bedeutet nicht, dass ich nicht liebenswert bin.«
- »Die Sache mit der Akzeptanz kann sich ändern, wenn er/sie mich näher kennen lernt.«

Negativer Gedanke: »Die anderen werden schlecht über mich denken, wenn ich ... «

Um diesen Gedanken zu entkräften, hilft es oft, sich zu fragen, ob man wirklich Gedanken lesen kann. Außerdem kann man sich klarmachen, dass es wahrscheinlich jedem Menschen so geht, dass ein paar andere ihn nicht mögen. Das lässt sich gar nicht verhindern. Die, dic man selbst nicht mag, kommen damit ja meist auch ganz gut klar. Also kann man den umgekehrten Fall wohl auch verkraften. Mögliche Gegenargumente zu diesem negativen Gedanken:

- »Was die anderen denken, kann ich nur herausfinden, indem ich handle.«
- »Ich bin nicht auf das Wohlwollen aller angewiesen.«
- »Auf die wenigen, die dann wohl wirklich schlecht über mich denken, kann ich notfalls verzichten.«

Negativer Gedanke: »Alle werden mich hassen, wenn ich … mache«

Machen Sie sich klar, dass das vermutlich eine maßlose Übertreibung ist. Man muss schon etwas sehr Schreckliches tun, um dafür gehasst zu werden, oder? Und dann auch noch von allen? Extrem unwahrscheinlich! Fragen Sie sich, ob es wirklich realistisch ist, zu glauben, dass so viele Leute so stark emotional auf das reagieren werden, was Sie vorhaben. Was könnten denn andere mögliche Reaktionen sein: Überraschung? Irritation vielleicht? Oder Neid? Oder vielleicht gar Verständnis oder Begeisterung? Mögliche Gegenargumente zu diesem negativen Gedanken:

- »Ich werde vielleicht Überraschung oder Irritation auslösen, aber das legt sich auch wieder.«
- »Ich kann damit leben, dass es dem einen oder anderen nicht gefällt.«
- »Was ich vorhabe, ist mir zu wichtig, um mich von der Meinung anderer abhängig zu machen.«
- »Ich bin auch früher schon mit Missfallensäußerungen klargekommen.«

Negativer Gedanke: »Das passt nicht zu mir«

Überlegen Sie einmal, wer eigentlich festlegt, was zu Ihnen passt und was nicht. Ist mit dem Gedanken nicht einfach gemeint: »So kenne ich mich noch nicht, es ist mir noch nicht vertraut, mich so zu sehen!« Fragen Sie sich, ob Sie nicht das Recht haben, auch andere Facetten Ihrer Persönlichkeit als die bisher bekannten zur Entfaltung zu bringen. Und steckt in dem negativen Gedanken nicht auch die falsche Implikation, nur weil etwas noch nie so war, könne es auch nie so werden? Mögliche Gegenargumente zu diesem negativen Gedanken:

- »Es ist mir noch nicht vertraut, aber ich will es ausprobieren.«
- »Ich bin mutig genug, mich auf etwas Neues einzulassen.«
- »Jeder Mensch hat das Recht, sich zu verändern.«

Negativer Gedanke: »Die anderen werden mich für arrogant halten, wenn ...«

Fragen Sie sich, ob es wahrscheinlich ist, dass wirklich alle in Ihrer Umgebung zu einer solchen Bewertung kommen. Gibt es mögliche andere Reaktionen? Und wie sieht es mit den Menschen aus, die Ihnen wohl gesonnen sind? Mögliche Gegenargumente zu diesem negativen Gedanken:

- »Ich habe genügend andere Verhaltensweisen, die diesem Eindruck entgegenarbeiten.«
- »Ich habe keinen Einfluss auf die Bewertungen anderer Menschen. Wer weiß, was sie heute über mich denken!«
- »Ich bin freundlich und verständnisvoll, und das zeige ich auch.«

Negativer Gedanke: »Dafür bin ich zu alt/zu jung«

Fragen Sie sich, ob es für das, was Sie vorhaben, tatsächlich ein Alterslimit gibt. Würden Ihre Freunde das genauso sehen? Was genau hat das, was Sie gern machen wollen, denn mit dem Alter zu tun? Verknüpfen Sie da vielleicht etwas, was gar nicht zusammengehört? Nur um Ihnen einen Anhaltspunkt für die mögliche Spannweite zu geben: Alexander der Große war zum Zeitpunkt seiner ersten großen militärischen Erfolge achtzehn Jahre alt, und Johannes Heesters stand mit hundert Jahren noch auf der Bühne! Mögliche Gegenargumente zu diesem negativen Gedanken:

- »Ich habe alle Fähigkeiten, die es braucht, beziehungsweise ich bin in der Lage, sie mir anzueignen.«
- »Ich fühle mich vital und lebendig.«
- »Es macht mir so große Freude, und das verschafft mir auch die nötige Energie.«

Die Liste der negativen Gedanken ließe sich sicher noch beliebig fortsetzen. Auch wenn Ihre ganz spezifischen negativen Gedanken nicht dabei waren, hoffen wir doch, Ihnen genügend Anhaltspunkte gegeben zu haben, damit Sie sich selbst erfolgreich auf die Suche nach Gegenargumenten begeben können. Wie Sie diese Gegenargumente am besten zu Ihren Gunsten einsetzen können, erfahren Sie im nächsten Kapitel.

7.

Check your Mind: Wie Sie negative Gedanken neutralisieren

Sie kennen nun, bezogen auf ein bestimmtes Problem oder auf eine Angst oder Unbehagen verursachende Situation, Ihre blockierenden, entmutigenden Gedanken. Zu diesen Gedanken haben Sie bereits einige Gegenargumente gefunden und aufgeschrieben. Das genügt jedoch nicht: Um im nächsten Schritt diese Gedanken außer Kraft zu setzen, sollten Sie sich einen Gesprächspartner suchen, zu dem Sie Vertrauen haben. Das kann Ihr Lebenspartner oder ein guter Freund oder Kollege sein, es muss jedoch nicht unbedingt jemand sein, der Sie gut kennt. Sie sollten dennoch offen über das, was Sie bearbeiten möchten, mit diesem Menschen sprechen können.

Sie können sich Ihre negativen Gedanken vorstellen als eine innere Stimme, die zu Ihnen spricht. Eine innere Stimme, die immer da ist, an die man also gewöhnt ist, ist jedoch nicht so leicht zum Schweigen zu bringen. Deshalb ist es hilfreich, wenn man sie nach außen verlagert. Der Gesprächspartner, den Sie sich gewählt haben, soll genau diese Funktion übernehmen. Er soll die äußere Stimme sein, die wiedergibt, was Ihnen die innere Stimme bisher immer suggeriert hat. Er wird Ihnen laut präsentieren, was sich bisher nur in Ihrem Kopf abgespielt hat. Ihre Aufgabe ist es, jeden negativen Gedanken mit den Gegenargumenten zu beantworten, die Sie zuvor gefunden und notiert haben. Dabei spielt es überhaupt keine Rolle, wenn Sie Ihre Gegenargumente zunächst einmal vom Blatt ablesen müssen.

Wie Sie die negativen Gedanken im Gespräch widerlegen

Dazu nun ein Beispiel: Nehmen wir an, Ihr Problem sei ein Vortrag, den Sie demnächst halten sollen. Die hinderlichen Gedanken dabei sind:

- Ich komme bestimmt aus dem Konzept.
- Ich bin eine schlechte Rednerin.
- Alle sehen mich an und ich fühle mich hässlich.

Die Gegenargumente, die Sie dazu aufgeschrieben haben, lauten:

- Wenn ich im Familienkreis Reden gehalten habe, habe ich noch nie den roten Faden verloren.
- Jeder gute Redner macht sich einen Spickzettel, also werde ich im Notfall den Faden auch wieder finden.
- Jeder Zuhörer verzeiht es einem Redner, wenn der sagt: »Jetzt habe ich doch glatt den Faden verloren!« und in sein Manuskript schaut. (alle zum ersten Gedanken)

- Ich habe im Freundeskreis sogar schon einmal eine Rede aus dem Stegreif gehalten.
- Wenn ich bisher etwas gesagt habe, hat das immer viel Anklang gefunden.
- In Diskussionen werde ich immer als sehr überzeugend erlebt.
- Ein Vortrag, der nicht perfekt ist, macht sympathisch, denn das ist menschlich. (alle zum zweiten Gedanken)

- Alle schauen mich an, weil es sie interessiert, was ich zu sagen habe – und nicht, um mein Aussehen zu bewerten.
- Entscheidend ist, was ich zu sagen habe – es ist schließlich kein Schönheitswettbewerb!
- Ich werde etwas anziehen, von dem ich weiß, dass es mir gut steht und worin ich mich wohl fühle.
- Bisher ist auch noch niemand schreiend davon gelaufen, wenn ich den Raum betreten habe. (alle zum dritten Gedanken)

Ihr Gesprächspartner, ausgerüstet mit einer Liste Ihrer hemmenden Gedanken, fängt die Übung nun etwa folgendermaßen an: »Ich habe gehört, du sollst einen Vortrag halten? Ausgerechnet du? Du verlierst doch sowieso gleich den roten Faden!« Darauf antworten Sie mit den jeweiligen Gegenargumenten, und wie gesagt, zur Not lesen Sie sie ab.

Ihr Partner macht daraufhin weiter: »Aber trotzdem – du kannst doch gar nicht reden! Du warst doch noch nie eine gute Rednerin!«

Wenn Sie das beantwortet haben, führt Ihr Gesprächspartner auch noch den dritten Gedanken ins Feld: »Du musst nach vorn auf das Podium, da fällt jedem auf, dass du unmöglich aussiehst. So hässlich kann man doch keinen Vortrag halten!« Und auch diesen Gedanken widerlegen Sie mit Ihren Gegenargumenten.

Vielleicht merken Sie jetzt beim Lesen schon, dass diese kleine Übung gar nicht so harmlos ist, wie sie zunächst einmal klingt. Da Ihre eigene innere Stimme ja auch keineswegs neutral zu Ihnen spricht, sondern eine abwertende ironische oder sarkastische Qualität hat, darf Ihr Gesprächspartner die negativen Gedanken nicht einfach mechanisch und ausdruckslos ablesen. Das würde bei Ihnen gefühlsmäßig eine zu geringe Reaktion auslösen. Ihr Gesprächspartner muss genauso provokativ und gemein sein, wie es Ihre innere Stimme ist, und das ist gar nicht so leicht. Und die Gemeinheit sollte im Laufe der Übung noch gesteigert werden: Die ganze Abschätzigkeit der negativen Gedanken soll deutlich zum Ausdruck kommen. Denn gerade dadurch erhält sie erst ihre Wirkung.

Diese Übung verlangt also einerseits Einiges vom Gesprächspartner: Es kostet ihn möglicherweise Überwindung, so brutal mit Ihnen umzugehen. Es verlangt aber auch etwas von Ihnen: Sie müssen aushalten, dass jemand Sie mit Ihren eigensten Gedanken konfrontiert, die sonst niemals an die Öffentlichkeit kommen. Und es kann sich noch eine andere Schwierigkeit ergeben. Wenn Sie Ihre eigenen hemmenden Gedanken zum ersten Mal laut ausgesprochen hören, kann es sein, dass es Ihr erster Impuls ist, dem anderen einfach Recht zu geben. Sie sind schließlich so sehr an diese Gedanken gewöhnt, dass Sie »spontan« die Empfindung haben: »Stimmt, genau so ist es!« Doch wenn Sie so handeln würden, würde sich trotz der vorher gefundenen Gegenargumente gar nichts ändern.

Der wirkungsvollste Schritt in Richtung Veränderung ist das laut ausgesprochene Gegenargument. Es macht nichts, wenn Sie Ihre Gegenargumente am Anfang noch mechanisch und ohne inneres Gefühl vortragen. Das liegt einfach daran, dass diese Art zu denken in Zusammenhang mit Ihrem Problem für Sie noch so ungewohnt ist, dass sich dabei in Ihrem Empfinden noch keine Resonanz zeigt. Da die Argumente, die Sie gefunden haben, aber glaubwürdig und überzeugend sind, werden Sie sie bald mit Energie und Leben füllen.

Wiederholen Sie die Übung auf jeden Fall so oft – und Ihr Gesprächspartner sollte dabei die Reihenfolge der negativen Gedanken variieren –, bis Sie Ihre Gegenargumente mit innerer Überzeugung vortragen! Im Verlauf dieses Prozesses werden Sie merken, dass Ihnen die destruktiven Gedanken zunehmend absurder erscheinen. Wenn es Sie dann verwundert, dass Sie so einen Blödsinn einmal geglaubt haben, dann haben die blockierenden Gedanken ihre Kraft verloren. Auch Ihr Gesprächspartner wird deutlich merken, wie sich Ihre Sprechweise verändert und wie Sie ihm flüssig, voller Energie und Überzeugung antworten.

Mögliche Ursachen einer anhaltenden inneren Blockade

Was können Sie tun, wenn Sie merken, dass es Ihnen nicht gelingt, Ihre negative Stimme zum Schweigen zu bringen? Dass Sie sich immer noch blockiert fühlen, kann dreierlei Gründe haben. Erstens könnte es sein, dass Sie einen oder mehrere negative Gedanken übersehen haben. Und da Sie sie nicht auf Ihrer Liste haben, haben Sie auch keine Gegenargumente entwickelt. Spüren Sie bei sich nach, ob das der Fall ist, und ergänzen Sie sowohl Ihre Liste als auch die Gegenargumente.

Es könnte aber auch sein, dass die Gegenargumente, die Sie gefunden haben, für Sie noch nicht wirklich schlüssig und überzeugend sind. Dann sollten Sie an diesem Punkt weiter arbeiten und noch weitere Gegenargumente finden.

Drittens kann es ein, dass Ihr Gesprächspartner zu liebenswürdig und nett ist und sich nicht traut, Ihre negativen Gedanken so unfreundlich und destruktiv zu präsentieren, wie es Ihre eigene innere Stimme kann. Dann werden bei Ihnen zu wenige Emotionen ausgelöst, und der Disput bleibt auf einer oberflächlichen, rationalen Ebene. Das kann ganz interessant sein, bewirkt aber keine Veränderung. Dazu müssen Sie sich schon mit all dem auseinander setzen, was in der realen Situation auch an Unangenehmem, Beklemmendem oder Beschämendem da ist. Auf der rein rationalen Ebene weiß man ja häufig schon lange, dass beispielsweise irgendwelche Ängste ganz irrational sind – das hilft einem nur nicht weiter. Ihr Gesprächspartner darf also in Ihrem Interesse keine Scheu haben, Ihre negativen Gedanken so gemein zu präsentieren, wie sie sind.

Nach der Überprüfung dieser drei Punkte sollte es Ihnen gelingen, Ihre negativen Gedanken voller Überzeugung und mit einer neuen, konstruktiven Einstellung zu beantworten.

Wenn Sie an einem Punkt angekommen sind, wo Sie gar nicht mehr verstehen können, je solche hemmenden Gedanken gehabt zu haben, sollten Sie eine Pause machen und den ganzen Vorgang vielleicht am nächsten Tag noch einmal wiederholen. Am besten wäre es, wenn Sie einen neuen Gesprächspartner bitten könnten, mit Ihnen diese Übung zu machen. Denn jemand anderes, der die Dinge anders betont oder noch andere Provokationen einbaut, bietet Ihnen eine zusätzliche Übungsmöglichkeit, sodass Ihre Gegenargumente hundertprozentig sitzen und Sie sie voller Selbstbewusstsein vorbringen können.

Wenn Sie so weit sind, haben Sie dieses Problem erst einmal beseitigt. Diese eine, spezielle Situation wird Ihnen keine Schwierigkeit mehr machen, jedenfalls keine, die auf negative Gedanken zurückzuführen ist. Bei einer tieferen Problematik könnte es jedoch sein, dass Ihre destruktiven Denkmuster in anderen, aber ähnlichen Situationen wieder zum Vorschein kommen. Deshalb ist es wichtig zu lernen, diesen Dialog auch allein mit sich selbst durchzuführen. Unsere Erfahrungen mit der Check-your-Mind-Methode haben gezeigt, dass man so beginnende Blockierungen im Entstehen abfangen und auflösen kann. Je öfter Sie diesen Prozess durchlaufen, desto mehr nehmen Sie den hinderlichen Gedanken ihre Energie. Es wird für Sie mit der Zeit immer leichter, gegen das hemmende Gedankenmuster zu argumentieren und aus der negativen Stimmung herauszukommen.

Checkliste: Wie Sie die negativen Gedanken neutralisieren

- ○ Suchen Sie sich einen Gesprächspartner, der die Rolle Ihrer negativen inneren Stimme übernimmt.
- ○ Ihr Gesprächspartner konfrontiert Sie mit jedem einzelnen Ihrer negativen Gedanken, und zwar möglichst wörtlich.
- ○ Er sollte dabei so abwertend, sarkastisch und provokativ klingen wie Ihre innere Stimme, um die gleiche emotionale Reaktion hervorzurufen wie die innere Stimme.
- ○ Sie antworten auf jeden einzelnen Gedanken mit den gefundenen Gegenargumenten.
- ○ Es schadet nichts, wenn Sie die Gegenargumente zunächst vom Papier ablesen.
- ○ Wiederholen Sie die Übung so lange, bis Ihre Gegenargumente mit Überzeugung kommen.

8. Check your Mind: Wie Ihnen mentales Training helfen kann

Um mit der Check-your-Mind-Methode Erfahrungen zu sammeln und die Technik zu üben, um hemmende Gedanken loszuwerden, empfiehlt es sich auf jeden Fall, erst einmal mit einem Gesprächspartner zu starten. Doch manchmal hat man keinen zur Verfügung. Manchmal zieht man es vielleicht auch vor, ein Problem für sich allein zu bearbeiten. Deshalb werden wir im Folgenden beschreiben, wie Sie die Übung aus dem vorherigen Kapitel auch für sich allein machen können. Probieren Sie es für sich aus, das wird wie eine Art mentales Training sein. Wenn Sie jedoch merken sollten, dass es allein noch nicht funktioniert, üben Sie erst einmal mit einem Gesprächspartner, so wie wir es beschrieben haben.

Das mentale Training kommt ursprünglich aus dem Leistungssport und wird dort eingesetzt, um das praktische Training zu unterstützen. In vielen Bereichen gehört mentales Training schon zum Trainingsalltag. Skifahrer zum Beispiel gehen ganze Abfahrten in ihrer Vorstellung durch und prägen sich die optimale Spur ein. Psychologen haben herausgefunden, dass mentales Training fast genauso wirksam ist wie körperliches. Das zeigt folgendes Beispiel:

Beispiel: In einem Experiment hat man eine Gruppe von Basketball-Laien hundert Würfe auf den Korb machen lassen und die Ergebnisse gezählt. Anschließend wurden die Leute in drei Gruppen aufgeteilt. Die erste Gruppe erhielt ein normales Training mit Ball. Die zweite Gruppe trainierte unter Anleitung nur in der Vorstellung und die dritte Gruppe trainierte gar nicht. Nach ein paar Wochen musste jeder wieder hundert Würfe auf den Korb machen. Dabei zeigte sich, dass sich die erste Gruppe im Vergleich zum ersten Mal deutlich verbessert hatte. Auch die zweite Gruppe hatte eine deutlich bessere Trefferquote – nicht ganz so viel wie die erste, aber der Unterschied zur ersten Gruppe war so gering, dass er auch durch Zufall verursacht worden sein kann. Bei der dritten Gruppe zeigte sich erwartungsgemäß keine Veränderung zum ersten Mal.

An solchen Beispielen lässt sich erkennen, dass mentales Training sehr gut geeignet ist, bestimmte Verhaltensweisen zu entwickeln. Auch der innere Dialog, dessen Ziel ja ein später verändertes Verhalten ist, lässt sich damit erfolgreich führen. Zum mentalen Training gehört ein Zustand der Entspannung. Dazu brauchen Sie nicht unbedingt eine Entspannungstechnik – wenn Sie in der Lage sind, sich mit ein paar tiefen Atemzügen in einen angenehmen Entspannungszustand zu bringen, reicht das völlig aus.

Entspannung als Voraussetzung zum mentalen Training

Vielleicht gelingt es Ihnen nicht immer, schnell zur Ruhe zu kommen, und Sie finden es hilfreich, eine einfache und bewährte Entspannungstechnik kennen zu lernen: Stellen Sie sicher, dass Sie eine Weile ruhig und ungestört sind. Setzen Sie sich bitte aufrecht auf einen bequemen Stuhl. In diesem Fall ist Sitzen besser als Liegen, denn Sie sollen bei der Übung nicht versehentlich einschlafen. Stellen Sie beide Füße nebeneinander auf den Boden, halten Sie Ihren Kopf gerade und legen Sie Ihre Arme locker auf Ihren Schoß oder die Armlehne.

Spannen Sie nun nacheinander einzelne Muskelgruppen kurz an und lockern Sie sie wieder. Dabei ist zu beachten, dass die Muskeln nicht mit voller Kraft angespannt werden, weil dabei die Gefahr besteht, dass Sie sich verkrampfen und die Muskeln danach nicht mehr richtig entspannen können. Spannen Sie die Muskeln also nur soweit an, dass Sie die Spannung darin gut wahrnehmen können. Wichtig bei dieser Übung ist, dass Sie auf den Unterschied zwischen Anspannung und Entspannung achten, um so ein immer bewussteres Gespür für die Entspannung zu entwickeln. Gehen Sie folgenderweise vor:

Übung

- Beginnen Sie die Übung, indem Sie die Hände zu Fäusten ballen und die Anspannung in den Händen und den Unterarmen spüren. Halten Sie die Spannung kurz und lösen Sie die Hände wieder.
- Winkeln Sie Ihre Arme an und spüren Sie die Spannung in den Oberarmen. Lassen Sie die Arme wieder fallen.
- Schieben Sie Ihre Stirn nach oben, sodass Querfalten entstehen, und glätten Sie sie wieder.
- Kneifen Sie Ihre Augen zusammen, sodass Sie die Spannung bis im unteren Hinterkopf spüren können, und lockern Sie sie wieder.
- Beißen Sie Ihre Zähne zusammen, um die Spannung in den Kiefermuskeln zu spüren. Wenn Sie den Unterkiefer wieder fallen lassen, darf sich der Mund leicht öffnen.
- Ziehen Sie Ihre Schultern leicht nach oben. Dabei sollten Sie besonders behutsam sein, denn das ist eine Region, die bei vielen Menschen häufig etwas verspannt ist, also geben Sie Acht, sich nicht zu verkrampfen. Lassen Sie sie wieder fallen.
- Spannen Sie Ihre Bauchmuskeln an und lockern Sie sie wieder.
- Spannen Sie Ihr Gesäß und die Oberschenkel an und lockern Sie sie wieder.
- Schließlich ziehen Sie Ihre Fußspitzen nach oben, sodass Spannung in die Waden kommt, und bringen Sie sie wieder in die Ausgangsstellung.

Wenn Sie so einmal durch Ihren Körper gegangen sind, haben Sie meist schon ein angenehmes Gefühl der Entspannung erreicht. Wer dieses Gefühl intensivieren will, kann jetzt noch einmal im Geist in der gleichen Reihenfolge durch den Körper wandern und einfach nachspüren, ob man an irgendeiner Stelle noch weiter loslassen kann.

Diese Entspannungstechnik besitzt zwei große Vorteile. Erstens ist diese Technik für die meisten Menschen leicht durchzuführen, wenn sie mitten im Alltagsstress sind. Und zweitens trainiert sie enorm die Körperwahrnehmung. Durch bessere Körperwahrnehmung spüren Sie im Alltag viel schneller, wann Sie anfangen, angespannt zu sein. Sie brauchen sich dann nur an das Gefühl der Entspannung zu erinnern, um diesen Zustand wieder herbeizuführen. Das hilft auch gegen Stress. Es klappt allerdings nur, wenn Sie die Technik regelmäßig üben, mindesten fünf bis sieben Mal pro Woche.

Bevor Sie sich jedoch in eine entspannte Haltung begeben, sollten Sie sich Ihre Liste der negativen Gedanken und der Gegenargumente noch einmal gründlich durchlesen und sich vor allem die Gegenargumente gut einprägen. Die Übung setzt Ihre bewusste Mitarbeit voraus, und dafür müssen Sie Ihre Gegenargumente parat haben.

Suchen Sie sich danach wie oben geschildert eine bequeme Sitzposition und beginnen Sie mit der Übung. Wenn Sie sich in einem entspanntem Zustand befinden, starten Sie das mentale Training. Setzen Sie sich jedem hemmenden, destruktiven Gedanken aus und beantworten Sie ihn mit Ihren Gegenargumenten. Falls es nötig ist, kommen Sie kurz aus Ihrer entspannten Position heraus und nehmen Ihre Liste zu Hilfe. Steigen Sie so intensiv wie möglich in diesen inneren Disput ein.

Nach einer Weile werden Sie spüren, wie Ihre Stimmung sich verändert, Ihr Energielevel sich hebt und Sie plötzlich Zugang zu neuen Handlungsmöglichkeiten finden. Nehmen Sie diesen Stimmungsumschwung so deutlich wie möglich wahr, denn das ist eine wichtige Hilfsquelle für Ihr späteres Handeln. Darauf können Sie sich auch einstimmen, indem Sie sich die problematische Situation noch einmal vergegenwärtigen, sich jetzt aber ein ganz anderes Ende ausmalen. Sie bewältigen die Situation also – auch wenn es zunächst nur in der Vorstellung ist – mit all den neuen Handlungsmöglichkeiten, die Sie jetzt zur Verfügung haben.

Genauso, wie ein sportliches Training nur zu einem dauerhaften Erfolg führt, wenn Sie es öfter betreiben, sollten Sie auch das mentale Training mehr als einmal machen. Ob Sie sich einer für Sie schwierigen Situation mit einer anderen inneren Haltung stellen können, ist meist nicht nur eine Frage der Erkenntnis, sondern hat auch etwas mit Ihren emotionalen Reaktionen zu tun! Die Erkenntnis, dass Ihre negativen Gedanken keineswegs zwingend sind, die hatten Sie jetzt. Doch sollten Sie auch Ihren Gegenargumenten Zeit und Gelegenheit gewähren, sich ebenso festzusetzen wie die negativen. Damit geben Sie auch Ihren emotionalen Reaktionen die Gelegenheit, sich zu verändern.

Es wird Ihnen also gut tun, die mentale Übung zu wiederholen, vielleicht mit einer etwas veränderten, aber ähnlichen Situation. Lassen Sie Ihre Vorstellungskraft so lebhaft wie möglich sprechen und fühlen Sie sich tief in die Situation ein. Achten Sie dabei auf die Gedanken, die auftauchen – und beantworten Sie alle destruktiven oder hemmenden sofort mit Ihren Gegenargumenten. Lassen Sie sich dabei wieder spüren, wie Sie die Situation besser bewältigen. Was Sie noch tun können, um sich emotional anders einzustimmen, können Sie in Kapitel 11, *Check your Mind: Ressourcentransport – die eigenen Kräfte verfügbar machen* lesen.

Checkliste: Wie Sie das mentale Training anwenden

Zur Vorbereitung sollten Sie dafür sorgen, dass Sie eine Weile ruhig und ungestört sind. Hier die Entspannungstechnik in Kurzform zum Abhaken:

- ○ Setzen Sie sich aufrecht auf einen bequemen Stuhl.

- Die Füße stehen nebeneinander, die Arme liegen locker auf dem Schoß oder der Armlehne.
- Achten Sie besonders auf das Gefühl der Entspannung nach den Phasen der Anspannung.
- Ballen Sie die Hände zu Fäusten, Spannung kurz halten, wieder lösen.
- Winkeln Sie die Arme an, Spannung kurz halten, wieder lösen.
- Ziehen Sie die Stirn nach oben, wieder glätten.
- Kneifen Sie die Augen zusammen, wieder lösen.
- Beißen Sie die Zähne zusammen, wieder lockern.
- Ziehen Sie die Schultern nach oben, wieder fallen lassen.
- Spannen Sie die Bauchmuskeln an, wieder lösen.
- Spannen Sie die Gesäßmuskeln und die Oberschenkel an, wieder lösen.
- Ziehen Sie die Fußspitzen nach oben, wieder in Ausgangsstellung bringen.
- Gehen Sie im Geist noch einmal in der gleichen Reihenfolge durch den Körper und spüren Sie nach, wo Sie noch mehr loslassen können.

Das mentale Training der Check-your-Mind-Methode in Kurzform:

- Lesen Sie Ihre Liste der negativen Gedanken und alle aufgeschriebenen Gegenargumente gründlich durch.
- Prägen Sie sich besonders die Gegenargumente gut ein.
- Entspannen Sie sich mit ein paar tiefen Atemzügen oder der vorgeschlagenen Entspannungstechnik.
- Erinnern Sie sich an die Problemsituation und Ihre negativen Gedanken dabei.

- Beantworten Sie jeden Gedanken mit Ihren Gegenargumenten.
- Wenn Sie Ihre Gegenargumente mit Überzeugung vorbringen können, spielen Sie in Gedanken noch einmal die Problemsituation durch, jetzt aber mit der konstruktiven Einstellung und den sich daraus ergebenden neuen Handlungsmöglichkeiten.
- Wiederholen Sie diesen Prozess noch mindestens ein weiteres Mal sofort.
- Wiederholen Sie diese Übung noch mehrmals mit zeitlichem Abstand.

Auf körperliche Reaktionen achten

Das Ziel des mentalen Trainings beziehungsweise des Disputs mit einem Gesprächspartner ist es, auch in einer realen Situation blitzschnell mit den aufkeimenden negativen Gedanken fertig zu werden. Da die negativen Gedanken automatisiert ablaufen, können Sie sie oft kaum am Entstehen hindern, dazu kommen sie einfach zu schnell. Doch Sie können sich trainieren, wachsam zu sein, was die Auswirkungen der negativen Gedanken betrifft. Dabei hilft Ihnen auch die im vorherigen Kapitel vorgestellte Entspannungstechnik. Durch den Wechsel zwischen Anspannung und Entspannung hat sich Ihre Wahrnehmung körperlicher Prozesse verfeinert: Sie merken sehr viel schneller, ob Sie angespannt oder entspannt sind. Sobald Sie auf der körperlichen Ebene ein Unwohlsein verspüren oder eine Spannung wahrnehmen, wissen Sie, dass Sie achtsam sein müssen. Wenn Sie sich dann sofort fragen »Halt, was denke ich gerade?«, sind Sie immer noch rechtzeitig, um Ihre Gegenargumente ins Feld zu führen, die negativen Gedanken zu schlagen und mit einer anderen inneren Einstellung die Situation in Angriff zu nehmen.

Die Achtsamkeit auf Ihre körperlichen Reaktionen ist ein wichtiges Hilfsmittel für Sie. Sie sollten sich selbst genau beobachten und sich fragen, was die negativen Gedanken alles auslösen. Das ist bei jedem Menschen etwas anderes, doch körperliche Reaktionen sind auf jeden Fall da. Denn die negativen Gedanken gehen immer mit irgendeiner Form von Spannung einher. Überprüfen Sie Ihre eigenen Körperreaktionen: Ist es ein verkrampfter Magen, ein verspannter Nacken, sind es hochgezogene Schultern? Herzklopfen, Kribbeln im Bauch, Spannung in den Beinen? Achten Sie auch auf Ihre Atmung. Vielleicht können Sie nur noch ganz flach in der Brust atmen, statt bis hinunter in den Bauch?

Finden Sie Ihr persönliches Reaktionsmuster heraus, denn das ist das früheste Signal, das Sie bekommen können. Dieses Signal sagt Ihnen: »Check your Mind! Irgendwelche negativen Gedanken versetzen mich gerade in Anspannung!« Besonders wenn es sich um Ängste handelt, sollten Sie die negativen Gedanken so früh wie möglich unwirksam machen, bevor Sie sich in helle Aufregung gebracht haben. Je schneller Sie es machen, umso leichter geht es auch, denn es kostet Sie zu einem frühen Zeitpunkt weniger Energie.

Wenn Sie herausgefunden haben, wo im Körper Sie am schnellsten die Spannungssignale spüren, sollten Sie im Alltag immer wieder darauf achten, wie sich dieser Körperteil oder der Bereich gerade anfühlt. Das können Sie nutzen wie ein Fieberthermometer: Sie erkennen daran, ob Sie jetzt mit der Check-your-Mind-Methode starten sollten. Und Sie erkennen, ob Ihr innerer Dialog erfolgreich war, denn dann sollte die körperliche Spannung weg oder doch erheblich reduziert sein.

Wenn Sie trotz des geführten inneren Disputs noch Körperspannungen wahrnehmen, sollten Sie den beschriebenen Prozess noch einmal durchgehen. Denn dann gibt es entweder bisher nicht identifizierte negative Gedanken, die Ihnen zu schaffen machen, oder Sie haben noch nicht wirklich schlagende, überzeugende Gegenargumente gefunden – oder es trifft beides zu.

9. Check your Mind: Selbstvertrauen gewinnen

Mangelndes Selbstvertrauen geht immer einher mit negativen Gedanken, weshalb Selbstvertrauen ein wichtiges Thema in der Check-your-Mind-Methode ist. Von den drei Wirkfaktoren Dauer, Geltungsbereich und Personalisierung, die darüber entscheiden, ob Denkmuster positiv oder negativ sind (siehe dazu Kapitel 3, *Die Wirkfaktoren in den Denkmustern*), ist es vor allem der Punkt Personalisierung, der ausmacht, ob man Selbstvertrauen besitzt oder nicht. Wenn man sich selbst immer als Ursache aller Missgeschicke sieht, aber nicht als Ursache für Erfolge, ist es schwer, Selbstvertrauen zu entwickeln. Denn bei dieser Betrachtungsweise stellt sich die eigene Welt so dar: »Ich mache alles falsch und kann auch nichts richtig machen, weil ich zwar Einfluss auf den Misserfolg habe, aber keinen auf den Erfolg!«

Diese Haltung führt zu etwas, das die Psychologen »Katastrophisieren« nennen: Man malt sich bei allem und jedem die möglichen Katastrophen aus, um gegen alle »Bedrohungen« gewappnet zu sein. Aus dieser Denkstrategie heraus besitzt das auch durchaus eine eigene Logik: Einen Schlag, den ich vorhersehe, kann ich besser verkraften.

Sich in Panik zu bringen, indem man sich das Schlechteste ausmalt, was passieren könnte, scheint zunächst ebenfalls ein sinnvolles Verhalten zu sein, zumal es oft genug tatsächlich zu einer Art Erfolg führt. Vermutlich kennt jeder beispielsweise Menschen, die sich und ihre Umgebung verrückt machen mit Vorhersagen wie »Ich werde garantiert durch die nächste Prüfung fallen« – und die dann eine glatte Eins nach Hause bringen. Solche Menschen sind misserfolgsmotiviert. Das bedeutet, die ständige Angst vor einer »großen Katastrophe« motiviert sie dazu, alles zu tun, um das zu vermeiden. Ihre Motivation aktiv zu werden kommt nicht aus einem erhofften Erfolg, sondern aus dem Versuch, den Misserfolg abzuwenden. Es funktioniert, aber der Preis für diese Art Erfolg ist relativ hoch, denn sie leiden viel unter Angst und Stress. So erging es einem Teilnehmer in einem Check-your-Mind-Seminar:

Beispiel: Er erkannte für sich, dass er sich genau so motivierte. Er meinte jedoch zunächst, dass dieses Muster des Katastrophisierens beruflich gesehen das Geheimnis seines Erfolges sei und er das deswegen gar nicht ändern wolle. Er absolvierte sein tatsächlich erfolgreiches Berufsleben wie von Höllenhunden gehetzt. Privat war er ein begeisterter Musiker, der gern und häufig mit seiner Band auftrat. Auf die Frage, ob er sich denn für seine Musik genauso motivierte wie für seinen Job, stellte sich heraus, dass er in dieser Hinsicht völlig erfolgsmotiviert war. Die Vorstellung, vor Publikum zu spielen und viel Applaus und Anerkennung zu bekommen, und die Freude, die das Spielen überhaupt mit sich brachte, waren für ihn motivierend genug, um viel zu üben. Als er gefragt wurde, ob er sich vorstellen könne, sich auch im Beruf auf diese Art zu motivieren und auch dabei Spaß und Begeisterung zu erleben, wurde er sehr nachdenklich. Nachdem er innerlich noch einmal verglichen hatte, wie unterschiedlich es ihm gefühlsmäßig im Beruf und bei seiner Musik ging, entschied er sich doch dafür, an seiner Motivationsstrategie etwas zu ändern. Es war ihm klar geworden, welche unnötige Belastung er sich selbst auferlegte.

Selbstverständlich spricht überhaupt nichts dagegen, sich im Zuge einer gründlichen Planung systematisch zu überlegen, was bei einem Vorhaben alles schief gehen könnte. Doch das ist etwas vollkommen anderes, als sich andauernd Katastrophen auszumalen und diese Fantasien für die Wirklichkeit zu halten. Das eine ist eine wichtige und rationale Maßnahme, die zu einer guten Planung dazugehört. Das andere ist irrational und auf automatisierte negative Gedanken zurückzuführen. Den Unterschied erkennt man an den Gefühlen, die mit dem Nachdenken darüber, was schief gehen könnte, verbunden sind.

Von Selbstvorwürfen zu mehr Selbstvertrauen

Wenn Sie den Eindruck haben, dass Sie zum Katastrophisieren neigen und eher zu den misserfolgsorientierten Menschen zählen, kann es für Sie hilfreich sein, für alle beruflichen und privaten Vorhaben positive, emotionale Zielbilder zu entwickeln. Dazu wählen Sie sich eine Situation aus, die Ihnen Stress bereitet, und stellen sich vor, wie Sie diese Situation optimal meistern. Den besten Effekt erzielen Sie, wenn Sie das schriftlich machen. Sie sollten dabei Ihr Zielbild so beschreiben, als sei alles, was Sie sich vorstellen, bereits eingetroffen: »Ich habe das Projekt xy zu meiner vollen Zufriedenheit abgeschlossen. Es ist mir gelungen, alles so zu organisieren, dass …«

Beschreiben Sie alles so emotional wie möglich: Was es für Sie bedeutet, dass alles so prima gelaufen ist, wie sehr Sie sich darüber freuen, und wie tief es Sie befriedigt, das geschafft zu haben. Und beschreiben Sie auf jeden Fall auch Ihren eigenen Anteil am Gelingen!

In der Regel lösen solche Zielbeschreibungen sehr positive Reaktionen aus. Außerdem entsteht meist der Wunsch, möglichst sofort anzufangen mit dem, was man vorhat, um rasch das Zielbild erfüllt zu sehen. Die Zielbeschreibung schriftlich zu machen hat den weiteren Vorteil, dass Sie sie zur Hand nehmen können, wenn die Dinge einmal ins Stocken geraten sollten und nicht so laufen, wie Sie sich das wünschen, und Sie deswegen in Gefahr geraten, den Mut zu verlieren. Mit der positiven Zielbeschreibung können Sie sich wieder motivieren, denn es gibt sehr viel mehr Energie, ein attraktives Ziel zu haben als nur etwas vermeiden zu wollen.

Der Wirkfaktor Personalisierung kann auch noch andere Auswirkungen haben als Katastrophen herbeizureden. Eine wirksame Methode, sich in depressive Stimmungen zu bringen, ist die Angewohnheit, die Schuld für jedes Missgeschick vor der eigenen Tür zu suchen. Diese Menschen sind oft sehr sympathische Zeitgenossen – nur glücklich werden sie damit nicht! So wie der Mann im folgenden Beispiel:

Beispiel: Zu unserem Coaching kam einmal ein erfolgreicher Unternehmer. Dieser Unternehmer hatte seine Firma innerhalb weniger Jahre an die Spitze des Marktes gebracht. Während diverser Krisen der Branche bewies er immer wieder, dass er fähig war, Mittel und Wege zu finden, um gestärkt daraus hervorzugehen. Bei jedem Anzeichen von Schwierigkeiten war er der Erste, der die Ärmel hochkrempelte, aktiv wurde und dadurch die Firma immer weiter optimierte. Als mit der Check-your-Mind-Methode seine Denkmuster analysiert wurden, stellte sich heraus, dass er in den Dimensionen Dauer und Geltungsbereich sehr konstruktive Denkmuster besaß: Ein negatives Ereignis sah er als Einzelnes an und nicht als Erstes einer fortwährenden Folge negativer Ereignisse. Er grenzte den Geltungsbereich von Fehlschlägen sehr eng ein. Er analysierte gemachte Fehler sehr genau, ohne zu generalisieren. Positive Ereignisse nahm er sofort als Zeichen: »Jetzt haben wir es geschafft!« Ein spezielles Problem gelöst zu haben, führte bei ihm zu der Einschätzung: »Wir sind einfach gut im Problemlösen!« So fand er sein Lebensmotto »Was ich wirklich will, das kann ich auch« immer wieder bestätigt.

Nimmt man nur das bisher Gesagte, könnte man erwarten, einen rundum glücklichen und zufriedenen Menschen vor sich zu haben. Trotzdem ging es ihm häufig nicht gut. Das lag an der dritten Dimension, der »Personalisierung«, wo er ein sehr negatives Denkmuster aufwies. Bei jeder Schwierigkeit und jedem Fehlschlag suchte er die Schuld bei sich, jede Krise legte er sich selbst zur Last, und wenn der Umsatz wegen allgemeiner Wirtschaftsflaute zurückging, machte er allein sich selbst dafür verantwortlich. Das führte dazu, dass er sich selbst unter enormen Druck setzte, immer alles perfekt und richtig machen zu müssen. Durch diesen inneren Druck erlebte er viel Stress, was seiner Lebensfreude abträglich war und sich schließlich auch in gesundheitlichen Problemen niederschlug.

Der erste praktische Schritt, den wir dem Unternehmer empfahlen, um dieses Muster dauerhaft zu verändern, ist ebenfalls Bestandteil der Check-your-Mind-Methode: Er sollte sich jedes Mal genau überlegen, wie viel Prozent der Schuld wirklich bei ihm lagen. Die Schuld wurde von ihm als etwas Absolutes gesehen: Entweder ich oder die anderen haben Schuld. Das ist jedoch ein Denkfehler, denn dieser Fall dürfte äußerst selten sein. Um ein genaueres Bild über den eigenen Anteil an einem unerwünschten Vorfall zu bekommen, ist es besser, Prozente zu verteilen.

Wie Sie sich von Schuldzuweisungen sich selbst gegenüber lösen

Wenn Sie dieses Reaktionsmuster bei sich wiedererkennen, wenn Sie auch dazu neigen, die Schuld ausschließlich bei sich zu suchen, wird es Ihnen helfen, sich die folgenden Fragen zu stellen:

- Wie viel Prozent des Missgeschicks lagen an mir?
- Wie viel Prozent lagen an den anderen Beteiligten?
- Wie viel Prozent lagen an der Situation?

Diese einfachen Fragen halfen auch einer Seminarteilnehmerin – nennen wir sie Frau Müller – weiter, die mit sich selbst sehr unzufrieden war:

Beispiel: Frau Müller empfand sich als schlechte Mutter und litt sehr darunter, denn natürlich liebte sie ihre Kinder sehr. Als sie ins Seminar kam, war es wieder so weit, dass sie sich selbst heftige Vorwürfe machte, weil sie »wieder einmal« ziemlich ausgerastet war und mit ihren Kindern, die lauthals im Auto gestritten hatten, die Nerven verloren hatte. Sie gab sich selbst die ganze Schuld daran, dass sie ihre Kinder so angebrüllt hatte. Deshalb war sie ziemlich verzweifelt, denn sie hielt sich für eine Rabenmutter, war einmal mehr entsetzt über sich selbst und forderte von sich zum tausendsten Mal, endlich mehr Ruhe und Gelassenheit an den Tag zu legen. Das brachte sie unter zusätzlichen Druck.

Wahrscheinlich kennen viele Menschen solche Situationen. Wer sie häufiger erlebt und hinterher ganz niedergedrückt ist, weil er glaubt, ganz allein schuld daran zu sein, kennt vermutlich auch die ganze Palette der Forderungen, die man dann an sich stellt. Doch statt sich selbst nutzlose Ratschläge zu geben (»Jetzt sei doch endlich mal geduldig!«), die einen nur zusätzlich deprimieren, ist es wesentlich hilfreicher, wenn man einmal ganz sachlich überlegt, wie viel Prozent der Schuld an solch einem Ausbruch wie dem obigen wirklich auf einem selbst lasten. Um zu zeigen, wie das aussehen kann, gehen wir noch einmal genauer auf das obige Beispiel ein.

Beispiel: Die vermeintliche »Rabenmutter« begann damit, sich selbst noch einmal die betreffende Situation bewusst zu machen: Sie hatte einen sehr anstrengenden Arbeitstag hinter sich. Es war einer jener Tage, an denen sie den Eindruck hatte, dass jeder etwas von ihr wollte. Das war so zeitaufwändig, dass sie nicht zu ihrer eigentlichen Arbeit kam, weshalb ihr Chef auch noch an ihr herummäkelte. Am Spätnachmittag musste sie unter Zeitdruck zum Einkaufen fahren, weil sie ihre Kinder anschließend noch zu einer Sportveranstaltung bringen sollte. Aus diesem Grund war sie auch ausgerechnet zum Feierabendverkehr unterwegs und brauchte ihre ganze Konzentration für den Verkehr. Genau diesen Zeitpunkt suchten sich ihre Kinder aus, um auf der Rückbank laut miteinander zu zanken, wobei jedes zu seiner Unterstützung nach der Mutter schrie.

Wenn man den Vorfall unter diesem Blickwinkel betrachtet, wird schon klar, dass ein hoher Prozentanteil der Schuld auf die Situation zurückzuführen war. Als Frau Müller sich dann fragte, wie viel Prozent der Schuld die anderen Beteiligten hatten, hat sie sich erinnert, dass sie die Kinder schon gewarnt hatte, dass sie einen schwierigen Tag hinter sich habe. Sie hatte ihnen auch gesagt, dass sie darauf angewiesen sei, dass jetzt alles reibungslos funktioniere – und die Kinder sind keineswegs mehr so klein, dass sie das nicht verstehen könnten. Da sie darauf trotzdem keine Rücksicht genommen haben, müssen sie wohl oder übel ihren eigenen Anteil schultern.

Als Frau Müller nun bei sich selbst nachschaute, kam als ihr Anteil heraus, dass sie natürlich besser entschieden hätte, den Einkauf auf einen günstigeren Zeitpunkt zu verschieben. Außerdem erkannte sie, dass ihr Perfektionismus – nämlich ihr Anspruch, immer alles optimal zu regeln – ihr wieder einmal einen Streich gespielt hatte. Ein weiterer Punkt war, dass sie sich zu wenige Lösungsmöglichkeiten für solche Situationen erarbeitet hatte. Das alles rechtfertigte jedoch nicht, sich die gesamte Schuld in die Schuhe zu schieben. Frau Müller kam zu der Erkenntnis, dass die Schuld für den Streit im Auto einigermaßen zu gleichen Teilen bei ihr, bei der Situation und bei den Kindern lag. Damit konnte sie sich von dem Vorwurf, eine Rabenmutter zu sein, freisprechen. Das tat ihr gut, aber es kam mit Sicherheit auch ihren Kindern zugute – Kinder lieben entspannte Mütter!

Wenn Sie dazu neigen sollten, sich selbst die Schuld zu geben, ist es auch wichtig für Sie darauf zu achten, wie Sie mit sich selbst dabei umgehen. Hören Sie gut auf Ihre inneren Dialoge, und was sagen Sie zu sich selbst? Sind das so aufmunternde Sätze wie: «Ich war aber auch zu dämlich! Wie kann man nur alles so verkehrt machen! Du lernst das nie! Warum machst du nur immer solchen Mist!« Solche Selbstbeschuldigungen sind gänzlich ungeeignet, um irgendwelchen Ursachen auf die Spur zu kommen. Wenn Sie eine ungünstig gelaufene Situation wirklich untersuchen wollen, ist es viel besser, sich sachlich zu fragen: »Was habe ich ganz konkret falsch gemacht? Was hätte ich tun können, um die Situation zu verändern?« Das sind konstruktive Fragen, die für das Entwickeln von positiven

Denkmustern und für kreative Problemlösungen ganz wichtig sind. Aus diesem Grund haben wir den konstruktiven Fragen ein eigenes Kapitel gewidmet, das Sie im Anschluss an dieses finden.

Ein weiteres Beispiel dafür, wie falsche Denkstrategien das Selbstvertrauen untergraben können, erlebten wir bei Herrn Peters:

Beispiel: Herr Peters stand seiner Karriere immer wieder selbst durch allzu große Bescheidenheit im Weg. Herr Peters verfügte, was seine Handlungsfähigkeit betraf, über sehr positive Denkmuster. Und wenn ihm etwas nicht gelang, konnte er die Ursache eines Scheiterns sehr klar erkennen, ohne sich selbst die alleinige Schuld zu geben. Sein Problem bestand jedoch darin, den eigenen Anteil an seinen Erfolgen herunterzuspielen. Seine Erklärungsmuster für seinen beruflichen Erfolg lauteten: »Es ist eben gut gelaufen, ich habe Glück gehabt, ich habe gute Mitarbeiter.« Das mutet natürlich sehr sympathisch an, ist auch sicherlich ein liebenswerterer Zug als wenn jemand allzu überzeugt von sich ist. Es führte bei Herrn Peters jedoch dazu, dass er seine Erfolge nicht wirklich genießen konnte, sein Selbstwertgefühl zu wenig ausgeprägt war, er sich und seine Leistungen viel zu schwach darstellte und sich immer weit unter Wert verkaufte.

Sich seines eigenen Anteils an seinen Erfolgen bewusst zu sein, hat nichts mit Selbstbeweihräucherung zu tun, sondern es fördert Lebensfreude und Selbstwertgefühl. Herrn Peters haben wir empfohlen, eine Zeit lang ein Erfolgstagebuch zu führen: Er sollte jeden Abend aufschreiben, was er während des Tages gut gemacht hatte. Bei einem solchen Erfolgstagebuch geht es darum, sich die alltäglichen Erfolgserlebnisse noch einmal bewusst zu machen. Durch das Aufschreiben in Ich-Form – also etwa »Ich habe heute ein gutes Gespräch geführt; ich habe eine gute Idee in die Teamsitzung eingebracht; ich habe ... zügig erledigt« – wird deutlich, wer für diesen Erfolg verantwortlich ist. Die Ich-Form ist in diesem Fall wirklich wichtig, denn wenn man sich seines eigenen Anteils bewusster werden will, klingt »Ich habe ein gutes Gespräch geführt« sehr viel stärker als »Das schwierige Gespräch mit Herrn X ist gut gelaufen.«

Wenn Sie den Eindruck haben, dass auch Sie dazu neigen, Ihren Anteil an Erfolgen unter den Tisch fallen zu lassen, achten Sie vielleicht als Erstes einmal auf Ihren Sprachgebrauch. Kommen bei Ihnen auch viele »Es«-Formulierungen vor, wenn es um Geglücktes geht? Denken oder sagen Sie »Es ist gut gelaufen« – »Es war eine gute Verhandlung« – »Es ist ein guter Bericht geworden«? Beobachten Sie einmal, wie sich das anfühlt, wenn Sie stattdessen »Ich habe es gut gemacht« oder »Ich habe gut verhandelt« sagen. Sie werden merken, dass allein diese kleine Veränderung Ihrem Selbstvertrauen sehr gut bekommt!

Checkliste: Wie Sie zu mehr Selbstvertrauen kommen

Wenn Sie dazu neigen, Katastrophen herbeizureden:

- ○ Schreiben Sie auf, welche Situationen, Vorhaben und Probleme Sie gerade belasten.
- ○ Entwickeln Sie für jeden Punkt auf dieser Liste ein positives Zielbild.
- ○ Beschreiben Sie das Vorhaben oder die Situation, als sei es bereits zu Ihrer vollsten Zufriedenheit gelöst.
- ○ Beschreiben Sie so emotional wie möglich, was das für Sie bedeutet.
- ○ Beschreiben Sie Ihren eigenen Anteil am Gelingen.

Wenn Sie dazu neigen, sich selbst grundsätzlich die Schuld an allem zu geben, stellen Sie sich folgende Fragen:

- ○ Wie viel Prozent des Missgeschicks lagen an mir?
- ○ Wie viel Prozent lagen an den anderen Beteiligten?

- ◯ Wie viel Prozent lagen an der Situation?
- ◯ Was habe ich ganz konkret falsch gemacht?
- ◯ Was hätte ich tun können, um die Situation zu verändern?

Wenn Sie Ihren Anteil an einem Erfolg zu wenig wahrnehmen, führen Sie ein Erfolgstagebuch:

- ◯ Schreiben Sie jeden Abend auf, was Ihnen an diesem Tag geglückt ist.
- ◯ Achten Sie dabei besonders auf Ihre Formulierungen: »Ich habe ein gutes Gespräch geführt« statt »Das Gespräch ist gut verlaufen«.

10. Check your Mind: Stellen Sie konstruktive Fragen

Vielleicht haben Sie bei der Auseinandersetzung mit Ihren Denkstrategien und Denkmustern ja bemerkt, ob Sie zu den vielen Menschen zählen, die sich in misslichen Lagen selbst mit niederschmetternden Fragen quälen. Die sehr beliebten Warum-Fragen beispielsweise – »Warum mache ich immer …?«, »Warum lerne ich nie …?« – kommen in solchen Situationen zwar häufig zum Einsatz, helfen nur leider überhaupt nicht weiter. Erstens kann sie kein Mensch beantworten, und zweitens sind es eigentlich keine echten Fragen. Es sind vielmehr Selbstbeschuldigungen, die in Verkleidung daherkommen. Sie sind meist Ausdruck der inneren Hilflosigkeit und verstärken diese häufig noch. Zur Check-your-Mind-Methode gehört deshalb auch, sich von destruktiven Fragen zu trennen und zu lernen, sich durch konstruktive Fragen der Problemlösung näher zu bringen. Am Ende des Kapitels finden Sie eine Liste mit Anregungen zu konstruktiven Fragen.

Was destruktive Fragen bewirken

Beschuldigende Fragen machen deutlich, mit welchen Denkmustern Menschen umgehen. Sie treten sich selbst dann nicht verständnisvoll und als Freund gegenüber, sondern vielmehr als Ankläger. Diese falschen Fragen besitzen eine große destruktive Kraft: Menschen haben oftmals nur deshalb Probleme, weil sie sich Fragen stellen, die nichts weiter bewirken als sie noch weiter herunterzuziehen!

Denn wenn man sich durch solche Anschuldigungen erst so richtig niedergemacht hat, mangelt es an kreativer Energie, um die anstehenden Schwierigkeiten anzupacken und doch noch zu meistern. Solche destruktiven Fragen sind beispielsweise:

- Warum passiert mir das immer wieder?
- Warum gerate ich immer an die falschen Menschen?
- Warum gelingt mir nie etwas?
- Warum mache ich immer alles falsch?
- Warum habe ich immer so viel Pech?

Kennen Sie solche Fragen auch? Um zu verstehen, weshalb diese und ähnliche Fragen so destruktiv wirken, müssen Sie wissen, was solche Fragen in Ihnen auslösen.

Zunächst ist es schon die Art und Weise, in der man sich solche Fragen stellt, die das ohnehin vorhandene negative Gefühl noch verstärkt. Denn man fragt sich ja nicht liebevoll interessiert oder neugierig, so als wolle man tatsächlich etwas herausfinden – der innere Tonfall ist vielmehr anklagend, bitter und vielleicht sogar hämisch. Das löst sofort eine emotionale Reaktion aus. Wir alle kennen das aus der Kindheit, wo entnervte Eltern solche Fragen gestellt haben: »Warum lernst du auch nicht genug? Warum musstest du so eine Schweinerei veranstalten? Kannst du nie einfach mal tun, was man dir sagt? Warum muss man dir alles zehnmal sagen?«

Auch das waren niemals echte Fragen, und die Eltern haben auch keineswegs mit einer Antwort gerechnet. Es waren Beschuldigungen, und wenn darauf tatsächlich eine Antwort gekommen wäre, hätten die Eltern das vermutlich nur als Frechheit aufgefasst. Hätte man als Kind auf die Frage der Eltern, warum man einem alles zehnmal sagen müsse, mit »Weil ich neunmal keine Lust hatte zu reagieren« geantwortet, so wäre das zwar ehrlich, aber taktisch sehr unklug gewesen. Deshalb schwieg man damals betreten und fühlte sich mies. Beschuldigende Fragen, die man sich im Erwachsenenalter selbst stellt, lösen die gleiche gefühlsmäßige Reaktion aus. Durch innere Anschuldigungen entstehen Gefühle von Hilflosigkeit, Angst,

Ärger, Mutlosigkeit oder Scham. Man fühlt sich nicht in der Lage, konstruktiv über die eigene Situation nachzudenken. Die negativen Gefühle verschärfend kommt noch ein zweiter Mechanismus hinzu, zu dessen Erklärung wir ein wenig ausholen müssen.

Wie durch Selbsthypnose innere Blockaden entstehen

Aus der modernen Form von Hypnose, so wie sie heute therapeutisch eingesetzt wird, weiß man, dass sie die Aufmerksamkeit gezielt auf ganz bestimmte Punkte richtet. In der klassischen Hypnose und auch in der Bühnenhypnose macht man das, indem der Hypnotiseur Befehle gibt: »Ihre Augen werden immer schwerer und schwerer«. In der modernen Form von Hypnose, wie sie vom amerikanischen Psychotherapeuten Milton H. Erickson entwickelt wurde, verzichtet man auf Befehle, sondern lenkt die Aufmerksamkeit viel mehr mithilfe von Fragen. Man würde also eine Trance nicht mehr mit einem Befehl auslösen, sondern eher so: »Ich weiß nicht, ob Sie schon langsam das Gefühl von Schwere in Ihren Augenlidern spüren können?« Diese Art von Fragen löst innere Suchprozesse aus. Der Gefragte will die Frage beantworten und forscht deshalb bei sich selbst nach.

Was passiert dabei detailliert? Wenn Sie eine solche Frage hören und sie beantworten wollen, müssen Sie zunächst Ihre Aufmerksamkeit auf Ihre Augen richten und sich fragen, wie sich das wohl anfühlt, wenn sich dort ein Gefühl von Schwere entwickelt. Um das herauszufinden, müssen Sie sich an Situationen erinnern, in denen Ihre Augenlider schwer waren, damit Sie entscheiden können, ob Sie dieses Gefühl jetzt spüren oder nicht. Sie erinnern sich also an das Gefühl von Schwere in Ihren Augenlidern – und wenn man sich intensiv an ein Gefühl erinnert, lässt man es dadurch wieder entstehen. Das heißt, es findet eine Hypnose in einen bestimmten Zustand hinein statt. Und das funktioniert nicht nur bei einem erfahrenen Hypnotiseur, jede Hypnose funktioniert auch als Selbsthypnose.

Die meisten Menschen sind sehr geübt darin, sich selbst zu hypnotisieren, ohne es jemals zu wissen. Jedes Abgleiten in einen Tagtraum zum Beispiel ist eine Selbsthypnose.

Auch Probleme kommen oft erst durch eine Selbsthypnose zustande. Angst vor Haien zu haben ist in Gegenden, wo es Haie gibt, wahrscheinlich eine lebens- und gesundheitserhaltende Maßnahme. Um in einem deutschen Süßwassersee jedoch eine regelrechte Panik vor Haien zu entwickeln, braucht es eine ausgeklügelte Hypnosetechnik. Die Patientin, der das gelang, war mit einer einfachen Fragetechnik »erfolgreich«. Statt sich die konstruktive Frage zu stellen: »Gibt es in einem deutschen Süßwassersee Haie?« fragte sie sich beim Schwimmen: »Von wo wird der Hai kommen? Von vorn, von hinten, von rechts oder von links?« Mit diesen Fragen, die sie sich immerzu wiederholte, brachte sie es so weit, dass sie das Gefühl hatte, sie könne die Bisse der Haie schon spüren – es war eine perfekte Hai-Hypnose!

Mit Problemhypnosen aller Art ist es nicht anders. Indem Sie sich immer nur Fragen zum Problem stellen, wird das Problem zunehmend präsenter. Wenn Sie sich innerlich dafür gewappnet fühlen, können Sie das am eigenen Leib ausprobieren, als Probe auf das Exempel. Erinnern Sie sich intensiv an eine Situation, als es Ihnen schlecht ging und stellen Sie sich folgende Fragen dazu:

- Wo war das genau?
- Was hatte ich denn damals an?
- Warum habe ich mich so schlecht gefühlt?
- Wo im Körper habe ich es am deutlichsten gespürt?
- Wie hat das Ganze angefangen?
- Und wie hat es sich immer schlimmer entwickelt?
- Wie hat sich das angefühlt, als es immer schlimmer wurde?

Man kann das auch zu zweit machen, wenn Sie einen Partner finden, der dazu bereit ist, sich einmal schlecht zu fühlen. Stellen Sie Ihrem Partner diese Fragen und beobachten Sie ihn dabei ganz genau. Sie werden feststellen, dass er immer angespannter wird, dass beispielsweise der Atem immer flacher geht, seine Gesichtsfarbe blasser wird und seine Gestik immer weniger wird. Das heißt, er gerät immer mehr in den Problemzustand, über den er gerade spricht. Zum Glück funktioniert dieser Mechanismus auch in die andere Richtung, Sie können sich oder Ihren Partner also wieder erlösen, indem Sie sich ebenso intensiv zurückerinnern an eine Situation, in der Sie sich glücklich, voller Energie und Lebensfreude gefühlt haben. Die gleichen Fragen bringen Sie in diesen angenehmen Zustand.

In beiden Fällen handelt es sich um eine Selbsthypnose, also hat keiner der beiden Gefühlszustände etwas mit der Realität, dem Hier und Jetzt zu tun. Die Problemhypnose hat jedoch den entscheidenden Nachteil, dass man sich darin viel schwerer tut, kreative Lösungen zu suchen und zu finden, als wenn man guter Dinge und voller Energie ist. Eine solche schädliche Form von Hypnose/Selbsthypnose lässt sich übrigens auch häufig bei Schmerzpatienten beobachten. Wenn jemand unter Dauerschmerzen leidet, kann es leicht geschehen, dass wohlmeinende Menschen durch das ständige Fokussieren auf den Schmerz mit dazu beitragen, dass er nicht verschwindet: »Wie geht es denn heute mit deinen Schmerzen? Ist es heute schon wieder so schlimm mit deinen Schmerzen? Geht es heute mit den Schmerzen hoffentlich besser?« Das ist liebevolle Anteilnahme, ganz sicher, doch sie bewirkt, dass der arme Patient immer wieder auf seine Schmerzen aufmerksam gemacht wird. So erfolgt eine ständige Aufforderung, über die Schmerzen nachzudenken, was sie eher verstärkt als sie zum Verschwinden zu bringen.

Solch eine Art negativer Selbsthypnose geschieht auch durch beschuldigende Fragen. Man versetzt sich dadurch selbst in einen Zustand der Angst, Beschämung und Hilflosigkeit. Wenn man erst einmal so weit ist, fällt es sehr schwer, die Aufmerksamkeit vom Negativen abzuwenden. Das wird auch daran deutlich, dass Leute, die sich in einem inneren Loch befinden, auf die Frage »Woran würdest du denn merken, dass es dir wieder besser geht?« meist antworten: »Daran, dass ich mich nicht mehr so mies fühle!« Wie das Positive sich anfühlen würde, kann man sich gerade gar nicht mehr vorstellen.

Mit lösungsorientierten Fragen gegen die innere Blockade

Statt sich durch beschuldigende Fragen in eine Problem-Trance zu bringen, ist es deshalb hilfreicher, sich lösungsorientierte Fragen zu stellen. Das können zum Beispiel Fragen sein wie:

- Was kann ich daraus lernen?
- Wie hätte ich die Situation anders angehen können?
- Was kann ich tun, um die Situation zu verändern?
- Was kann ich beim nächsten Mal besser machen?

Solche Fragen beinhalten, dass man sehr wohl Handlungsmöglichkeiten hat, sie vielleicht nur noch nicht erkennt. Deshalb führen sie eher dazu, aus der Hilflosigkeit herauszukommen und wieder Mut zu fassen. Bringen Sie sich lieber in eine Lösungs-Trance, als in eine Problem-Trance!

Was durch das Fragenstellen in Ihrem Geist passiert, können Sie sich vielleicht noch besser vorstellen, wenn Sie sich diese Einheit von Bewusstsein und Unbewusstem als ein Haus denken. Es ist ein großes Haus mit vielen unterschiedlichen Zimmern: Es gibt diverse Arbeitszimmer, in die Sie sich begeben, um sich in den richtigen Zustand für die jeweilige Arbeit zu versetzen. Es gibt alle möglichen Spielzimmer, die Sie aufsuchen, wenn Sie überlegen, was Ihnen Freude macht und worauf Sie Lust haben. Es gibt Problemzimmer, wo Sie das jeweilige Problem intensiv erleben, es aber eben immer nur aus der Problemecke sehen. Und es gibt Lösungszimmer, da ist Ihre Kreativität verstaut. Die Art der Fragen, die Sie sich stellen, legt fest, in welchem Zimmer Sie landen. Warum-Fragen führen Sie ins Problemzimmer. Das kann interessant sein, um das Problem gründlich zu durchdenken und vielleicht besser zu verstehen, aber dort finden Sie niemals die Lösung. Die Wegweiser in das Lösungszimmer sind die lösungsorientierten Fragen. Neben den oben schon genannten können das zum Beispiel solche Fragen sein:

- Unter welchem Blickwinkel könnte ich die Situation noch sehen?
- Wie hätte mein Freund/Chef/Mutter/Vater/Kind dieses Problem gelöst?
- Was würde ich einem guten Freund empfehlen, der mit diesem Problem zu mir käme?
- Wenn heute Nacht ein Wunder geschähe und mein Problem sich in Luft auflösen würde, woran würde ich das merken?
- Was kann ich verändern?
- Was kann ich konkret tun?

Wenn Sie Schritte unternehmen, um in das Lösungszimmer zu gelangen, gibt es dabei einen sehr wichtigen Punkt zu beachten: Bringen Sie sich nicht selbst dadurch zu Fall, dass Sie einen zu großen Schritt machen wollen! Statt wieder mutlos vor dem scheinbar riesigen Problemberg zu stehen, bringt es Sie weiter, wenn Sie sich fragen: »Was könnte ein erster kleiner Schritt sein, der mich in die richtige Richtung führt?« Jeder, der schon einmal eine Diät gemacht hat, weiß, dass man nicht an die 20 Kilogramm denken darf, die runtermüssen, sondern dass man sich überlegen muss, wie man es schaffen kann, in dieser Woche ein Pfund abzunehmen. Auch ein Sportler kommt nicht von heute auf morgen zur Rekordzeit, sondern fragt sich täglich, wie er es heute schaffen kann, so zu trainieren, dass sich seine Leistung ein klein wenig verbessert.

Ein Sportler hat ein klares Ziel, und wer 20 Kilo abnehmen will, weiß auch, wo es hingehen soll. Oftmals besteht ein großes Hindernis für die Problemlösung jedoch darin, dass man kein klares Ziel hat, sondern nur ziemlich genau weiß, was man nicht mehr will. Auch da helfen konstruktive Fragen mit positiver Zielbeschreibung weiter:

- Woran würde ich merken, dass meine Situation besser geworden ist?
- Woran würden andere merken, dass es sich zum Positiven verändert hat?«

Aus der Beantwortung dieser Fragen lässt sich recht schnell formulieren, was Sie erreichen wollen. Das zu wissen bringt Sie der Lösung des Problems schon einen Schritt näher, denn erreichen kann

Checkliste: Wie Sie konstruktive Fragen stellen

Statt sich selbst beschuldigende Fragen zu stellen, die meist mit einem »Warum« beginnen, ist es hilfreicher, ein Problem mit konstruktiven Fragen anzugehen. Als Anregung finden Sie hier einige konstruktive Fragen:

- ○ Was kann ich daraus lernen?
- ○ Wie hätte ich die Situation anders angehen können?
- ○ Was kann ich tun, um die Situation zu verändern?
- ○ Was kann ich beim nächsten Mal besser machen?
- ○ Unter welchem Blickwinkel könnte man die Situation noch sehen?
- ○ Wie hätte mein Freund/Chef/Mutter/Vater/Kind dieses Problem gelöst?
- ○ Was würde ich einem guten Freund empfehlen, der mit diesem Problem zu mir käme?
- ○ Wenn heute Nacht ein Wunder geschähe und mein Problem sich in Luft auflösen würde, woran würde ich das merken?
- ○ Was kann ich verändern?
- ○ Was kann ich konkret tun?
- ○ Woran würde ich merken, dass meine Situation besser geworden ist?
- ○ Woran würden andere merken, dass es sich positiv verändert hat?
- ○ Was könnte ein erster kleiner Schritt in die richtige Richtung sein?

man nur Ziele. Nicht-Ziele können niemals erreicht werden, denn Wege kann man nur finden, wenn man weiß, wohin man will. Das Urlaubsziel »Ich will nicht nach Italien« ist schwer planbar. Erste Zielbeschreibungen sind oft von ähnlicher Qualität: »Ich will nicht mehr so niedergeschlagen sein« oder »Ich will nicht mehr so schnell in die Luft gehen«.

Dabei lernt man schon in der Fahrschule, dass man beim Autofahren dahin schauen soll, wo man hin will und nicht dahin, wo man nicht hin will, weil man sonst nicht in der Spur bleibt. Wenn Sie wissen, wohin Sie wollen, wäre eine weitere konstruktive Frage: »Wie müsste die Lösung aussehen, damit sie für alle Seiten befriedigend ist?« Eine solche Frage löst innere Suchprozesse aus. Man kann sich das vorstellen wie einen Suchbefehl an die innere Datenbank: »Finde Antwort auf diese Frage!« Und das ist sicherlich ein interessanterer Suchbefehl als: »Finde Antwort auf die Frage, warum mir das immer wieder passiert!«

Durch gute Fragen wird Kreativität freigesetzt. Selbst wenn man noch keine Antwort gefunden hat, sind gute Fragen schon in der Lage, die Stimmung anzuheben. Denn wenn ich mich frage »Wie müsste die Lösung aussehen?«, steht implizit schon im Raum, dass es eine Lösung gibt. Das ist übrigens eine realistischere Einschätzung, als der Glaube, es gäbe keine, denn Lösungen sind immer schon da! Durch falsche Fragen verbaut man sich nur den Zugang zu ihnen. Und wenn sich die ersten Ideen einer Lösung einstellen, kann es sehr schnell zu einem intensiven Energieschub kommen, sodass man richtig Lust bekommt, in die Tat umzusetzen, was Hilfe verspricht.

11. Check your Mind: Ressourcentransport – die eigenen Kräfte verfügbar machen

Wir möchten Sie nun mit einer weiteren Methode vertraut machen, die Sie dabei unterstützt, konstruktive Denkmuster zu entwickeln. Um ein Problem aus der Welt zu schaffen, genügt es oftmals, mit den automatisierten negativen Gedanken zu arbeiten und sie erfolgreich mit glaubwürdigen positiven Gedanken zu beantworten. Doch es gibt auch Probleme oder Situationen, bei denen Sie gleichzeitig unterstützend an der eigenen Gefühlslage arbeiten sollten. Dazu dient der »Ressourcentransfer« oder »Ressourcentransport«. Das ist eine Technik aus der modernen Hypnotherapie, die von dem schon erwähnten amerikanischen Psychologen Milton H. Erickson entwickelt wurde.

Jeder Mensch verfügt über eine große Menge an inneren Ressourcen: Das sind innere Hilfsquellen wie Stärken, Fähigkeiten oder Fertigkeiten, aber auch positive Einstellungen und Glaubenssätze, sowie Erinnerungen an Menschen und Begebenheiten, die Kraft verleihen. Alles, was Sie stärkt, motiviert, fördert, unterstützt oder Probleme lösen lässt, ist eine Ressource. Wann immer Sie handelnd Ihr Leben bewältigen, machen Sie das mithilfe der Ressourcen, die Ihnen zur Verfügung stehen. Darum könnte man sagen, dass irgendein Ereignis deshalb zum Problem wird, weil Sie keinen Zugang zu Ihren vorhandenen Ressourcen finden.

Wenn Sie die Ressourcen zur Verfügung haben, meistern Sie auch schwierige Situationen souverän, geistesgegenwärtig und einfallsreich. Ist der Zugang zu den inneren Ressourcen jedoch abgeschnitten, fühlen Sie sich blockiert, unsicher und hilflos. Dass der Zugriff auf die vielen Ressourcen manchmal blockiert ist, liegt zum einen an hinderlichen negativen Gedanken, zum anderen aber daran, dass man sich überhaupt nicht vorstellen kann, sich in einer Problemsituation gut und sicher zu fühlen. Es fehlen die entsprechenden inneren Bilder.

Vielleicht möchten Sie sich innerlich schon auf die Suche nach Ihren eigenen Ressourcen begeben? Was könnte für Sie alles eine Ressource sein? Lassen Sie Ihre Gedanken ein bisschen durch Ihre Erinnerungen wandern und suchen Sie nach allem, was Sie unterstützt und stark macht. Sie können dabei bis in Ihre Kindheit und Jugend zurückgehen – was damals für Sie eine Ressource war, wird es Ihr Leben lang sein! Eine meiner (Ulrich Dehners) starken Ressourcen stammt beispielsweise aus der Zeit, als ich etwa fünfzehn Jahre alt war:

Beispiel: Ich war seit kurzem Mitglied eines Judoclubs und besaß gerade mal einen gelben Gürtel, war also ein blutiger Anfänger. Von meiner Statur her hätte ich mich damals hinter einem Laternenpfahl verstecken können. In diesem Club trainierten auch Erwachsene, und einer von ihnen, ein sehr kräftiger Dreißigjähriger, machte sich einen Spaß daraus, den Anfängern immer wieder zu zeigen, was für ein toller Hecht er war: Er beförderte sie recht schmerzhaft mit dem immer gleichen Wurf auf die Matte. Nachdem es mich erwischt hatte, schwor ich mir, dass er das mit mir kein zweites Mal machen würde. Da ich wusste, dass er immer den gleichen Wurf machte, konzentrierte ich mich beim nächsten Mal, als er mich zum Kampf aufforderte, darauf, ihn im richtigen Moment auszuhebeln – und statt meiner landete er auf der Matte! Das war ein sensationeller Erfolg, denn er war mir ja eigentlich haushoch überlegen, aber von da an hatte ich meine Ruhe vor ihm. Alle anderen Jugendlichen im Club, die auch schon unter ihm zu leiden hatten, waren natürlich begeistert über meinen geglückten Coup: Einen Moment lang war ich der Star. Für mich brachte das die Überzeugung: »Wenn ich etwas wirklich will, kann ich das Unmögliche möglich machen!« Dieser Glaubenssatz war mir immer wieder hilfreich. Und wenn es darum ging, schwierige Aufgaben zu bewältigen, tat es gut, diese Art der Entschlossenheit wieder zu spüren und den Triumph, es geschafft zu haben.

Vielleicht hatten Sie ja ähnliche Erlebnisse in Ihrer Kindheit: Es gelang Ihnen etwas, das Ihnen keiner zugetraut hätte, oder Sie erlebten eine Situation, in der Sie unbeschwert, sorglos und fröhlich waren. Während Sie weiterlesen, kann ein anderer Teil Ihrer Aufmerksamkeit immer mehr Ihrer eigenen Ressourcen zusammentragen. Sie müssen sich dabei jedoch nicht auf Ihre Kindheit und Jugend beschränken. Viele Ressourcen entwickelt man auch erst im Erwachsenenalter. Damit etwas zur Ressource wird, reicht es übrigens durchaus, es nur kurz oder nur ein einziges Mal erlebt zu haben – sobald es für Sie erinnerbar ist, wird es auch wieder aufrufbar! Denn darum geht es beim Ressourcentransfer: Ressourcen, die vorhanden, aber nicht abrufbar sind, in die Problemsituation zu transportieren und sie so für sich verfügbar zu machen. Im Extremfall, wenn Sie partout keine eigene Ressource bei sich selbst auftreiben können, können Sie sogar Ressourcen für sich verfügbar machen, die Sie lediglich bei jemand anderem beobachtet haben – wie bei folgender Klientin:

X ***Beispiel:*** Eine überangepasste, sehr unsichere Klientin kam deshalb zum Coaching, weil ihre Situation es erforderte, sich selbstbewusst und deutlich gegen Übergriffe ihrer Kollegin abzugrenzen. Aber trotz einer ausgedehnten Suche fand sie in ihrem Verhaltensreservoir keine einzige Situation, in der sie jemals ein selbstbewusstes Auftreten an den Tag gelegt hätte. Sie war immer schüchtern und unsicher gewesen, jederzeit bereit, den Kürzeren zu ziehen. Das zog sich durch sämtliche Lebensbereiche, nirgendwo war auch nur ein Ansatz von dem zu finden, was sie jetzt ausdrücken wollte. Wir einigten uns schließlich darauf, dass sie sich an all jene Menschen erinnern sollte, die das von ihr gewünschte Verhalten auf gute und souveräne Weise an den Tag gelegt hatten. Als sie genügend Beispiele gesammelt hatte, nutzten wir zunächst eine andere Ressource, die sehr angepasste und schüchterne Menschen eigentlich immer haben: nämlich Einfühlungsvermögen. Das half ihr, eine Vorstellung davon zu entwickeln, wie die betreffenden Personen sich wohl in ihrer Situation verhalten und, vor allen Dingen, wie sie sich dabei fühlen würden. Nach und nach gelang es ihr, in ihrer Vorstellung die anderen Personen durch sich zu ersetzen. So bekam sie Zugang zu einer Ressource, die sie bislang nur beobachtet hatte. Dadurch lernte sie, selbstbewusst und entschieden aufzutreten und nicht mehr klein beizugeben, wenn andere sie mit Forderungen überrannten.

Meistens finden Sie jedoch genügend Ressourcen bei sich selbst. Allerdings ist es den meisten Menschen auf den ersten Blick nicht klar, wie ihnen etwa eine Stärke aus ihrem Privatleben im Beruf nützen kann oder umgekehrt. Aber das geht:

Beispiel: So hatte einer unserer Klienten gemerkt, dass seine Kundenkontakte deshalb nicht besonders gut waren, weil er bei solchen Gesprächen viel zu angespannt war. Wir fanden heraus, dass er auf Partys vollkommen locker plaudern konnte, da war er witzig, schlagfertig und unterhaltsam. Nachdem er gelernt hatte, diese Fähigkeit in seine beruflichen Kontakte zu übertragen, waren Kundengespräche kein Problem mehr für ihn.

Und manchmal ist es umgekehrt, da hilft einem etwas, das man für den beruflichen Alltag entwickelt hat, im Privatleben weiter:

Beispiel: So erging es einem selbstständigen Landschaftsgärtner, dessen Hauptproblem die schwierige Trennung von seiner Frau war. Er hatte bereits mehrfach die Erfahrung gemacht, dass jedes »klärende« Gespräch mit ihr eskalierte und darin gipfelte, dass einer von beiden Türen knallend die Szenerie verließ. Auf der anderen Seite war es zwingend notwendig, dass sie einiges miteinander abstimmten. Auf der Suche nach Ressourcen stießen wir darauf, dass er als Landschaftsgärtner Projekte immer wieder Gemeinderäten präsentieren musste, die einer anderen Partei angehörten als er selbst. Zwar fand er die Kritikpunkte und Argumente seiner politischen Gegner oft einfach nur haarsträubend. Doch um beruflich überleben zu können, hatte er eine große Gelassenheit im Umgang damit entwickelt, die es ihm erlaubte, sich alles ruhig anzuhören, ohne dabei wütend zu werden. So gelang es ihm, konstruktiv mit den kritischsten Fragen umzugehen. Nachdem er diese Ressource in sein Privatleben übertragen hatte, kam er auch mit seiner Frau zu brauchbaren Lösungen.

Wie Sie Ihre Ressourcen aufspüren

Überlegen Sie einmal: Welche Ressourcen haben Sie inzwischen bei sich selbst gefunden? Denken Sie daran, dass Ressourcen nicht nur Fähigkeiten und Fertigkeiten sind, sondern in erster Linie ein gutes Gefühl: Souveränität, Gelassenheit, Entschlossenheit, Sicherheit, Lockerheit, Witz, Humor, Selbstvertrauen, Lebensfreude, Freude – all diese Eigenschaften sind Quellen, aus denen Sie schöpfen können, um Probleme zu lösen. Um Ihre vorhandenen Ressourcen in den Problemzustand zu transportieren und damit für sich nutzbar zu machen, sind drei Schritte erforderlich.

Im ersten Schritt müssen Sie herausfinden, welche Ressource Ihnen fehlt. Um diejenige Ressource zu identifizieren, die Sie zum Lösen Ihres Problems brauchen, stellen Sie sich am besten folgende Fragen:

- Was müsste ich innerlich fühlen oder erleben, um die schwierige Situation optimal bewältigen zu können?
- In welchem inneren Zustand müsste ich sein?

Die am häufigsten gebrauchten Ressourcen sind sicherlich Selbstsicherheit, Gelassenheit, innere Ruhe, Schlagfertigkeit sowie die Fähigkeit, einer Forderung deutlich Nachdruck zu verleihen oder Ärger angemessen zum Ausdruck zu bringen.

Im zweiten Schritt suchen Sie entsprechende Situationen, in denen Sie all das zur Verfügung hatten, was Sie jetzt gebrauchen könnten. Das können durchaus Situationen aus ganz anderen Lebensbereichen sein, die in keinerlei Zusammenhang mit der Problemsituation stehen.

Im dritten Schritt schließlich erwecken Sie diese Ressource wieder zum Leben, indem Sie sich intensiv in die entsprechende Situation hinein versetzen. Dazu sollten Sie entspannt sein und dafür Sorge tragen, dass Sie eine Weile gänzlich ungestört sind. Eine Möglichkeit, sich in einen Zustand der angenehmen Entspannung zu versetzen, haben Sie bereits mit der Entspannungstechnik kennen gelernt, die wir detailliert in Kapitel 8, *Check your Mind: Wie Ihnen Mentales Training hefen kann*, auf Seite 119 beschrieben haben.

Eine andere Möglichkeit besteht darin, sich auf den Rücken zu legen, die Augen zu schließen, den Atem locker fließen zu lassen und einfach in den Körper hinein zu spüren. Rücken Sie sich so lange zurecht, bis Sie sich wohl fühlen. Wenn Sie wollen, können Sie auch die Vorstellung zu Hilfe nehmen, dass Sie mit jedem Ausatmen Spannung loslassen und sich mit jedem Einatmen die Entspannung weiter in Ihrem Körper ausbreitet. Wenn Sie sich angenehm entspannt fühlen, erinnern Sie sich zurück an die Situation, als Sie die gesuchte Ressource ganz zu Ihrer Verfügung hatten.

Nehmen wir einmal an, Sie brauchen die Ressource Gelassenheit. Dann vergegenwärtigen Sie sich in der Entspannung möglichst detailliert die Szenerie, in der Sie so gelassen waren, wie Sie es sich für die andere Situation wünschen. Am Anfang mag es noch ein bisschen schwierig sein, sich die Ressource so zu vergegenwärtigen, als hätten Sie es gerade erlebt. Auch hier gilt: Übung macht den Meister.

Wie Sie mithilfe Ihrer Sinne Situationen wiedererleben

Es gibt eine kleine Technik, mit der Sie sich das Wiedererleben bestimmter Situationen erleichtern können. Da Sie alles, was Sie aufnehmen und erfahren, über Ihre Sinne aufnehmen, ist es hilfreich, mindestens die drei wichtigsten Sinne – nämlich Sehen, Hören und Fühlen – anzusprechen. Um den Gesichtssinn zu aktivieren, können Sie sich fragen:

- In welcher Räumlichkeit befinde ich mich?
- Wie sieht der Raum aus?
- Mit welchen Möbeln ist er ausgestattet?
- Wie ist das Licht?
- Wer ist außer mir noch alles anwesend?
- Wie bin ich angezogen?
- Wie sind die anderen Beteiligten gekleidet?

Um den Gehörsinn anzusprechen, fragen Sie sich:

- Welche Geräuschkulisse gibt es?
- Wer sagt was?
- Wie klingen die Stimmen?
- Wird Dialekt gesprochen oder Hochdeutsch?
- Wie klingt meine eigene Stimme, ruhig oder aufgeregt, klangvoll oder brüchig, volltönend oder piepsig?

Als Drittes erfragen Sie gründlich Ihr Körpergefühl. Wenn es Ihnen schwer fallen sollte, das Gefühl im Körper zu lokalisieren, gehen Sie in Gedanken durch den Körper und fangen Sie mit den eher unwahrscheinlichen Orten an. Gehen Sie mit Ihren Fragen so weit wie möglich ins Detail. Fragen Sie sich:

- Wo spüre ich das Gefühl von Gelassenheit am deutlichsten im Körper?

- Spüre ich das Gefühl von Gelassenheit im großen Zeh? In der Nasenspitze?
- Wie fühlt sich die Gelassenheit genau an?
- Ist es ein Gefühl von Weite? Von Wärme?
- Ist es ein fließendes Gefühl, das durch den ganzen Körper zieht?
- Fühlt sich mein Körper eher leicht an oder schwer?

Mit jeder Abgrenzung wird deutlicher, wo und wie Sie die Gelassenheit im Körper spüren können. Je genauer Sie es beschreiben können, desto intensiver können Sie es wieder verspüren. Achten Sie auch auf Ihre Atmung:

- Wie geht mein Atem, wenn ich so gelassen bin?
- Atme ich flach oder tief?
- Atme ich nur bis zur Brust oder bis in den Bauch hinein?

Das Ziel dieser Übung ist, dass Sie das gewünschte Gefühl im Hier und Jetzt ganz intensiv erleben, es so deutlich spüren wie damals in der auslösenden Situation. Erinnern Sie sich dazu immer wieder systematisch an die Sinneskanäle, denn diese bringen Ihre inneren Bilder hervor, die wiederum das damit verbundene Gefühl auslösen.

Wenn Sie zwar sehr plastische innere Bilder hervorrufen können, aber trotzdem keinen Zugang zu dem damals verspürten Gefühl bekommen, kann das daran liegen, dass Sie sich selbst wie in einem Film wahrnehmen. Sie sehen sich von außen zu, genauso wie den anderen beteiligten Personen. Das hilft Ihnen jedoch nicht weiter, denn es geht ja darum, wieder das zu spüren, was Sie als Ressource brauchen. Sie müssen sich also *in* die erinnerte Szene hineinkatapultieren. Das funktioniert, wenn Sie die Szene so lange durchleben, bis Sie sich innerlich sagen können: »So, wie ich mich jetzt fühle, so habe ich mich damals auch gefühlt!« Dann haben Sie die Ressource wiederbelebt.

Werden Sie Ihr eigener Regisseur

Um mit diesem Ressourcengefühl etwas anfangen zu können, werden Sie nun zu Ihrem eigenen Regisseur. Das heißt, Sie werden die gleiche Technik benutzen, wie Regisseure sie im Film anwenden. Diese Technik besteht im schnellen, übergangslosen Szenenwechsel. So etwas Ähnliches kennen Sie aus Spielfilmen.

Beispiel

X

1. *Szene:* Man sieht eine Familie im Auto auf der Landstraße fahren, die Eltern im Gespräch, die Kinder streiten, Schnitt.
2. *Szene:* Ein Zug, der mit hohem Tempo fährt, Menschen im Speisewagen schauen auf die vorbeirasende Landschaft, Schnitt.
3. *Szene:* Das Auto mit der Familie nähert sich einer Bahnlinie, Schnitt.

Allmählich wird klar, dass es demnächst zu einem Zusammenstoß kommen wird. Diese scharfen Schnitte, die im Film so gern genommen werden, um das Unheil anzukündigen, nutzen Sie nun zu einem ganz und gar positiven Zweck, nämlich um das intensive Ressourcengefühl in die Problemszene einzuführen.

Nehmen wir an, dass Sie die Gelassenheit deshalb brauchen, weil Sie sich demnächst einer recht heiklen Diskussion stellen müssen. Sie müssen damit rechnen, scharf angegriffen zu werden, und für Sie geht es darum, Ihre Position zu verteidigen. Schon allein der Gedanke an die Diskussion und die Angriffe versetzt Sie in Unruhe und Anspannung. Sie erleben ein Gefühl von Hilflosigkeit und denken: »Ich habe keine Chance!« Sie wissen genau, wenn Sie sich so angespannt und hilflos fühlen, können Sie nicht mehr angemessen und kreativ reagieren, sondern neigen eher dazu, aggressiv zu werden. Und Sie wissen auch, dass Sie sich mit dieser Wut der Verzweiflung nur in noch größere Schwierigkeiten bringen.

Gelassenheit hingegen würde Ihnen helfen, zunächst einmal in aller Ruhe die Argumente Ihrer Gegner anzuhören, um dann überzeugend dagegen zu argumentieren. Ihre Wirkung auf alle Diskussionsteilnehmer wäre ungleich positiver. Sie haben herausgefunden, dass Sie diese Art von Gelassenheit und Überzeugungskraft am stärksten verspüren, wenn Sie Ihren Kindern bei den Hausaufgaben helfen (lachen Sie nicht, es ist ja nur ein Beispiel). Sie haben entdeckt, dass Sie bei diesen Gelegenheiten am besten Ihre natürliche Autorität vermitteln und selbst bei quengelnden und aggressiven Fragen Ihrer Kinder ruhig und gelassen bleiben.

Das ist also Ihre Ressourcensituation, in die Sie sich hineinversetzen, um sie so intensiv wie möglich zu erleben. Sie sehen den Raum um sich herum, Sie sehen und hören Ihre Kinder und Sie fragen sich, wo im Körper Sie das Gefühl von Gelassenheit am deutlichsten spüren können. Wenn das Gefühl intensiv da ist, machen Sie einen inneren Filmschnitt und stellen sich vor, Sie befänden sich mit diesem guten Gefühl in der schwierigen Diskussion.

Beim ersten Mal werden Sie dieses gute Gefühl von Ruhe und Gelassenheit in der Vorstellung vermutlich nicht lange halten können. Deshalb wechseln Sie, sobald es nachlässt, wieder zurück in die andere Szene mit Ihren Kindern und verweilen da so lange, bis Sie die Gelassenheit wieder ganz präsent haben. Wenn es so weit ist, machen Sie wieder einen Schnitt und versetzen sich mit dem positiven Gefühl in die Diskussion und erleben sich, wie Sie ruhig und gelassen argumentieren. Sobald Ruhe und Gelassenheit wieder nachlassen, kehren Sie in der Vorstellung in die Ressourcensituation zurück, um da das gute Gefühl wieder aufzutanken.

Möglicherweise müssen Sie diesen raschen Szenenwechsel etliche Male wiederholen, doch Sie werden feststellen, dass sich das gute Gefühl in der Problemsituation immer länger halten lässt. Dadurch wird sich Ihr innerer Film der schwierigen Situation positiv verändern: Sie werden immer mehr innere Bilder entwickeln, wie Sie die Problemsituation bewältigen können. Dadurch verschwindet das Gefühl von Hilflosigkeit.

Diesen Ressourcentransport machen Sie sinnvoller Weise so lange, bis Sie sich gut vorstellen können, die ganze schwierige Situation zu durchlaufen und zu einem guten Ende zu bringen. Es empfiehlt sich, nicht erst am Abend vorher damit anzufangen, denn meist weiß man ja schon einige Zeit im Voraus, dass etwas Belastendes auf einen zukommt. Am besten ist es, den Ressourcentransport einige Tage lang zu trainieren. Das kostet längst nicht so viel Zeit, wie Sie jetzt vielleicht befürchten, und wenn Sie sich gar keine Extra-Zeit dafür genehmigen können oder wollen, können Sie die Einschlafphase dafür nutzen. Das bietet den zusätzlichen Vorteil, dass Ihr Unbewusstes in aller Ruhe an den positiven Strategien weiterfeilen kann, während Sie schlafen.

Checkliste: Wie Sie die eigenen Kräfte verfügbar machen

Um sich zusätzliche Ressourcen in Problemsituationen nutzbar zu machen, arbeiten Sie bitte in folgenden Schritten:

- Finden Sie heraus, welche Ressource Ihnen fehlt. Stellen Sie sich dazu folgende Fragen: In welchem inneren Zustand müsste ich sein? Was müsste ich innerlich fühlen oder erleben, um die schwierige Situation optimal bewältigen zu können?
- Suchen Sie in Ihrer Erinnerung eine Situation, in der Sie das, was Sie jetzt als Ressource brauchen, möglichst optimal zur Verfügung hatten.
- Versetzen Sie sich in einen Zustand der Entspannung und erwecken Sie diese Ressource wieder zum Leben. Lassen Sie sich die Situation so plastisch wie möglich in der Vorstellung erleben. Nutzen Sie dabei all Ihre Sinne, lassen Sie sich sehen, hören und fühlen, wie Sie in der Situation waren.
- Wenn Sie die Ressource sehr lebhaft fühlen können, bedienen Sie sich der Filmschnitt-Technik und wechseln Sie in Ih-

rer Vorstellung in die Problemsituation. Nehmen Sie dabei das gute Gefühl mit.

- Wiederholen Sie diese Filmschnitte so oft, bis Sie sich das gute Gefühl auch in der Problemsituation erhalten können.
- Bewältigen Sie in der Vorstellung die Problemsituation so, wie Sie es sich wünschen.

12. Check your Mind in der Liebe

»Ich werde dich glücklich machen!«, verspricht der Held seiner Heldin und schließt sie in die Arme – »Du machst mich so unglücklich!«, schluchzt sie drei Jahre später und wirft ihn aus dem Schlafzimmer. Was ist passiert? Wenigstens in der Liebe ist es doch wohl so, dass der andere die Hauptverantwortung dafür trägt, wie es einem geht! Oder etwa nicht? Trägt man auch hier selber die Verantwortung dafür, wie es einem geht?

Keine Angst, wir wollen Ihnen nicht ausreden, dass es viel mit dem Partner zu tun hat, ob Sie sich verliebt oder kreuzunglücklich fühlen – aber es führt trotzdem kein Weg an der Erkenntnis vorbei, dass Sie auch in Liebesbeziehungen für Ihre Gefühle selbst verantwortlich sind. Und das ist eine sehr gute Erkenntnis, denn so können Sie selbst viel mehr zum Gelingen Ihrer Partnerschaft beitragen, als wenn Sie dazu verurteilt wären, passiv darauf zu warten, dass Ihr Partner oder irgendeine höhere Gewalt Sie glücklich macht.

Wenn eine Partnerschaft nicht so gut funktioniert, wie man sich das gewünscht hat, und man sich in der Beziehung nicht wohl fühlt, neigen fast alle Menschen dazu, sich zu überlegen, was der andere alles falsch macht. Genau das tut der Partner natürlich auch. Jeder sieht im anderen die Ursache für die eigenen negativen Gefühle. Man tut das für gewöhnlich nicht aus Selbstgerechtigkeit oder aus Mangel an Intelligenz, sondern weil es einfach dem spontanen Erleben entspricht: Der andere verhält sich auf irgendeine Art und Weise, die man als Verletzung versteht, und weil er sich so verhalten hat, fühlt man sich unglücklich, traurig oder zornig.

Unser Gehirn scheint darin trainiert zu sein, blitzschnell solche Ursache-Wirkung-Verhältnisse herzustellen. Das tut es auch in der Partnerschaft: Wir versuchen, das komplexe Geschehen in einer Partnerschaft mit möglichst einfachen Modellen zu begreifen und denken entlang des simplen Musters: Ich fühle mich verletzt! Warum? Weil der Partner etwas getan hat, das mich verletzt hat. Der Partner ist schuld und trägt die Verantwortung dafür, dass es mir so schlecht geht. Also muss er sich ändern!

Das ist zwar zunächst einmal verständlich, und jeder von uns kennt solche Gedankengänge. Es führt jedoch zu keiner Lösung. Wenn in einem Beziehungskonflikt beide Seiten darauf bestehen, dass der andere sich verändern muss, kommt man keinen Schritt weiter. Jeder fühlt sich im Recht, und wenn man davon ausgeht, dass an einem Konflikt immer beide beteiligt sind, hat auch jeder auf seine subjektive Weise Recht – nur nützt das keinem etwas! Oft kommt es dann zu einer Endlosschleife, die immer weiter eskaliert, bis plötzlich die ganze Partnerschaft gefährdet scheint. Das erzeugt so viel Angst, dass man doch lieber nachgibt, einer oder beide lenken ein, und dann geht es wieder eine Weile weiter. Im besten Fall redet man sich ein, dass solche Stürme die Partnerschaft »beleben«.

Während einer heftigen Auseinandersetzung nehmen beide Partner nicht wahr, dass die beiden Positionen sich gegenseitig bedingen. Ein Partner hat beispielsweise das Gefühl, dass der andere ihm nicht genügend Nähe gibt und sich zu wenig Zeit für ihn nimmt. Aus dieser Sicht ist der andere Schuld, dass es ihm nicht gut geht, also versucht er zu erreichen, dass der andere sich ändert.

Zunächst probiert er es »im Guten«: Er versucht, dem anderen körperlich möglichst nahe zu sein und stellt (noch) liebevolle Anforderungen, zum Beispiel, dass der andere recht viel Zeit mit ihm verbringen solle. Wenn das jedoch nichts fruchtet, fängt er an, dem Partner Vorwürfe zu machen. Ein bisschen Rationalität würde schon offenbaren, was für ein absurdes Vorgehen das ist: Stellen Sie sich vor, Sie hätten jemanden kennen gelernt, den Sie wirklich sehr gern für sich interessieren wollen. Kämen Sie jemals auf die Idee, das mit Vorwürfen zu probieren? Aber da man in der Partnerschaft den anderen als die »Ursache« für das eigene Leid ansieht, versucht man, etwas an dieser Ursache zu ändern, notfalls mit Gewalt.

Der Partner erlebt in dieser Situation, dass der andere ihm immer mehr auf die Pelle rückt, was ihm in dieser Intensität vielleicht unangenehm ist. Folgerichtig erkennt er den Partner als die Ursache seiner unangenehmen Gefühle und nimmt Abstand. Und schon sind beide in einem Kreislauf, der im Grunde genommen keinen Anfang und kein Ende und somit auch keine Schuld und keine Ursache kennt. Durchbrochen werden kann dieser Kreislauf nur, wenn einer von beiden aufhört, den anderen verändern zu wollen, und stattdessen sein eigenes Verhalten ändert. Es scheitern zwar täglich Millionen von Menschen daran, ihren Partner verändern zu wollen, trotzdem wird dieser untaugliche Versuch immer wieder unternommen.

Würde der »Klammernde« zum Beispiel nicht seinem Impuls folgen, den anderen mit immer mehr Nähe zu bedrängen, sondern von sich aus mehr Distanz herstellen, könnte der Partner merken, dass ihm etwas fehlt und von sich aus näher rücken. Oder wenn der Bedrängte auf die Nähe eingehen und sie vielleicht noch intensivieren würde, anstatt die Flucht zu ergreifen, würde das den Klammernden beruhigen, sodass er wieder einen »gesunden« Abstand herstellen kann. Auf diese Art und Weise käme ein ganz anderer Kreislauf in Gang.

Mit der Check-your-Mind-Methode den Teufelskreis durchbrechen

Nun stellt sich die Frage, wie man es schafft, diesem spontanen, »normalen« Handlungsimpuls nicht zu folgen und so den unerwünschten Kreislauf zu durchbrechen. Auch hier hilft die Check-your-Mind-Methode weiter.

Als Erstes müssen Sie sich klarmachen, dass der spontane Impuls, die Schuld beim Partner zu suchen, auf einer emotionalen Reaktion basiert. Diese emotionale Reaktion wiederum hat etwas mit Ihrer eigenen Interpretation der Situation zu tun, mit Ihren Bewertungen, also mit den Gedanken, die Sie sich über die Situation und den Partner machen.

Als Nächstes müssen Sie bereit sein, die Verantwortung für Ihre eigenen Gefühle zu übernehmen, um an der einzigen Stelle anzusetzen, wo Sie etwas verändern können: nämlich bei Ihnen selbst. Das ist zwar auch nicht einfach, aber im Gegensatz zu dem Versuch, den Partner ändern zu wollen, zumindest grundsätzlich möglich.

Wie funktioniert das? Sie müssen sich vergegenwärtigen, dass Sie durch die Bewertungen, die Sie vornehmen, Ihre Gefühle erzeugen. Sie untersuchen Ihre Gedanken, um herauszufinden, welche Bewertungen das sind, die Sie zu so unangenehmen Gefühlen führen, und dann durchlaufen Sie den ganzen Check-your-Mind-Prozess. Das heißt, Sie stellen die Gedanken auf den Prüfstand, um festzustellen, ob sie so überhaupt richtig und haltbar sind, suchen nach Gegenargumenten und festigen sie im inneren Dialog.

Zusätzlich können Sie die Techniken des Ressourcentransports (siehe dazu Kapitel 11) nutzen. Gerade bei Partnerschaftsproblemen, die ja sehr emotional sind, ist das besonders hilfreich. Als der Klammernde könnten Sie sich zum Beispiel fragen: »Welche innere Gefühlslage und Stimmung bräuchte ich denn, um besser damit umgehen zu können, dass mir mein Partner gerade nicht so nahe ist?« Oder Sie fragen sich: »Welches Gefühl fehlt mir, um besser damit umgehen zu können?«

Wie im Kapitel über den Ressourcentransport beschrieben, nutzen Sie nun Ihre Vorstellungskraft, um die entsprechenden Gefühle – vielleicht Selbstsicherheit oder Souveränität oder Ähnliches – in Ihnen wachzurufen. Dann beginnen Sie, diese guten Gefühle in der Vorstellung in solche Situationen mitzunehmen, in denen Sie den Partner als zu distanziert erleben, und stellen sich die Veränderungen vor, die sich daraus ergeben. Vielleicht merken Sie dann sogar, was der Grund für die momentane Distanz ist. Das hat vielleicht gar nichts mit Ihnen zu tun, sondern liegt daran, dass den anderen irgendetwas belastet.

Mit mehr Souveränität ist es leichter, zu anderen Bewertungen zu kommen. Die Bewertung »Er/sie liebt mich nicht«, die aus der Unsicherheit heraus entstanden ist, wird so abgelöst durch die viel weniger schmerzhafte Bewertung »Er/sie ist stark mit sich beschäftigt«. Vielleicht ist der Partner dankbar, wenn Sie ihm ein Gespräch anbieten, um ihn zu unterstützen. Das ist jedenfalls besser, als ihn just in diesem Moment mit Forderungen nach mehr Nähe zu bedrängen.

Wenn jeder Partner die Art des anderen, sich zu schützen, als besonderen Angriff gegen sich selbst interpretiert, kann das im Extremfall bis zu Gewalttätigkeiten führen. Formen körperlicher Gewalt sind sicherlich kein Fall für die Check-your–Mind-Methode. Aber in manchen Fällen kann gewalttätiges Verhalten verhindert werden, wenn die Partner lernen, ihre Denkstrategien als etwas zu erkennen, das mit ihrer eigenen Geschichte zu tun hat, sodass die Reaktionen des anderen nicht unbedingt das bedeuten müssen, was man glaubt, dass sie bedeuten. Diese Erkenntnis war sehr hilfreich für ein Paar, bei dem es mehrere Male fast zu einem Ausbruch körperlicher Gewalt gekommen wäre, weil ihre jeweiligen Denk- und Verhaltensmuster so unglücklich ineinander verhakt waren:

Beispiel: Immer wenn das Paar sich stritt und es sehr emotional wurde, hatte der Mann das Bedürfnis, die Wohnung erst einmal zu verlassen. Er wollte nur einen Spaziergang machen, um sich wieder zu beruhigen, weil er wusste, dass er zu aggressiven Ausbrüchen neigte. Das wollte er unbedingt verhindern, und er hatte gelernt, dass Abstand und körperliche Bewegung in solchen Momenten das Beste für ihn waren.

Seine Frau hingegen hatte erlebt, dass ihre vorherige Beziehung genau so zu Ende gegangen war: Sie hatte sich sehr heftig mit jenem Mann gestritten, er hatte wortlos die Wohnung verlassen und sich nie wieder mit ihr auseinander gesetzt. Diese Beziehung war – obwohl definitiv zu Ende – für sie in gewisser Weise offen geblieben, weil sie nicht wirklich wusste, was den anderen Mann damals veranlasst hatte, sich ohne weitere Erklärung von ihr zu trennen. Diesen Zustand erlebte sie als besonders belastend. Sie hat daraus für sich gelernt, dass sie die Dinge ausdiskutieren muss. Deshalb hat sie den Versuch ihres Mannes, die Wohnung zu verlassen, als konkrete Bedrohung für sich erlebt, obwohl er damit ja nur die Situation entspannen wollte. Seine Worte: »Ich muss jetzt hier raus und den Kopf wieder frei kriegen!« interpretierte sie vielmehr so: »Ich muss raus aus dieser Beziehung.«

So etwas wollte sie jedoch nie wieder erleben, also stellte sie sich ihm in den Weg und verlangte von ihm, dazubleiben. Für ihren Mann hat diese Reaktion das Gefühl von bedrohlicher Enge erhöht, sodass er sie sehr unsanft von der Wohnungstür wegdrängte. Das wiederum war für sie eine weitere Bestätigung, dass er sie wirklich verlassen wollte – sonst würde er doch nicht so grob mit ihr umgehen! Das geschah einige Male, und die Beziehung drohte darüber wirklich in die Brüche zu gehen.

Die beiden haben sich gegenseitig auf tragische Weise falsch interpretiert. Er wertete das Verhalten seiner Frau als »Jetzt macht sie noch mehr Druck auf mich«, anstatt zu erkennen, dass sie aus reiner Verzweiflung und Angst um die Beziehung so handelte. Sie sah nicht, dass ihr Mann aus ziemlich den gleichen Beweggründen erst einmal Abstand brauchte. Mit der Check-your-Mind-Methode haben die beiden gelernt, in solchen heiklen Situationen anders miteinander umzugehen. Er hat gelernt, ihre Ängste zu beschwichtigen, indem er ihr versichert: »Ich komme wieder, aber jetzt brauche ich erst einmal eine Stunde für mich selbst!«, und sie hat gelernt, ihn einfach zu fragen: »Wann können wir weiter miteinander reden und das klären?«

Man kann sich mit der Check-your-Mind-Methode darauf vorbereiten, solche Situationen nicht eskalieren zu lassen. Dabei ist der Ressourcentransport besonders hilfreich, weil man gerade in emotional belastenden Auseinandersetzungen mit dem eigenen Partner Gelassenheit und Souveränität am schnellsten verliert. Jeder Partner kann lernen, anders zu reagieren, und dann werden solche destruktiven Kreisläufe wie aus dem Beispiel auch durchbrochen. Manchmal genügt das schon, um immer wieder auftretende Konflikte zu lösen.

13.

Check your Mind in der Familie

Wie wir im vorangegangenen Kapitel gezeigt haben, können Sie mit der Check-your-Mind-Methode nicht nur berufliche Situationen bewältigen oder sich Herausforderungen stellen, die Sie bisher vermieden haben, sondern auch Ihre Beziehungsprobleme unter die Lupe nehmen. Auch der familiäre Umgang miteinander kann davon profitieren, wenn Sie wissen, welche Ihrer eigenen negativen Denkmuster zur Verschärfung eines Problems mit Ihren Lieben beitragen. Dadurch werden Streit, Eskalation und Entfremdung untereinander vermieden, und Sie können gemeinsame Lösungen finden. Wir wollen das noch einmal an einem ausführlichen Beispiel demonstrieren.

Beispiel: Frau Hausmann bekommt von der Klassenlehrerin ihrer vierzehnjährigen Tochter eine Einladung zur Elternsprechstunde. Die Tochter besucht die Realschule, und wie Frau Hausmann in der Sprechstunde überraschend erfuhr, hat sie in den letzten Monaten einen so starken Leistungsabfall gezeigt, dass ihre Versetzung gefährdet ist. Sie hat häufig ihre Hausaufgaben nicht gemacht und beteiligt sich nicht am Unterricht. Die schlechten Noten ihrer Klassenarbeiten hatte sie zu Hause wohlweislich verschwiegen. Für Frau Hausmann ist dieses Gespräch mit der Lehrerin wie ein Schlag in die Magengrube. Sie ist zornig auf ihre Tochter, macht sich gleichzeitig aber auch große Sorgen um sie. Sie fragt sich verzweifelt, was mit dem Mädchen los ist, aber auch, was sie selbst falsch gemacht hat.

In dieser emotional aufgeladenen Stimmung stellt sie ihre Tochter zur Rede. Die reagiert, wie fast nicht anders zu erwarten, ebenfalls sehr emotional: »Lass mich doch mit der blöden Schule in Ruhe. Wenn das alles ist, was dich interessiert! Darauf habe ich sowieso keinen Bock mehr!« Nach zwei, drei Wortwechseln in diesem Stil verlässt die Tochter Türen knallend die Szene, um erst am Abend wieder aufzutauchen, während Frau Hausmann nun schon eine gelinde Panik entwickelt.

Das nächste Gespräch zwischen den beiden verläuft auch nicht konstruktiver. Frau Hausmann macht der Tochter Vorwürfe, die diese mit Gegenvorwürfen kontert. Beide fühlen sich sehr schlecht, trotzdem halten sie das noch eine Woche lang so durch. Frau Hausmanns Nerven liegen blank, als sie mit ihrer Freundin über die häusliche Situation spricht. Die Freundin schlägt ihr vor, es einmal mit einer Technik zu versuchen, die sie gerade in einem Seminar kennen gelernt hatte.

Die Freundin fragt: »Was spürst du denn im Körper am deutlichsten? In welchem Körperteil spürst du, dass es zwischen dir und deiner Tochter einen Konflikt gibt?«

Frau Hausmann antwortet: »Ich habe einen ganz verkrampften Bauch, weil ich mir solche Sorgen um sie mache.«

Freundin: »Wie machst du dir Sorgen? Welche Gedanken genau gehen dir durch den Kopf?«

Frau Hausmann: »Ich denke, wenn sie so weitermacht, schafft sie die Schule niemals. Wie soll sie dann später je einen Job kriegen?! Heutzutage hat man ohne einen vernünftigen Schulabschluss doch überhaupt keine Chancen. Aber so weit denkt sie natürlich nicht. Sie wird noch einmal todunglücklich sein.«

Freundin: »All diese Gedanken halten wir jetzt einmal schriftlich fest. Hast du noch mehr solche negative Gedanken?«

Frau Hausmann: »Na ja, ich mache mir selbst natürlich die größten Vorwürfe. Ich hätte viel mehr hinterher sein müssen, dass sie lernt und ihre Hausaufgaben macht. Ich hatte einfach zu wenig Zeit für sie. Und ich frage mich, was ich falsch gemacht habe, dass sie so schwierig ist und auch, dass sie so wenig Ehrgeiz hat.«

Freundin: »Das sind wahrscheinlich keine echten Fragen, die du dir da stellst, sondern es sind in Wirklichkeit Aussagen, die du in Fragen kleidest. Was steckt wirklich dahinter?«

Frau Hausmann: »Ich habe alles falsch gemacht, deshalb hat sie keinen Ehrgeiz. Und ganz oft denke ich, ich hätte sie viel mehr unterstützen müssen, auf Hausaufgaben schauen, mit ihr lernen, solche Sachen!«

Die Freundin hat mittlerweile fleißig mitgeschrieben und präsentiert Frau Hausmann jetzt die Liste mit den negativen Gedanken: »Wenn du dir diese Liste anschaust, verstehst du dann, dass du einen verkrampften Bauch hast und in Panik gerätst?«

Frau Hausmann: »Na ja, wie soll man aber auch anders reagieren? Heutzutage ist man ohne Schulabschluss doch chancenlos …«

Freundin: »Lass uns das erst einmal Stück für Stück untersuchen. Dein erster Gedanke lautete ›Wenn sie so weitermacht, schafft sie die Schule nie‹. Ist das denn wirklich zwangsläufig so, dass man durch einmal Sitzenbleiben als völliger Schulversager endet?«

Frau Hausmann: »Ich weiß nicht, aber es macht die Sache jedenfalls nicht leichter. Sie ist ja jetzt schon kaum noch motiviert, etwas für die Schule zu tun. Wenn dann noch so ein Misserfolg dazu kommt!«

Freundin: »Aha, da ist ja noch ein negativer Gedanke: ›Sie wird durch das Sitzenbleiben so demotiviert, dass sie gar nichts mehr macht‹. Ist das wirklich so, oder gibt es da nicht auch Gegenbeweise?«

Frau Hausmann: »Was meinst du mit Gegenbeweisen?«

Freundin: »Gibt es vielleicht jemanden, den du kennst, der zwar einmal sitzen geblieben ist, später aber trotzdem noch Lebenserfolg hatte?«

Frau Hausmann muss lachen: »Ihr Vater ist einmal sitzen geblieben. Er hat es dann aber doch noch zu etwas gebracht!«

Freundin: »Also hat ihn das Sitzenbleiben nicht gänzlich demotiviert?«

Frau Hausmann: »Nein, da hatte er offenbar verstanden, dass er was tun muss.«

Freundin: »So, dann nehmen wir jetzt einmal für jeden deiner negativen Gedanken ein Blatt Papier. Der negative Gedanke kommt oben hin, und darunter notieren wir alle Gegenargumente, die dir dazu einfallen. Die älteste Tochter meiner Schwester ist übrigens sogar zweimal sitzen geblieben und hat die Schule dann trotzdem noch mit einem guten Abschluss verlassen. Und glaubst du nicht, dass vierzehn sowieso das klassische Alter zum Sitzenbleiben ist? Mitten in der Pubertät hat sie doch wahrscheinlich jede Menge Probleme, neben denen die Schule fast gar nicht mehr existiert!«

Frau Hausmann: »Stimmt, sie hat sich vor ein paar Monaten zum ersten Mal verliebt. Der Junge kann sich aber auch nicht so recht entscheiden, mal will er sie, mal wieder nicht. Und sie kriegt wegen jedem Pickelchen fast Depressionen.«

Freundin: »Das halten wir auch als Gegenargumente fest: dass sie sich mitten in der Pubertät befindet und Probleme mit ihrer ersten Liebe hat. Schauen wir uns den nächsten negativen Gedanken an: ›Wenn sie die Schule nicht macht, findet sie nie einen Job und wird unglücklich‹. Ist das wirklich zwangsläufig so?«

Frau Hausmann muss zugeben: »Sie könnte natürlich auch über den zweiten Bildungsweg später noch weitermachen. Oder sie macht eine Lehre und damit sogar Karriere. Schon mancher hat als Lehrling angefangen und ist im Vorstand geendet.«

Freundin: »Lass uns doch einmal die Schlussfolgerung betrachten, die du da ziehst: ›Wenn sie keinen Job findet, wird sie unglücklich‹. Kann man denn zwischen Job und Unglück solch einen ursächlichen Zusammenhang sehen?«

Frau Hausmann kann es nicht leugnen: »Ich weiß, worauf du anspielst – natürlich gibt es zwischen Job und Lebensglück keinen zwangsläufigen Zusammenhang. Erst kürzlich habe ich wieder gelesen, dass man in einer Untersuchung herausgefunden hat, dass Leute ihr Glücksgefühl nicht an äußeren Ereignissen wie einem guten Job festmachen. Selbst wer seinen Traumjob bekam, war nach einer Weile genauso unglücklich wie vorher. Befriedigung und Erfüllung kann man zum Beispiel auch in einem Ehrenamt finden. Na ja, und heutzutage muss man ehrlicherweise sagen: Ein guter Schulabschluss bedeutet noch lange nicht, dass sie auch eine gute Stelle findet!«

Freundin: »Sag einmal, wie steht es denn mit dem Gedanken ›Ich habe alles falsch gemacht, sonst hätte sie mehr Ehrgeiz.‹ Glaubst du wirklich, dass das stimmt, oder lassen sich dagegen auch logische Einwände finden?«

Frau Hausmann: »Nun, wenn ich in ihrer Erziehung mehr Wert auf Leistung gelegt hätte, wäre sie doch bestimmt ehrgeiziger geworden.«

Freundin: »Glaubst du wirklich, dass das nur an dir liegt, welche Eigenschaften deine Tochter entwickelt? Wenn ich mich richtig entsinne, hast du immer sehr viel Wert auf Ordnung gelegt und darüber hinaus deiner Tochter ein gutes Vorbild geliefert – und schau dir ihr Zimmer an!«

Frau Hausmann muss lachen: »Du hast Recht! Was die Ordnung betrifft, haben alle meine Erziehungsversuche bis jetzt nichts gefruchtet. Ihr Mangel an Ehrgeiz hängt im Moment wahrscheinlich auch mit ihrem schwierigen Alter zusammen. Und wenn sie ihren ersten Liebeskummer zu verdauen hat, hat sie wohl verständlicherweise nicht viel Sinn für die Schule. Das wäre mir wahrscheinlich genauso gegangen.«

Freundin: »Aha, das schreiben wir doch gleich auf, dass sie nicht an die Schule denkt, weil der Liebeskummer ihr viel mehr zu schaffen macht als ihre Noten. Was hast du denn nun falsch gemacht? Wie war denn bisher die Beziehung zwischen dir und deiner Tochter?«

Frau Hausmann: »Bisher hatten wir immer eine prima Beziehung. Es ist ja erst jetzt so schwierig geworden.«

Freundin: »Das heißt, bis deine Tochter so etwa dreizehneinhalb war, musst du ziemlich viel richtig gemacht haben. Das schreiben wir doch sofort auf!«

Auf diesem Weg kämpfen sich die beiden Frauen durch sämtliche negativen Gedanken von Frau Hausmann, bis sie einen ganzen Stapel Blätter vor sich liegen haben, auf denen zu jedem einzelnen die Gegenargumente festgehalten sind. Nun erklärt die Freundin das weitere Vorgehen: »Jetzt kommt der entscheidende Schritt. Ich nehme mir die Liste vor, die wir als Erstes angelegt haben, mit all deinen negativen Gedanken. Die werde ich dir jetzt einen nach dem anderen vorhalten. Und nach jedem wirst du mit den Gegenargumenten, die auf deinen Zetteln stehen, kontern. Es macht gar nichts, wenn du die Gegenargumente erst einmal ablesen musst. Das wird mit der Zeit schon noch flüssiger. Ich werde bei diesem Gespräch deine innere Stimme sein. Die löst bei dir so schlechte Gefühle aus, weil sie gemein und provozierend ist. Und ich werde genauso gemein und provozierend sein, denn ich bringe nach außen, was sich sonst in deinem Inneren abspielt.«

Die beiden beginnen den eigentlichen Disput. Wie wichtig dieser Schritt ist, merkt Frau Hausmann, die sich durch das Sammeln der Gegenargumente schon besser fühlte, gleich beim ersten negativen Gedanken. Als ihre Freundin mit Entsetzen in der Stimme sagt: »Wie, ich habe gehört, deine Tochter ist versetzungsgefährdet? Wenn sie so weitermacht, schafft sie nie die mittlere Reife!«, entfährt ihr spontan: »Genau das befürchte ich ja auch!« Sofort spürt sie wieder den Druck im Magen. Sie wird von ihrer Freundin zur Ordnung gerufen und besinnt sich darauf, dass sie ja mit Gegenargumenten kontern soll.

Beim zweiten Anlauf liest sie die gesammelten Argumente vor. Das ist am Anfang noch nicht sehr überzeugend, wird mit der Zeit aber immer flüssiger und bald kann sie auf das Ablesen verzichten. Als die Freundin zum nächsten negativen Gedanken übergeht, spielt sich der gleiche Prozess noch einmal ab, doch je länger dieses Rollenspiel dauert, desto mehr gewinnt Frau Hausmann an Kraft und Sicherheit, mit jedem Mal fällt es ihr leichter, ihre Gegenargumente mit fester Stimme vorzutragen. Schwierig wird es für sie erst wieder, als sie sich aus dem Mund ihrer Freundin ihre eigenen Selbstvorwürfe anhören muss. Doch nach mehreren Anläufen kann sie auch die widerlegen.

Um ganz sicherzugehen, präsentiert die Freundin sämtliche negativen Gedanken noch einmal in veränderter Reihenfolge. Frau Hausmann muss über manche Sätze sogar schon lachen, und manchmal reagiert sie auch spontan empört: »So ein Unsinn, wie kannst du nur so etwas Blödes sagen!« Beim dritten Durchlauf schließlich lässt sich Frau Hausmann durch nichts mehr verunsichern. Sie ist die Spannungsgefühle im Bauch losgeworden, sie fühlt sich gut und ist sich sicher, die schwierige Situation mit ihrer Tochter zu bewältigen. Die Chancen dafür sind jetzt auch deutlich besser, denn an jedem Konflikt, auch an einem zwischen Eltern und Kind, sind zwei Seiten beteiligt – und wenn eine Seite etwas an ihrem Verhalten ändert, hat das zwangsläufig auch Auswirkungen auf das Verhalten der anderen Seite.

Wie Sie familiäre Konflikte konstruktiv lösen

Die Check-your-Mind-Methode arbeitet zwar ausschließlich mit Gedanken, doch die Auswirkungen sind auch auf der körperlichen Ebene erfahrbar. So spüren Sie unmittelbar, ob Sie mit der Technik schon Erfolg hatten, oder ob Sie noch weiter arbeiten müssen. Wenn alle körperlichen Spannungen verschwunden sind und manche Gedanken vielleicht sogar spontanes Lachen auslösen, weil sie so absurd erscheinen, ist es leicht, konstruktive Gedanken zu entwickeln. Manchmal genügt ein einmaliges Durcharbeiten wie bei Frau Hausmann und ihrer Freundin, um ein Problem zu bewältigen.

Manchmal lassen sich negative Gedankenmuster jedoch nicht so einfach aushebeln, weil sie in ähnlichen Situationen sofort wieder anspringen. Dann helfen die körperlichen Reaktionen, die Sie verspüren, um zu erkennen, dass es Zeit für einen Gedanken-Check ist. Sie können die Gegenargumente auch mithilfe eines inneren Dialoges anbringen, so die aufkommende Panik abwenden und wieder zu konstruktiven Gedanken finden. Auch dieser innere Dialog ist natürlich eine Sache der Übung – je öfter Sie es bereits gemacht haben, desto leichter und einfacher geht es.

Viele familiäre Konflikte lassen sich konstruktiv lösen, wenn auch nur ein Beteiligter damit beginnt und sich nicht mehr von seinen destruktiven Gedanken leiten lässt. Sie kennen das Schema, mit dem Sie von der hinderlichen zur förderlichen Denkweise kommen, ja nun schon gut, deshalb hier nur noch einmal die Kurzform:

- Spüren Sie alle Ihre negativen Gedanken auf, die mit dem familiären Konflikt zusammenhängen.
- Schreiben Sie sie wörtlich auf.
- Finden Sie glaubwürdige Gegenargumente.
- Spielen Sie die Situation mit einem Gesprächspartner durch.
- Der Gesprächspartner präsentiert Ihnen Ihre eigenen negativen Gedanken.
- Antworten Sie darauf mit den von Ihnen gefundenen Gegenargumenten.
- Wiederholen Sie diesen Disput so lange, bis Ihre Gegenargumente ganz flüssig kommen und Sie vielleicht auch spontan auf weitere konstruktive Gedanken kommen.

Meist teilt sich die veränderte Einstellung schon nonverbal mit – und dann sind plötzlich ganz andere Gespräche möglich. Oder es kommt erst gar nicht mehr zu solchen Situationen, die sich bisher immer zu einem Streit gesteigert haben.

Glauben Sie niemals, dass es doch der andere ist, an dem es liegt. Das ist eine innere Haltung, die zwar verständlich ist, wenn man ärgerlich oder wütend auf jemanden ist. Aber wenn Sie einen familiären Konflikt haben, haben Sie auch einen eigenen Anteil daran, und es lohnt sich für Sie auf jeden Fall, die eigenen negativen Gedanken aufzuspüren und zu bearbeiten. Sie erinnern sich sicher daran, was wir im Kapitel 12, *Check your Mind in der Liebe,* über die Kreisläufe geschrieben haben, die die Abläufe in Beziehungen abbilden. In jedem Konflikt befinden Sie sich in einem solchen Kreislauf, deshalb zieht die Veränderung Ihres Verhaltens fast zwangsläufig auch eine Veränderung des Verhaltens Ihres Konfliktpartners nach sich.

Es sind auch nicht nur die Auseinandersetzungen mit den Kindern, die man mit der Check-your-Mind-Methode durchleuchten kann: Manchmal hat man ja auch im fortgeschrittenen Alter noch Probleme mit den eigenen Eltern. Wenn Sie mit konstruktiven Denkmustern herangehen, lässt sich vielleicht plötzlich ein klärendes Gespräch herbeiführen, das jahrelang nicht möglich war. Oder Sie haben die Erfahrung gemacht, dass sich jeder Besuch der Schwiegereltern zum Fiasko entwickelt, weil Sie mit deren Art eben überhaupt nicht klarkommen, und Sie sich deshalb schon Tage oder gar Wochen vorher mit negativen Fantasien, was diesmal wieder alles schief gehen wird, darauf einstimmen. Aber wer weiß, vielleicht sind auch die nörgeligsten Schwiegereltern beim nächsten Besuch gar nicht mehr so schlimm, wenn Sie selbst, nachdem Sie Ihre eigene Haltung mit der Check-your-Mind-Methode durchleuchtet haben, nicht mehr so negativ drauf sind. Zumindest einen Versuch sollte es Ihnen wert sein – nicht wegen der Schwiegereltern, sondern um sich selbst das Leben leichter zu machen.

14. Das Lebensskript und automatisierte negative Gedanken

Die negativen Gedanken, über die wir in den vorangegangenen Kapiteln schon so viel geschrieben haben, sitzen manchmal so tief, dass sie durch aktuelle Situationen immer mal wieder neu in Gang gebracht werden. Sie speisen sich meist aus alten Kindheitsmustern. Und jedes Mal, wenn Sie in den alten Mustern denken, verfestigen Sie diese Muster, so als würde es sich immer tiefer einfräsen. Aus diesem Grund müssen die negativen Gedanken meistens auch mehr als einmal bearbeitet werden, um sie ihrer Wirksamkeit zu berauben. Wenn Sie mehrfach an belastenden Situationen mit der Check-your-Mind-Methode arbeiten, werden Sie wahrscheinlich die Feststellung machen, dass Sie immer wieder auf ähnlich geartete Schwierigkeiten stoßen. So schaffen Sie es beispielsweise, sich gegen eine ungerechtfertigte Forderung Ihres Nachbarn zu wehren, doch bei überzogenen Anforderungen Ihres Kollegen trauen Sie sich nicht, Nein zu sagen und geben immer wieder klein bei.

Manche Probleme sitzen offensichtlich einfach tiefer, und bei manchen Problemen ist die Check-your-Mind-Methode deshalb sicher auch nicht die richtige Herangehensweise. Aber es lohnt sich auf jeden Fall zu erforschen und somit zu verstehen, wie dieser Mechanismus immer wieder in Gang kommt. Denn wenn Sie das zugrunde liegende Muster eines Problems erfasst haben, wird es für Sie auch leichter, damit umzugehen.

Indem man die eigene Energie auf konstruktive Gedanken lenkt, schafft man so nach und nach ein neues Muster, mit dem es jedes Mal etwas leichter geht, mit den negativen Gedanken fertig zu werden. Man braucht nicht mehr verzweifelt zu denken »Oh nein, nicht schon wieder! Hört das denn nie auf!«, sondern man kann sich eher entspannt sagen: »Schau an, da ist also mal wieder mein altes Muster am Werk. Dagegen kann ich etwas tun.«

In den Check-your-Mind-Seminaren haben wir jedenfalls immer wieder die Erfahrung gemacht, dass es für die Teilnehmer ein sehr erhellendes Aha-Erlebnis war, wenn sie etwas über die Hintergründe ihrer Reaktionsweisen erfahren haben. Sie fühlten sich ihren Schwierigkeiten nicht mehr so hilflos ausgeliefert, sondern verstanden, weshalb diese oder jene Situation für sie immer wieder problematisch war. Außerdem empfinden es die meisten Menschen als wertvolle Bereicherung, wenn sie den Entwicklungshergang ihrer eigenen Geschichte besser verstehen lernen. Deshalb wollen wir auch Ihnen diesen Theorieteil – wie sich Denk- und damit Verhaltensstrategien bei Menschen ausbilden – nicht vorenthalten.

Über die Entstehung der negativen Grundmustern hat in den sechziger Jahren der amerikanische Psychiater Eric Berne mit der Transaktionsanalyse eine Theorie entwickelt, die das sehr einleuchtend und eingängig erklärt. Berne geht davon aus, dass Kinder bis etwa zum siebten Lebensjahr aufgrund bestimmter Botschaften, die sie von ihren Bezugspersonen bewusst oder unbewusst erhalten, so etwas wie ein »inneres Drehbuch« (amerikanisch »script«) schreiben, nach dem sie dann ihr Leben gestalten.

Kinder entwickeln durch unangenehme, beängstigende, beschämende oder abwertende Erlebnisse mit ihren Eltern (oder wer sonst hauptsächlich mit ihrer Betreuung und Erziehung betraut ist) Skriptüberzeugungen, die entweder sie selbst oder ihre Mitmenschen betreffen. Daraus entstehen dann die grundlegenden Denkmuster, die anschließend durch die Variationen, die die wechselnden negativen Ereignisse mit sich bringen, ergänzt werden.

Berne sieht die negativen Botschaften, die Eltern oder andere wichtige Bezugspersonen ihren Kindern mit auf den Weg geben, als unbewusste Verbote an. Den klassischen Verboten, auf die er bei seiner Arbeit mit Menschen immer wieder gestoßen ist, hat er treffende

Namen wie etwa »Schaff's nicht« oder »Sei nicht wichtig« gegeben. In der Transaktionsanalyse hat sich für diese Verbote auch die Bezeichnung »Einschärfungen« etabliert. Ein Kind hat nach Berne zwei Möglichkeiten, mit den ihm gegebenen Einschärfungen umzugehen: Entweder es übernimmt sie einfach oder es kämpft permanent dagegen an, ohne sich jedoch wirklich davon lösen zu können.

Wir haben für Sie im Folgenden diese Einschärfungen skizziert, damit Sie, wenn Sie irgendein Problem oder eine schwierige Situation mit der Check-your-Mind-Methode bearbeiten und auf entsprechende negative Gedanken stoßen, einen Anhaltspunkt dafür haben, wie Sie zu diesen Glaubenssätzen gekommen sind. Für größere Probleme, die direkt mit diesen Einschärfungen verknüpft sind, ist die Check-your-Mind-Methode vielleicht kein ausreichendes Hilfsmittel. Sie ersetzt bei tief greifenden Störungen keinesfalls eine Therapie. Doch wenn man sich bewusst macht, was sich im eigenen Geist abspielt, ist das in vielen Fällen schon der wichtigste Schritt, um eine Veränderung einzuleiten. Die verschiedenen Einschärfungen sind:

- Schaff's nicht
- Sei nicht
- Sei nicht wichtig
- Denk nicht
- Zeig keinen Ärger
- Gehör nicht dazu
- Werde nicht erwachsen
- Zeig keine Gefühle
- Sei kein Kind
- Sei nicht gesund
- Sei nicht du
- Komm mir nicht zu nahe

Wenn Sie sich eingehender mit Einschärfungen befassen wollen, empfehlen wir das Buch *Nimm dich wie du bist* von Rüdiger Rogoll. Außerdem finden Sie auch eine Beschreibung aller Einschärfungen in *Die alltäglichen Spielchen im Büro* (U. Dehner).

Wie ein Lebensskript entsteht

Einem Skript zu folgen bedeutet nicht, dass man alle genannten Einschärfungen verinnerlicht haben muss. Auch ein Teil davon ist ausreichend, um ein Lebensskript zu bilden. Ob eine Botschaft zu einer Einschärfung wird, hängt davon ab, wie häufig oder wie intensiv wir sie erhalten haben. Die meisten Einschärfungen erhalten wir sicherlich in der Kindheit, doch man kann auch als Erwachsener noch ein Ereignis wie eine Einschärfung verarbeiten. Aus diesen verinnerlichten Einschärfungen, die ja im Grunde Verbote sind, entwickeln wir ein Glaubenssystem mit Glaubenssätzen, nach denen wir uns verhalten müssen: das Skript. Der Schwerpunkt liegt dabei auf dem Müssen, und deshalb ist ein Skript per Definition etwas Negatives.

Innerhalb der Transaktionsanalyse wurde diskutiert, ob es nicht auch möglich sei, von einem positiven Skript zu sprechen. Wir glauben das nicht, weil ein Drehbuch immer einschränkend ist. So wie ein Schauspieler sich an das festgelegte Drehbuch halten muss, so sind die Akteure auch beim Lebensskript an ganz bestimmte Rollen gebunden – beschränkt auf das, was die Verbote ihnen vorgeben.

Um ein Skript positiv zu machen, wäre eine Erlaubnis nötig. Doch wenn man die Erlaubnis hat, dann hat man die freie Wahl – und ist eben an kein Skript mehr gebunden. Die Check-your-Mind-Methode soll dazu dienen, die persönlichen Wahlmöglichkeiten zu erweitern, indem sie die Macht der negativen Gedankenmuster außer Kraft setzt.

Es ist ein Unterschied, ob man unbedingt erfolgreich sein *muss* oder ob man die innere Erlaubnis besitzt, im Beruf Erfolg zu haben. Im ersten Fall erreicht man den Erfolg, koste es, was es wolle – auch wenn Familie und Gesundheit dabei draufgehen. Im zweiten Fall kann man sich zum Beispiel dafür entscheiden, auf einen Karriereschritt zu verzichten, wenn man andere Werte höher einschätzt – und zwar ohne sich danach als Versager zu fühlen! Oder man entscheidet sich dafür, für den Erfolg alles zu geben. Gehört es jedoch zum Skript, den eigenen Erfolg dauernd unter Beweis stellen zu müssen, hat man keine Wahl, und wenn es einem nicht oder nicht mehr gelingt, erfolgreich zu sein, leidet man unter dem Gefühl, versagt zu haben.

So wie Eltern ihren Kindern negative Botschaften geben, geben sie ihnen natürlich auch positive Botschaften. Die wirken jedoch wie eine Erlaubnis und nicht wie Gebote – es erscheint uns also unlogisch, von einem positiven Skript zu sprechen. Hinter dem Skript und den Einschärfungen steht immer auch eine Bedrohung: Sich nicht an das Skript zu halten, wird negative Konsequenzen haben! Würde ein Schauspieler von sich aus das Drehbuch verändern, würde der Regisseur ihn feuern. Hält ein Kind sich nicht an die Einschärfungen, droht Liebesentzug! Also folgt es.

Nun ist das Skript aber natürlich nicht bei jedem Menschen gleich stark ausgeprägt. Manche Skriptglaubenssätze wirken sich stärker aus, manche schwächer. Das kommt auch dadurch zustande, dass ein Skript nicht nur von den Eltern vermittelt wird, sondern auch von allen anderen Personen, die wichtig für das Kind sind. Außerdem spielt es eine Rolle, wie intensiv die Botschaften an das Kind gegeben wurden und ob alle wichtigen Bezugspersonen »in die gleiche Kerbe gehauen haben« oder ob es auch Gegenbotschaften gab.

Beispiel: In einem Seminar berichtete eine unserer Teilnehmerinnen, dass sie als Kind zwar von ihrer Mutter sehr massiv die Einschärfung »Sei nicht wichtig« erhalten, doch von ihrem geliebten Großvater, den sie fast täglich sah, ganz andere Botschaften bekommen hatte, zusätzlich mit der Aufforderung: »Hör bloß nie auf das, was deine Mutter sagt!« Das hat den Einfluss der Mutter natürlich relativiert und dem Kind die Möglichkeit gegeben, sich freier zu entwickeln.

Die verschiedenen Einschärfungen

Einschärfungen sind Verbote, und Verbote werden aufgehoben durch Erlaubnisse. Um sich von den negativen Folgen der Einschärfungen zu befreien, brauchen Sie also eine Erlaubnis. Mit der Check-your-Mind-Methode geben Sie sich immer wieder eine intensive innere Erlaubnis, und zwar durch das Aushebeln der negativen Gedanken. Denn es nützt nichts, sich einfach zu sagen »Ich erlaube mir, wichtig zu sein«, wenn Sie die »Sei nicht wichtig«-Einschärfung haben. Doch wenn Sie die damit zusammenhängenden destruktiven Gedanken erfolgreich mit konstruktiven beantworten, tritt die Erlaubnis sich wichtig zu nehmen ganz von allein an die Stelle des alten Verbots.

Wenn Sie immer wieder in gleiche oder ähnliche Schwierigkeiten stolpern, ohne recht zu wissen warum, wenn Sie sich manche Dinge »unerklärlicherweise« nicht zutrauen, wenn Sie dazu neigen, immer wieder die gleichen Fehler zu machen, ist die Wahrscheinlichkeit groß, dass Einschärfungen dahinter stecken. Wenn Sie die Beschreibung der einzelnen Einschärfungen lesen und die Beispiele der negativen Gedanken, die damit verbunden sind, erkennen Sie vielleicht das eine oder andere wieder, das Sie bei sich selbst schon beobachtet haben. Und vielleicht gelingt Ihnen dann ja auch eine ganz neue Sicht auf die Dinge, sodass sich Ihnen ganz neue Handlungsmöglichkeiten ergeben.

Wie bereits angekündigt, geben wir Ihnen im Folgenden keine Handlungsanweisung, wie Sie diese Einschärfungen beseitigen können. Wir zeigen Ihnen vielmehr, wie solche negativen Denkmuster entstehen – und mithilfe der Check-your-Mind-Methode können Sie sich möglicher eigener Einschärfungen bewusst werden und dann auch erste Schritte einer Veränderung einleiten. Durch gezielte Übungen können Sie lernen, sich die Erlaubnis zu geben, entgegen diesen Einschärfungen zu handeln und zu leben (mehr dazu auch in dem Abschnitt »Geben Sie sich selbst die Erlaubnis« auf Seite 224).

Schaff's nicht

Stellen Sie sich ein Kind vor, mit dessen Leistungen die Eltern niemals zufrieden sind. Der Junge hat aus Bauklötzchen ein Haus gebaut, und statt ihn dafür zu loben, zeigen Mutter oder Vater ihm, wie er es viel besser hätte machen können. Bis zum Eintritt in die Schule hat er schon jede Menge Botschaften erhalten, die ihm sagen, dass er etwas nicht gut genug macht. Nun ist er in der Schule, und um ihn zu ermutigen, recht fleißig zu lernen, geben die Eltern immer wieder ihrer Befürchtung Ausdruck, er würde schlechte Noten bekommen oder sitzen bleiben. Tragischerweise meinen die Eltern das vermutlich gar nicht böse, doch was als »Ansporn« gedacht ist, kommt beim Kind als folgende Botschaft an: »Du schaffst es nicht.« Nun hat sicherlich jedes Kind irgendwann einmal die Erfahrung gemacht, dass man ihm etwas nicht zugetraut hat, was es dann doch geschafft hat – aber es ist ein großer Unterschied, ob das ein gelegentlich auftretendes oder vielleicht sogar einmaliges Erlebnis ist, oder aber eine Botschaft, die quasi fortwährend eingebläut wird. Vereinzelte Erlebnisse mögen schmerzhaft in Erinnerung bleiben, doch wirkliche Skriptglaubenssätze entwickeln sich nur dann, wenn Botschaften immer wiederkehren oder wenn sie häufig in emotional verletzender, stark abwertender Art und Weise zum Ausdruck gebracht werden. Dann verfestigen sie sich zu jenem Drehbuch, nach dem der Mensch schließlich sein Leben lebt.

Die Botschaft »Du schaffst es nicht« wird manchmal auch von überängstlichen Eltern vermittelt, die ihr Kind vor allem bewahren wollen und immer gleich das Schlimmste befürchten. Um das Kind vor vermeintlichem Unglück zu beschützen, malen sie ihm aus, was bei den verschiedenen Unternehmungen Schreckliches passieren kann – und ohne es zu wollen, sagen sie dem Kind auf diese Weise: »Wir trauen dir das nicht zu (sonst müssten wir dich ja nicht so warnen)«.

Ein Kind hat entweder die Möglichkeit, die Einschärfung für sich zu akzeptieren, oder sie zwar zu übernehmen, aber andauernd dagegen anzukämpfen und auf diese Weise daran gebunden zu bleiben. Im ersten Fall übernimmt es natürlich auch die Zweifel an den eigenen Fähigkeiten. So schleichen sich dann automatisierte negative Gedanken ein wie:

- Das schaffe ich sowieso nicht.
- Ich kann das nicht.
- Dafür bin ich nicht gut genug.
- Das ist mir natürlich mal wieder daneben gegangen, typisch.
- Jeder andere kriegt das hin, bloß ich nicht.

Jedes Mal, wenn jemand mit der Einschärfung »Schaff's nicht« vor einer neuen Aufgabe, einer Herausforderung steht, werden solche Gedankenmuster aktiviert. Um die alten Skriptglaubenssätze zu aktivieren, brauchen das keineswegs wirklich schwierige Sachen zu sein: Die alten Muster greifen auch, wenn man eigentlich kein Problem mit einer Aufgabe haben müsste. Zum Glück haben sich Menschen mit dieser Einschärfung meistens aber auch irgendwelche Gebiete erarbeitet, wo sie sich sicher fühlen. So bezieht sich ihr »Schaff's nicht« vielleicht auf den beruflichen Erfolg, aber sie sind sehr gut in irgendeiner Sportart. Oder sie behindern sich mit ihren Glaubenssätzen selbst, was den Umgang mit einem Computer oder Technik generell betrifft, doch sie wissen einfach, dass es ihnen leicht fällt, Sprachen zu lernen – und dann fällt es ihnen auch leicht.

Wenn jemand sich dafür entscheidet, gegen die Einschärfung anzukämpfen, so ist er trotzdem nicht frei davon. Man kämpft zwar und erringt dabei auch äußere Erfolge, doch im Grunde bleibt die Einschärfung bestehen, denn man fühlt den inneren Zwang, permanent zu beweisen, dass man es doch schafft. Man orientiert sein Leben also genauso stark an der Einschärfung wie jemand, der sie ohne Widerstand annimmt. Menschen, die unter dauerndem Erfolgsdruck stehen, die mit nichts, was sie erreicht haben, zufrieden zu sein scheinen und keinen Erfolg wirklich genießen können, leiden meist unter einem »Schaff's nicht«-Skript, das die eigentliche Triebfeder all ihrer Anstrengungen ist.

Beim kleinsten Misserfolg lebt dieser alte Skriptglaube wieder auf, um danach umso entschiedener wieder bekämpft zu werden. Und da es niemals einen endgültigen Beweis dafür gibt, dass sie es doch schaffen, wird jede Hürde, die sie genommen haben, nur zur Ausgangsbasis für die nächst höhere. Statt den Erfolg zu genießen, leben diese Erfolgsgetriebenen in der ständigen Sorge, dass irgendwann einmal herauskommt, dass sie »eigentlich gar nicht können, was sie so erfolgreich tun«. Begleitet wird das von automatisierten negativen Gedanken, die sich etwa so äußern:

- Ich muss das schaffen, sonst halten mich alle für einen Versager.
- Wenn ich das nicht hinkriege, wird jeder mich verachten.
- Ich werde beweisen, dass ich das packe, koste es, was es wolle.
- Wenn ich nicht ... schaffe, ist das eine Katastrophe/das Ende.
- Hoffentlich merkt keiner, dass ich das eigentlich gar nicht kann/gar nicht qualifiziert genug bin.
- Ein Misserfolg in dieser Sache wäre das Schlimmste, was ich mir vorstellen kann.

Sei nicht

Die zerstörerischste Botschaft, die ein Kind bekommen kann, lautet »Sei nicht«. Vermittelt wird diese Botschaft natürlich in erster Linie durch schwere Misshandlungen, aber das ist nicht das Einzige, wodurch ein Kind zu dem Skriptglauben kommen kann, es wäre besser nicht auf der Welt. Eine Klientin, deren Mutter bei ihrer Geburt starb, nahm die ganze »Schuld« für dieses Unglück auf sich und verinnerlichte, dass sie besser nie hätte geboren werden dürfen.

Auch wenn es emotional vernachlässigt wird und sich niemand interessiert, spürt das Kind, dass man es gar nicht haben will und es nur stört und lästig ist. Oder wenn Eltern dem Kind immer wieder vermitteln, dass es durch seine bloße Existenz jede Menge Probleme erzeugt hat und man ohne das Kind viel besser dran wäre: »Wenn du nicht wärst, hätte ich niemals diesen Mann/diese Frau geheiratet; hätte ich mein Studium abschließen können; hätte ich Karriere gemacht; hätte ich ein ganz anderes, ein schönes Leben geführt ...«. Solche Äußerungen erlebt das Kind als grundlegende Ablehnung.

Damit wird dem Kind die Schuld an jedem Unglück gegeben, mit dem die Eltern zu kämpfen haben – und implizit auch die Schuld daran, dass es auf die Welt gekommen ist. So, als ob das Kind selbst in bösartiger Weise entschieden hätte, allein durch seine Geburt das Leben dieser armen Menschen zur Hölle zu machen. Ein Kind verarbeitet die oben beschriebenen Botschaften in der Tat so, dass es sich selbst die Schuld dafür gibt, zum falschen Zeitpunkt bei den falschen Menschen auf die Welt gekommen zu sein.

Es ist daher nicht verwunderlich, dass diese Botschaften auf ein Kind massive Auswirkungen haben, die bis zur Selbstmordgefährdung reichen können, denn die psychischen Schmerzen, die dadurch ausgelöst werden, sind fast unerträglich. Wer als Erwachsener unter einer »Sei nicht«-Einschärfung leidet, hat möglicherweise mit Depressionen zu kämpfen. Selbstmorde und Selbstmordversuche können auf das Konto dieser Einschärfung gehen, und oft genug führt sie auch dazu, dass Menschen indirekte Wege wählen, sich umzubringen. Wer etwa über zwanzig Zigaretten pro Tag raucht, kann sich heutzutage nicht mehr einbilden, er schade nicht seiner Gesundheit. Wer zu viel trinkt, zu viel isst, aber auch höchst riskant Auto oder Motorrad fährt, sich halb tot arbeitet oder sich immer wieder den gefährlichsten Situationen aussetzt, wird möglicherweise von der Einschärfung »Sei nicht« dazu getrieben, sein Leben auf diese Art vorzeitig zu beenden.

Eine andere Möglichkeit, mit dieser Einschärfung umzugehen, kann darin bestehen, den Glauben zu entwickeln »Wenn ich immer besonders liebenswürdig, hilfsbereit und gefällig bin, werden meine Eltern/wird die Welt mein Dasein akzeptieren«. Wer diesen Weg für sich gewählt hat, wird immer sehr viel für andere tun – ist aber auch abhängig davon, permanent die Bestätigung zu erhalten, gebraucht zu werden. Wenn diese Bestätigung ausbleibt – sei es, dass die ehemals hilfsbedürftigen Kinder jetzt ohne Weiteres für sich selbst sorgen können, dass der Mensch, den man gepflegt hat, gestorben ist, oder die Firma auch ohne einen sehr gut zurechtkommt –, so bricht für den Betroffenen die Welt zusammen, denn jetzt hat er seine »Lebensberechtigung« verloren. Das Erbringen von Spitzenleistungen kann ebenfalls ein Weg sein, sich seinen Platz im Leben zu ertrotzen. Dahinter steckt der Glaube »Wenn ich der Beste bin, dann müssen sie mich doch lieben«. Das funktioniert aber nur, solange man seine volle Leistungsfähigkeit hat und nichts Unvorhergesehenes dazwischenkommt. Kann man aus irgendeinem Grund nicht mehr zur Spitze zählen – vielleicht weil eine Krankheit die Kraft raubt oder weil man durch die wirtschaftliche Situation seinen Arbeitsplatz verliert –, so wird daraus eine wahrhaft existenzielle Bedrohung, denn dann wird die Einschärfung mit ihrem vollen Gewicht spürbar. Die Folge ist, dass man sich absolut wertlos fühlt, da man nichts mehr leisten kann. Auch das kann zur Selbstmordgefahr führen, denn man sieht plötzlich keinen Sinn mehr im Leben.

X

Beispiel: Einen solchen Fall erlebten wir mit einer ehemaligen Chefsekretärin. Sie hatte mit fünfunddreißig Jahren einen Schlaganfall erlitten, doch dabei Glück im Unglück gehabt. Als einzige Folge davon blieb bei ihr zurück, dass sie von ihrer weit überdurchschnittlichen Merk- und Konzentrationsfähigkeit so viel einbüßte, dass sie jetzt auf Normalmaß war. Da sie aber ihre ganze Lebensberechtigung aus ihrer Leistungsfähigkeit bezog, fühlte sie sich durch diese Einbuße, die ein anderer Mensch noch nicht einmal bemerkt hätte, vollkommen wertlos – so wertlos, dass sie selbstmordgefährdet war.
Automatisierte negative Gedankenmuster, die aus der »Sei nicht«-Botschaft resultieren, sind:

- Ich wollte, ich wäre tot.
- Dieses Leben ist nichts für mich.
- Wenn das Leben nur schon vorbei wäre.
- Mir tut das Leben nur weh.

- Wenn ich nicht mehr gebraucht werde, bin ich völlig nutzlos.
- Wenn ich nichts mehr leisten kann, bin ich nichts mehr wert/ macht das ganze Leben keinen Sinn mehr.
- Das Leben ist sowieso total sinnlos.

Gedanken dieser Art, auch wenn sie gar nicht mehr oder nicht immer bewusst wahrgenommen werden, erzeugen immer wieder aufs Neue den alten Schmerz aus der Kindheit.

Sei nicht wichtig

Die Einschärfung »Sei nicht wichtig« wird Kindern häufig von unsicheren Eltern vermittelt. Eltern, die wahrscheinlich selbst Angst vor Ablehnung haben, finden alles peinlich, was irgendwie aus der Rolle fallen oder von der Norm abweichen könnte. Kinder, die ein Bedürfnis danach haben, Aufmerksamkeit zu erlangen, die lautstark auf ihre Bedürfnisse hinweisen und ungeniert das tun, wonach ihnen der Sinn steht, sind aus ihrer Sicht ganz besonders peinlich. Deshalb erziehen ihre Eltern sie schon sehr früh dazu, bescheiden und unauffällig zu sein, sich im Hintergrund zu halten, möglichst gar nicht in Erscheinung zu treten. Einem Kind, das so erzogen wird, wird nicht gestattet, die eigenen Wünsche durchzusetzen, denn »was sollen denn die Leute denken!« Also lernt das Kind recht schnell, dass die eigenen Bedürfnisse nichts zählen. Daran kann man frühestens denken, wenn die Interessen aller anderen berücksichtigt und befriedigt sind. Bald hat das Kind den Glauben verinnerlicht, dass es selbst ganz unwichtig ist.

Ein Kind mit diesem Hintergrund versucht mit allen Kräften, sich an seine Umgebung anzupassen. Nach Möglichkeit möchte es erahnen, was die anderen von ihm erwarten. Dieses Verhalten setzt sich natürlich auch im Erwachsenenalter fort. Die Einschärfung »Sei nicht wichtig« findet sich bei den ganz unauffälligen Typen, die man kaum wahrnimmt, weil sie sich bevorzugt im Hintergrund aufhalten. Sie hassen es, im Mittelpunkt zu stehen oder gar einmal gefeiert zu werden. Sie wünschen und fordern schon gar nichts für sich. Es fällt ihnen schwer, sich abzugrenzen, und es muss wirklich hart auf hart kommen, bevor sie jemandem eine Bitte abschlagen. Kämpferisch erlebt man sie höchstens, wenn sie als Robin Hood für die anderen streiten. Wenn es um die gerechte Sache eines anderen geht, sind sie sogar bereit, eigene Nachteile in Kauf zu nehmen.

Beispiel: So erging es einer Teilnehmerin, die sich sehr für Asylsuchende engagierte. Für ihre Schützlinge kämpfte sie wie eine Löwin, und sie war auch sehr erfolgreich darin, den Asylanten Jobs zu verschaffen – da konnte sie mit Engelszungen reden. Nur für sich selbst fand sie keine Stelle, weil sie es partout nicht fertig brachte »sich anzupreisen«, wie sie es nannte. Das innere Verbot, einmal ihre eigenen Fähigkeiten in den Mittelpunkt zu stellen, war einfach zu groß.

Die Bedeutsamkeit der eigenen Person kann mit einer ganzen Reihe automatisierter negativer Gedanken immer wieder heruntergespielt werden:

- Ich darf nicht so egoistisch sein.
- Was ich denke, ist doch eigentlich gar nicht wichtig.
- Was ich zu sagen habe, interessiert eh keinen.
- Ich hasse es, wenn alle auf mich schauen, denn sie finden mich bestimmt unmöglich.
- So im Mittelpunkt zu stehen, ist einfach nur peinlich.
- Sei bloß still, sonst blamierst du dich noch.
- Ich müsste mich viel mehr um x, y und z kümmern.
- Ich sollte meine Frau/meinen Mann/meine Eltern/meine Kinder (die Liste kann beliebig verlängert werden) mehr unterstützen.
- Ihn/sie jetzt auch noch um Hilfe zu bitten, wäre wirklich eine Zumutung.

Jemand, für den alle anderen immer am wichtigsten sind, tut sich sehr schwer damit, Nein zu sagen. Die Forderungen der anderen haben Priorität, denn:

- Für den anderen ist das jetzt so wichtig, da muss ich mich mal zurückstellen.
- Ich kann ihn in der schwierigen Situation doch nicht hängen lassen.
- Das kann ich nicht verantworten, ihm das zu verweigern, was soll er denn von mir denken?
- Wenn ich Nein sagen würde, wäre er bestimmt stinksauer, das halte ich nicht aus.
- Wenn ich ablehne, will sie bestimmt nie wieder etwas mit mir zu tun haben.
- Wenn ich nicht mithelfe, hält man mich für arrogant.

Aber wenn es darum geht, etwas für sich selbst zu fordern, wird der Mensch mit der »Sei nicht wichtig«-Einschärfung durch negative Gedankenmuster blockiert. Ähnliche Gedanken wie die folgenden könnten sich zum Beispiel einstellen, wenn es darum geht, ein Gehaltsgespräch zu führen:

- Das steht mir gar nicht zu.
- Was wäre denn, wenn jeder so etwas fordern würde – das kann man doch nicht machen.
- Was ich da will, ist ja eigentlich gar nicht wichtig.
- Man würde mich für gierig und unbescheiden halten, wenn ich das verlangen würde.
- Einfach frech zu sagen, was ich will, ist ein unmögliches Benehmen.

Auch wenn man als Jobsuchender oder als Selbstständiger eigentlich darauf angewiesen ist, »sich gut zu verkaufen«, hat man mit dieser Einschärfung sehr schlechte Karten:

- Wenn ich das alles erzähle, hält man mich doch für einen Angeber.
- Jetzt übertreibe bloß nicht, wenn du aufzählst, was du schon alles gemacht hast.
- So toll ist das jetzt auch wieder nicht, da haben andere wahrscheinlich bedeutend mehr drauf.
- Auf das bisschen, was ich kann, brauche ich mir wahrhaftig nichts einzubilden, verglichen mit anderen ist das gar nichts.
- Ich hasse es, mich so anpreisen zu müssen.

Wenn man selbst glaubt, gar nicht wichtig zu sein, hat man der eigenen Ansicht nach auch kein Anrecht darauf, sich einmal etwas ganz Besonderes zu gönnen, auch wenn man noch so gern möchte:

- Was sollen denn die Leute von mir denken?
- Damit sehe ich aus wie ein Angeber.
- Das wirkt ja, als wollte ich um jeden Preis auffallen.
- So etwas Schönes habe ich eigentlich gar nicht verdient.
- Das ist eigentlich viel zu fein für mich.
- Passt das überhaupt zu mir?

Leistet man sich trotzdem das schicke Outfit, das teure Auto, den exklusiven Schmuck oder das Designermöbel, zahlt man mit dem schlechten Gewissen und legt noch Zins und Zinseszins drauf.

Denk nicht

Die Einschärfung »Denk nicht« ist paradoxerweise besonders bei sehr intelligenten Menschen zu finden. Als sie noch Kinder waren, wurden ihre Intelligenz und ihr analytisches Denkvermögen von vielen Eltern als Bedrohung empfunden. Denn wo bleiben Autorität und Überlegenheitsgefühl, wenn das Kind klüger ist als man selbst? Wenn das Kind mehr versteht als Mutter oder Vater, wird es kurzerhand dafür bestraft, meist mit Entzug der Aufmerksamkeit –

und da das Kind so gescheit ist, hat es sehr schnell raus, dass die Eltern viel liebevoller und zugewandter sind – oder zumindest nicht so unangenehm –, wenn es mit seiner Intelligenz hinterm Berg hält.

Bei *allen* Einschärfungen, die Eltern ihren Kindern mitgeben, gilt, was hier einmal explizit gesagt werden soll: Die Eltern handeln in aller Regel nicht in böser Absicht! Die vergleichsweise wenigen Fälle, wo Eltern tatsächlich in sadistischer Weise ihre Kinder körperlich und psychisch quälen, sollen nicht Gegenstand dieses Buches sein. Hier geht es um alle eigentlich liebevollen Eltern, die sich so verhalten, wie sie es eben tun, weil sie nicht anders können! Sie haben es selbst nicht anders gelernt, leiden unter eigenen seelischen Nöten, schlagen sich mit den Anforderungen des Alltags herum und glauben, so das Beste für ihr Kind zu erreichen. Sie wissen gar nicht – können es oft auch gar nicht wissen –, was sie mit ihren Botschaften anrichten, und geben sich in der Regel große Mühe, ihr Kind zu einem Menschen zu erziehen, der gut durch das Leben kommt. Es geht hier also nicht darum, Eltern zu Schuldigen zu machen, es sollen nur die Mechanismen aufgezeigt werden, wie Menschen zu ihren automatisierten negativen Denkmustern kommen.

Manche Eltern haben schlicht Angst davor, ihre Kinder zu verlieren, wenn sie merken, dass die Kinder sich in einer ganz anderen geistigen Welt bewegen als sie selbst. Sie fürchten, nicht mithalten zu können und für das Kind keine Rolle zu spielen. Also tun sie alles dafür, sich und das Kind auf einer Ebene zu halten. Das könnte eine unsichere Mutter sein, die ihre Daseinsberechtigung daraus bezieht, für ihr Kind zu sorgen.

Oder es handelt sich um einen Vater, der nie die Position erreicht hat, die er irgendwann einmal angestrebt hat, der sich darum insgeheim als Versager fühlt. Der aber intelligent genug ist, um zu merken, dass sein Kind, der einzige Mensch, der zu ihm aufschaut, ihm intellektuell überlegen ist! Wenn dann noch ein paar entsprechende Wesensmerkmale hinzukommen, wird dieser Vater, statt stolz zu sein auf seinen Sprössling, das Kind entmutigen, es lächerlich machen und ihm mit hämischer Freude kindliche Denkfehler nachweisen. Er wird sich dann am umgänglichsten zeigen, wenn er dem Kind die Welt erklären kann. Das Kind begreift schnell: Je dümmer die Fragen, desto besser die Stimmung. Es wird dadurch natürlich sehr verunsichert bezüglich seiner eigenen Denkfähigkeiten. Im schlechtesten Fall hat es sich das Selberdenken irgendwann ganz abgewöhnt und reagiert mit Verwirrung auf intellektuelle Anforderungen.

Als Erwachsener hat ein Mensch mit der »Denk nicht«-Einschärfung es immer dann besonders schwer, wenn er etwas Neues lernen oder sich einer neuen Aufgabe widmen soll. Da ihm die innere Erlaubnis fehlt, auf sein eigenes Denken zu vertrauen, schaltet er sein logisches Denkvermögen ab und bringt sich mit folgenden Gedanken in Unsicherheit und Verwirrung:

- Wie ging das noch mal?
- Ich kann mir einfach nicht merken, wie ich das machen muss.
- Bestimmt mache ich alles verkehrt.
- Ich habe keine Ahnung mehr, wie das funktioniert.
- Ich bin aber auch zu blöd.
- Ich habe das wahrscheinlich mal wieder nicht richtig verstanden.
- Ich glaube, ich habe mir die Anweisung ganz falsch aufgeschrieben.

Wenn man sich mit einer Reihe solcher Gedanken gänzlich in Panik gebracht hat, bittet man schließlich aus Verzweiflung zum x-ten Mal um Erklärung oder Anleitung und erhält dann auch von der Umgebung die Bestätigung, dass man wohl ziemlich dumm ist. Das unterminiert das Vertrauen in die eigene Denkfähigkeit noch weiter, und vor lauter Angst vor weiteren Fehlern kommt gar kein klarer Gedanke mehr zustande.

X **_Beispiel:_** Genau diese Erfahrungen hatte eine junge Frau gemacht, die als Auszubildende in einem mittelständischen Betrieb arbeitete und kurz davor war, ihre Stelle zu verlieren. Sie stellte immer wieder die gleichen Fragen, die ihr Meister ihr schon oft beantwortet hatte, und ging allen ziemlich auf die Nerven. Zusätzlich zur Arbeit an ihren automatisierten negativen Gedanken, haben wir ihr zu Folgendem geraten: Sie sollte sich jedes Mal, wenn sie eine Frage hatte, diese Frage aufschreiben und versuchen, sie selbst zu beantworten. Erst wenn ihr das nicht gelang, sollte sie ihren Meister fragen. Das stärkte einerseits ihr Selbstvertrauen – denn die meisten Fragen erledigten sich dadurch von selbst und sie merkte, dass sie wirklich denken konnte –, andererseits wurde so sichergestellt, dass sie das, was sie als Berufsneuling wirklich noch nicht wissen konnte, auch erfragte.

Zeig keinen Ärger

Wenn Eltern schlecht mit Ärger umgehen können, wenn sie selbst ein inneres Verbot haben, Ärger zu äußern, geben sie dieses Verbot mit der Einschärfung »Zeig keinen Ärger« an ihre Kinder weiter. Solchen Kindern fehlt es an einem Modell, wie man Ärger angemessen zum Ausdruck bringt – denn sie dürfen selbst dann nicht zeigen, dass sie sauer oder wütend sind, wenn sie einen guten Grund dafür haben. Da sich die Eltern auch ihrerseits keinen offenen Ärger gestatten, wird das Kind für Ärgerreaktionen mit Liebesentzug bestraft. So lernt es, dass Ärger zeigen nur Scherereien einbringt, und man schon gar nicht das bekommt, was man möchte.

Andererseits kann niemand Ärger immer nur schlucken, ohne dass er irgendwann aus ihm herausbricht. Denn keinen Ärger zu zeigen ist ja keineswegs gleichbedeutend damit, keinen zu empfinden. Es kann den Eltern also passieren, dass der angestaute Ärger sich irgendwann – aufgrund eines möglicherweise unbedeutenden Ereignisses – explosionsartig und völlig unangemessen entlädt. Das Kind lernt dadurch zusätzlich, dass Ärger wirklich eine schlimme Sache ist, wenn er so bedrohliche Ausmaße annehmen kann. Man sollte also wirklich alles daransetzen, ihn zu unterdrücken!

Die natürliche Funktion von Ärger ist einerseits, dass man damit seine Bedürfnisse und Interessen durchsetzen kann, zum anderen dient er dazu, sich gegen andere abzugrenzen. Wenn jemand als Kind keinen angemessenen Umgang mit dem eigenen Ärger in sein Verhaltensrepertoire aufnehmen konnte, fehlt ihm ein wesentliches Ausdrucksmittel. Man muss neue Mittel und Wege finden, wie man mit den Situationen klarkommt, die einen im Laufe des Tages ärgerlich werden lassen.

Dabei kommt es oft zu einem Verhalten, das in der Transaktionsanalyse »Rabattmarkensammeln« genannt wird. Bei jedem Vorfall, über den man sich heimlich ärgert, »klebt« man eine Ärgerrabattmarke in sein Rabattmarkenheft. Die letzte Marke, die eingeklebt wird, gibt die Berechtigung, das ganze Heft einzulösen: Auch wenn das ein kleines Ärgernis war, kommt der ganze angestaute Ärger an die Luft. Die Folge ist ein dem Ereignis total unadäquater Wutausbruch, der alle Beteiligten erschreckt – auch den, der gerade so unbeherrscht explodiert. Nur kurze Zeit später wird man sich für sein Verhalten entsetzlich genieren und wieder eine Bestätigung dafür haben, dass es wirklich nicht in Ordnung ist, seinen Ärger zu zeigen! Und man fängt ein neues Rabattmarkenheftchen an…

Auf die Idee, dass es besser ist, gleich zu sagen, was einem nicht passt, kommt man nicht so ohne Weiteres, wenn man folgende Gedankenmuster verinnerlicht hat:

- So schlimm ist es jetzt auch wieder nicht.
- Verkneif dir deinen Ärger.
- Es stinkt mir, aber das zu sagen, gehört sich nicht.
- Du solltest dich schämen, wegen dem bisschen so einen Aufstand zu machen.

Da man nie gelernt hat, wie man angemessen und im richtigen Verhältnis zum Anlass Verärgerung äußert, gibt es für diese Menschen nur entweder die trügerische Ruhe vor dem Sturm oder den Sturm – alle Zwischenstufen fehlen.

Menschen mit der Einschärfung »Zeig keinen Ärger« unterscheiden sich in ihrem Empfinden deutlich von Menschen, die alles gelassen und locker nehmen können: Die erleben tatsächlich keinen Ärger, während die anderen ihn nur so lange zudeckeln, bis der Punkt erreicht ist, an dem sie sagen können »Jetzt reicht's!« Wer Gelassenheit zu seinen Wesensmerkmalen zählt, hat meist auch kein Problem damit, sich durchzusetzen. Doch wer der Einschärfung »Zeig keinen Ärger« folgt, erlebt Situationen, in denen es darum geht sich zu behaupten, durchaus als problematisch oder hat vielleicht sogar Angst davor, denn ihn beherrschen negative Gedankenmuster, die ihn entmutigen:

- Wenn ich jetzt versuche, mich durchzusetzen, endet das bestimmt peinlich.
- Ich trau mich nicht, ihm so richtig die Meinung zu sagen.
- Jetzt laut zu werden, gehört sich nicht.
- Ich darf nicht so überempfindlich sein.
- Ich muss den Mund halten, sonst raste ich noch aus und dann akzeptiert mich hier keiner mehr.
- Ich darf nicht unfreundlich werden.
- Ich muss eben verständnisvoller sein.
- So einen Aufstand zu machen wäre doch geradezu kindisch, was sollen die anderen von mir denken.

Die Einschärfung »Zeig keinen Ärger« geht des Öfteren einher mit der Einschärfung »Sei nicht wichtig«. So war es auch bei einer Teilnehmerin, die einen Konflikt mit ihrer Schwester bearbeitete:

Beispiel: Ihre Schwester, die in ihrer Nähe wohnte, hatte beschlossen, eine Wochenendreise mit ihrem Mann zu unternehmen und diese Reise auch schon gebucht. Der siebzehnjährige Sohn sollte das Wochenende bei seiner Tante – unserer Teilnehmerin – verbringen. Die wurde gar nicht erst gefragt, sondern vor vollendete Tatsachen gestellt. Da unsere Teilnehmerin sowohl ihre Schwester als auch ihren Neffen sehr gern mochte, nahm sie das auch widerspruchslos hin. Im Grunde ihres Herzens ärgerte sie sich aber – nicht darüber, den siebzehnjährigen Jungen zu betreuen, sondern über das Verhalten ihrer Schwester, das sie als Übergriff empfand. Sie wäre gern wenigstens gefragt worden, ob ihr das überhaupt recht sei. Aber da sie keine innere Erlaubnis besaß, ihren Ärger zum Ausdruck zu bringen, empfand sie auch noch Schuldgefühle, dass sie überhaupt ärgerlich geworden war. Das drückte sich in folgenden Gedanken aus: »Jetzt sei doch nicht so kleinlich und gönne ihr das Wochenende. Ist doch nicht so schlimm, dass sie nicht gefragt hat, schließlich ist sie deine Schwester. Du solltest dich schämen, dass du so kleinkariert bist!«

Es tat ihr gut, ihre negativen Gedanken bezüglich der Erlaubnis, Ärger zu äußern, mit konstruktiven Gegenargumenten zu beantworten. Doch da ihr Verhaltensrepertoire in Bezug auf Ärger stark eingeschränkt war, wusste sie einfach nicht, wie sie sich angemessen Luft machen konnte. Das ist ein Problem, das viele Menschen mit der »Zeig keinen Ärger«-Einschärfung haben: Sie haben keinerlei Vorstellung davon, wie sie sich in der problematischen Situation adäquat äußern können. Ihre Verhaltensbandbreite ist sehr eng: Sie können entweder nur sehr indirekt mitteilen, dass sie etwas stört – meist so indirekt, dass der Empfänger der Botschaft sie gar nicht versteht –, oder sie haben nach langem Rabattmarkensammeln einen plötzlichen Wutausbruch.

Für solche Fälle empfiehlt sich ein »Extremtraining«. Der Übende soll dabei seinen Ärger einmal ganz extrem äußern. Dieses Extremtraining ist ausschließlich als »Trockenübung« gedacht, das heißt, man sollte sich keineswegs in einer realen Situation so verhalten, sondern nur zu Übungszwecken einmal verbal auf den Putz hauen! Der Hintergrund ist folgender: Wenn man die Bandbreite der eigenen Verhaltensmöglichkeiten definiert als eine Strecke von A nach B – wobei A Stillschweigen und B einen völlig unangemessenen Wutausbruch bedeutet –, so ist der Mittelpunkt dieser Strecke das, was die Menschen für gewöhnlich als akzeptablen Ausdruck sehen. Da die Bandbreite bei solchen Menschen meist sehr gering ist, ist der

Ausdruck ihres Ärgers, wenn sie den Mittelpunkt wählen, sehr dürftig. Ziel des Extremtrainings ist es, die Bandbreite zu vergrößern, um diesen Mittelpunkt zu verschieben.

Im obigen Beispiel wurde die Teilnehmerin aufgefordert, im Rollenspiel ihrer Schwester einmal deutlich zu sagen, was sie von deren Verhalten hält. Sie sollte dabei ruhig ausfallend, beleidigend und gemein werden. Die Szene wurde mit Video aufgenommen. Das ist wichtig, denn für den Übenden ist es sehr hilfreich, einen Außenblick auf sich selbst zu haben. Der Effekt ist nämlich der, dass der Übende beim Anschauen des ersten Versuchs erkennt, dass das, was er für grob und brutal gehalten hat, eine meistens eher zahme Veranstaltung war – im besten Falle »freundlich, aber bestimmt«. Deshalb ist es wichtig, an diesem Punkt nicht aufzuhören, sondern weiterzumachen. Der Übende soll ein Gespür dafür bekommen, wie er seinen Ärger verbal äußern kann. Also wird er aufgefordert, so lange weiterzmachen, bis wirklich Power zu spüren ist.

Bei unserer Teilnehmerin klang der erste Versuch ebenfalls noch recht zaghaft: »Ich finde, du hättest mich wenigstens fragen können, bevor du deinen Sohn über das Wochenende bei mir einquartierst!« Das war alles, was herauskam. Nach fünf oder sechs Anläufen klang die Sache schon wirklich ärgerlich: »Du dumme Nuss, was glaubst du eigentlich, wer du bist? Ich bin doch nicht deine persönliche Sklavin, über die du nach Gutdünken verfügen kannst! Sonst kannst du doch auch reden wie ein Wasserfall, nur da kriegst du die Klappe nicht auf!«

Wie gesagt: Es geht nicht darum, sich in Wirklichkeit so zu verhalten. Doch wenn jemand sich so im Video erlebt hat, weiß er, wie angemessener und wie unangemessener Ausdruck sich anhört und anfühlt, und er hat nach der Übung mehr Wahlmöglichkeiten zur Verfügung. Außerdem merken die Menschen bei diesem Training sehr schnell, wie viel Wirkung das eigene Skript hat. Sie spüren es einfach daran, wie viele innere Widerstände sie überwinden müssen, um sich einmal willentlich so massiv gegen einen anderen abzugrenzen oder durchzusetzen.

Als Abschluss der Übung wird das Gespräch im Rollenspiel noch einmal so geführt, wie es sich in der Realität abspielen soll. Es soll nicht überzogen sein, sondern mit adäquatem Ausdruck. Daran, wie viel leichter das jetzt fällt, erkennt der Übende selbst sehr deutlich, wie viel Erlaubnis Ärger zu zeigen er sich durch das Extremtraining erarbeitet hat.

Gehör nicht dazu

Die Einschärfung »Gehör nicht dazu« gibt es in zwei unterschiedlichen Erscheinungsformen, quasi mit einem positiven beziehungsweise negativen Vorzeichen. Bestücken sie es mit dem positiven Vorzeichen, vermitteln Eltern ihren Kindern: »Du bist zu gut für die anderen, also spiel nicht mit den Schmuddelkindern!« Wird die Einschärfung mit dem negativen Vorzeichen vorgebracht, so lautet sie: »Die anderen sind zu gut für dich«. Beiden gemeinsam ist, dass die betroffenen Kinder das Gefühl entwickeln, isoliert zu sein und nicht dazuzugehören.

Diese Einschärfung wird Kindern unter Umständen auch von der Umwelt mitgegeben, wobei die Eltern das häufig dadurch unterstützen, dass sie sich ebenfalls nicht zugehörig fühlen. Nach dem Zweiten Weltkrieg waren zum Beispiel viele Flüchtlingsfamilien in der Situation, von der Gemeinde, in die es sie verschlagen hatte, ausgegrenzt zu werden, und heute ist es mit der sozialen Akzeptanz dessen, was als fremdartig empfunden wird, leider immer noch nicht so weit her: Aussiedler, Asylsuchende und andere können ein trauriges Lied davon singen.

Kinder fallen aus mannigfaltigen Gründen auch manchmal aus dem Klassenverband heraus. Sie werden vielleicht aufgrund ihres Äußeren, ihres Verhaltens, ihrer Interessen oder ihrer Talente von den anderen nicht angenommen. So kann beispielsweise eine ausgeprägte Begabung zu einem tatsächlichen Handicap für soziale Beziehungen werden. Manchmal ist es auch das Kind selbst, dem schlagartig klar wird, wie viel es von den anderen trennt, sodass es sich zurückzieht mit dem Gefühl »Ich gehöre nicht dazu«. Das kann zum Beispiel passieren, wenn ein Kind nach der vierten Klasse die Schule wechselt und im Gymnasium plötzlich mit anderen Kindern konfrontiert wird, die aus wohlhabenden und »gebildeten« Familien kommen, und sich daraufhin unterlegen oder als Außenseiter fühlt.

Im Erwachsenenalter hat jemand mit der Einschärfung »Gehör nicht dazu« entsprechend Schwierigkeiten, sich in eine Gruppe zu integrieren. Er neigt dazu, sich abzusondern und hat zumindest nach außen hin kein Interesse an Gruppenaktivitäten. Aufgrund der negativen Erfahrungen haben sich automatisierte negative Gedankenmuster entwickelt, die es dem Menschen immer wieder schwer machen, sich einer neuen Gemeinschaft anzuschließen – sei es im Beruf, einer neuen Abteilung, oder im Privatleben. Solche Gedanken können sein:

- Ich passe nicht dazu.
- Diese Leute sind mir zu oberflächlich/abgehoben/arrogant/bieder. – Mich will eh keiner dabeihaben.
- Am besten geht es mir, wenn ich für mich bin.
- Die anderen sind alle so gebildet, da kann ich gar nicht mithalten.
- Die kennen sich alle schon so lange, da ist ein Neuling nicht willkommen.
- Man wird mich nicht akzeptieren.
- Ich bin so uninteressant, ich kann sowieso nicht mitreden.

Mit solchen oder ähnlichen Gedanken verhindert man erfolgreich ein offenes Zugehen auf eine fremde Gruppe. Wie Sie wahrscheinlich bemerkt haben, sind auch diese negativen Gedanken mit zwei unterschiedlichen Vorzeichen versehen: Entweder man macht sich selbst ganz klein und die anderen ganz groß, oder man überhöht sich selbst und wertet die anderen ab. Beides verhindert eine freundliche Kontaktaufnahme auf Augenhöhe. Wenn man sich in einer

Gruppe entweder unsichtbar macht oder die anderen durch tendenziell aggressives Verhalten vor den Kopf stößt, kann keine Integration stattfinden. So war es auch mit einem ehemaligen Teilnehmer einer Transaktionsanalyse-Ausbildungsgruppe:

Beispiel: Dieser zog sich in jeder Pause zurück, um für sich allein etwas zu lesen. Alle anderen Teilnehmer nutzten die Pausen, um miteinander in Kontakt zu kommen, sich auszutauschen oder sich für den Abend zu verabreden. Er wahrte seine Distanz, um sich anschließend jedoch bei der Feedbackrunde enttäuscht darüber zu zeigen, dass er nicht in die Gruppe integriert sei. Es war ihm nicht bewusst geworden, dass er das durch sein eigenes Verhalten provoziert hatte. Erst als man ihn damit konfrontierte, dass er sich immer dann, wenn Gelegenheit zu privatem Kontakt gegeben war, absonderte, dämmerte ihm langsam, dass ihm die Erlaubnis fehlte, sich in einer Gruppe außerhalb seiner eigenen Familie wohl und zugehörig zu fühlen.

Werde nicht erwachsen

Kinder zu haben ist etwas Wunderbares, vor allem kleine Kinder sind außerordentlich niedlich. Manche Eltern sind jedoch so verliebt in ihre Kleinkinder und identifizieren sich dermaßen mit ihrer Elternrolle, dass sie alles tun, um ein Selbstständigwerden ihrer Kinder zu verhindern. Die Babysprache ist entzückend, aber wenn ein Kind mit sieben Jahren immer noch Babysprache spricht, weil die Eltern und die älteren Geschwister sich ausschließlich so mit ihm verständigen, ist das bedenklich.

Um das Kind möglichst lange im Kleinkindstadium zu halten, reagieren viele Eltern ängstlich und ablehnend auf seine Unabhängigkeitsbestrebungen. Sie machen ihm zum Beispiel Geschenke, die nicht mehr seinem Alter entsprechen und ignorieren seine eigenen Wünsche mit dem Hinweis, dafür sei es noch viel zu klein. Das Kind wird überbehütet und darf vieles nicht, was für seine Altersgenossen ganz selbstverständlich ist: allein Radfahren zum Beispiel oder allein zur Schule oder ins Schwimmbad gehen. Oft sind es Einzelkinder oder die Jüngsten, die von den Eltern so am Erwachsenwerden gehindert werden. Dahinter steckt wohl häufig die elterliche Angst, nicht mehr gebraucht zu werden, wenn das Kind eigenständig wird.

Die Kinder zahlen für die Annehmlichkeit, so umhegt zu werden, einen ziemlich hohen Preis – sie bleiben von ihren Eltern abhängig. Da sie es nicht gelernt haben, das Leben selbstständig zu meistern, erhalten sie vom Leben meist die Quittung in Form von Enttäuschungen und Misserfolgserlebnissen. Die Unfähigkeit, das eigene Leben in den Griff zu bekommen, signalisiert den Eltern wiederum, dass man sich um dieses »Kind« wirklich kümmern muss. Also nehmen sie weiterhin massiv Einfluss und reden bei allem, was den mittlerweile Erwachsenen betrifft, kräftig mit. Auch wenn die Betroffenen darauf mit Rebellion reagieren, wirkt die Einschärfung »Werde nicht erwachsen« weiter. Und wenn eine rebellisch getroffene Entscheidung sich als unvernünftig erweist, beweist das den Eltern nur, wie sehr ihr Kind sie noch braucht.

Wer die Einschärfung »Werde nicht erwachsen« mitbekommen hat, für den ist es sehr schwer, für sein Leben und seine Entscheidungen die Verantwortung zu übernehmen. Manchmal führt das dazu, dass man sich einen Partner sucht, der die Elternrolle für einen übernimmt. So gerät man in neue Abhängigkeiten. Doch als Erwachsener wird man selten ganz darum herumkommen, eigene Entscheidungen zu treffen – schon allein deswegen, weil der Beruf das verlangt. Die ängstlichen Gedankenmuster, die den Betroffenen dabei begleiten, sehen etwa so aus:

- Wie soll ich das denn hinkriegen, ich weiß gar nicht, ob ich das kann.
- Wenn ich mich falsch entscheide, gibt es eine Katastrophe.
- Ich habe Angst davor, dass alles an mir hängt.
- Wieso muss ich die ganze Verantwortung tragen, ich will das nicht.

- Hoffentlich geht das gut (mit dem inneren Zusatz »wahrscheinlich nicht«).
- Ich habe Angst davor, was da alles passieren kann.
- Ich fühle mich völlig allein, hilft mir denn keiner?

Ein Beispiel für die Einschärfung »Werde nicht erwachsen« bot ein Diplom-Psychologe, der das sprichwörtliche »Nesthäkchen« seiner Eltern war:

Beispiel: Als Berufsanfänger hatte er große Schwierigkeiten damit, Verantwortung für Patienten zu übernehmen und therapeutische Gruppen zu leiten. Die Erkenntnis, welche Anforderungen jetzt an ihn gestellt wurden, erschreckte ihn erheblich. Er hatte Angst, dass die Situation ihn überforderte und wehrte sich innerlich gegen die Last, die die neue Verantwortung für ihn darstellte. Er hat jedoch gelernt, sich erfolgreich mit seinen negativen Gedanken – »Werden die Patienten mich überhaupt akzeptieren? Ich habe Angst, Fehler zu machen. Ich will diese Verantwortung nicht, was ist, wenn ich versage?« – auseinander zu setzen und sich selbst dadurch die Erlaubnis gegeben, ein anderes inneres Bild von sich zu entwickeln: nicht mehr klein, verzagt und unsicher, sondern fähig und selbstverantwortlich.

Zeig keine Gefühle

Ein kleines Kind rennt, fällt hin, schlägt sich das Knie auf und weint. Es läuft zur Mutter, die sieht sich den Schaden kurz an und meint dann: »Hör auf zu weinen, das tut doch schon gar nicht mehr weh!« So macht das Kind die erste Erfahrung, dass seine Gefühle nicht anerkannt werden – sie werden einfach geleugnet. Wenn es traurig ist, weil ein Lieblingsspielzeug zerbrochen ist, sagt man ihm kühl, dass es eben hätte besser aufpassen müssen. Wenn es ärgerlich ist, weil es ins Bett muss, obwohl es so gern noch ein bisschen gespielt hätte, wird ihm erklärt, dass es gar keinen Grund gibt ärgerlich zu sein – schließlich müsse es jeden Abend um diese Zeit ins Bett. Ein ritueller Gute-Nacht-Kuss ist das Maximum an Körperkontakt; gesprochen wird über Gefühle schon gar nicht.

Von Eltern, die selbst keine Erlaubnis besitzen, ihre Gefühle zu zeigen, weil sie sie als schwierig oder gar bedrohlich erleben, lernt ein Kind, dass seine Emotionen nicht erwünscht sind. Es macht immer wieder die Erfahrung, dass es ihm besser geht, wenn es keine zeigt. Es lernt daher, seine eigenen emotionalen Reaktionen zu unterdrücken und sich rational und sachlich zu verhalten. Das kann man am besten erreichen, wenn man bereits die Wahrnehmung der Emotionen blockiert. Menschen mit der Einschärfung »Zeig keine Gefühle« nehmen deshalb ihre Gefühle erst dann wahr, wenn sie mit großer Heftigkeit auftreten. Das löst meist die Angst aus, vom Gefühl überflutet zu werden, und bestätigt sie noch darin, dass Gefühle etwas Bedrohliches sind.

Weil jemand mit dieser Einschärfung es sein Leben lang vermieden hat, mit seinen Gefühlen in Kontakt zu kommen, kann er sie meistens auch sprachlich nicht fassen. Er ist nur daran gewöhnt, sie durch seine Gedanken stark abzuwerten. Fragt man ihn, wie er sich in einer bestimmten Situation fühlt, kommt selten mehr als ein allgemeines »gut«, »schlecht« oder »komisch«, dafür aber eine logische Analyse, weshalb die Situation so ist, oder ein Statement, was zu tun ist. Solche Menschen wirken auf andere meist kühl und emotionslos.

Der Versuch, das Leben mit Logik in den Griff zu kriegen, bereitet spätestens in der Partnerschaft große Schwierigkeiten. Wenn der Partner emotionale Probleme hat und Verständnis sucht, hilft Logik nicht weiter, sondern führt eher zu Konflikten. Die Aufforderung »Nun sei doch nicht so hysterisch«, gerichtet an jemanden, der sich ausweinen will oder Ärger rauslassen muss, mag ja aufbauend gemeint sein – gut ankommen wird sie nicht. Sie ist der Situation auch nicht angemessen.

Auch wenn der Partner sich wünscht, mehr Ausdruck von Liebe

und Zuneigung zu erhalten, wird es schwierig. Diese Gefühle und alle anderen sind sicherlich vorhanden, aber es fehlt eben die Erlaubnis, sie auch zu äußern. Dazu kommen oft große Befürchtungen, was passiert, wenn man seine Gefühle offen zeigt. Geprägt durch die Einschärfung hat man Angst, nicht mehr akzeptiert zu werden, so wie die Eltern das Zeigen von Gefühlen nicht akzeptiert haben, als man klein war. Und manchmal ist auch die Angst da, dass die anderen mit so viel Gefühl gar nicht umgehen können und dass man ihnen das auch gar nicht zumuten darf. Automatisierte negative Gedanken können bei dieser Einschärfung etwa so lauten:

- Ich muss sachlich bleiben.
- Sei nicht hysterisch!
- Ein Indianer kennt keinen Schmerz.
- Verhalte dich nicht wie ein heulendes Kleinkind.
- Wenn ich meine Gefühle zeige, mache ich mich lächerlich.
- Ich ertrage so viel Gefühl nicht.
- Ich darf das anderen nicht zumuten.
- Ich bin stark und kein Schlappschwanz.
- Wer Gefühle zeigt, wird nur fertig gemacht.

Sei kein Kind

Das Kind möchte so gern noch spielen, aber es hat keine Zeit, denn es muss auf die kleinen Geschwister aufpassen. Statt einfach nur zu tun, wonach ihm der Sinn steht, trägt es schon Verantwortung. Es hat sehr früh gelernt, dass es gescholten wird, wenn es sich wie ein sorgloses Kind verhält, dass es aber Anerkennung bekommt, wenn es die Pflichten eines Erwachsenen übernimmt. Vielleicht geht es ja auch gar nicht anders, weil niemand sonst Zeit hat, die Kleineren zu beaufsichtigen – für das Kind heißt es aber auf jeden Fall, dass es nicht viele Möglichkeiten hat, seine kindgerechten Bedürfnisse auszuleben, sich im Spiel gänzlich zu verlieren, herumzutrödeln oder seinen Tagträumen nachzuhängen.

Ein anderes Kind möchte auch gern spielen, aber es muss sich dabei gut benehmen: Es darf seine Hände nicht schmutzig machen, seine Kleider selbstverständlich auch nicht, es darf keine Unordnung machen und auf gar keinen Fall Mama und Papa belästigen. Es darf eigentlich nur eins: nämlich Ruhe geben und sich wie ein kleiner Erwachsener verhalten. Dann sind die Eltern zufrieden und das Kind wird dafür gelobt, dass es so vernünftig ist. Ausgelassen sein, herumtoben, einmal ganz unbändig sein – all das, was auch zum Kind sein gehört, lässt diese Dressur nicht zu.

Wer auf die eine oder andere Weise die Botschaft »Sei kein Kind« mitbekommen hat, tut sich auch als Erwachsener schwer, Zeit ganz allein für sich zu beanspruchen, bei Festen ausgelassen zu feiern oder die eigenen Bedürfnisse einmal in den Vordergrund zu stellen. Mit dieser Einschärfung übernimmt man auch als Erwachsener viel Verantwortung für andere Menschen. Manchmal übertrieben viel, denn man fühlt sich immer noch für die eigenen »Kinder« verantwortlich, obwohl die seit zwanzig Jahren erwachsen sind; oder man traut aus Überfürsorglichkeit den Mitarbeitern nichts zu und macht deshalb viel zu viel selbst. Dass man selbst die Verantwortung tragen muss, hat sich so tief eingeprägt, dass man dabei leicht übersieht, dass man auf diese Weise die anderen zwar unterstützt, aber auch klein macht. Die automatisierten Gedanken, die diese Haltung festigen, könnten unter anderem so lauten:

- Ich muss die Verantwortung übernehmen.
- Die anderen brauchen mich.
- Ich darf nicht egoistisch sein.
- Ich darf mich nicht gehen lassen.
- So albern zu sein gehört sich nicht.
- So ein Benehmen ist ja kindisch.
- Wenn ich nur nach meinen Bedürfnissen lebe, will keiner mehr etwas mit mir zu tun haben.
- Wenn ich das tue, was ich wirklich will, akzeptiert mich meine Familie nicht mehr.

Sei nicht gesund

Die Einschärfung »Sei nicht gesund« wird Kindern wahrscheinlich nicht besonders häufig mitgegeben, aber es kommt vor. Wenn ein Elternteil aufgrund des eigenen Lebensskripts das Gefühl benötigt, gebraucht zu werden, wird es das Kind geradezu überfürsorglich betreuen. Aus jeder kleinen Beule wird eine große Angelegenheit gemacht, und jedes Niesen wird zu einer Grippe hochstilisiert. Möglicherweise reden die Eltern dem Kind auch ein, dass es eine schwache Gesundheit habe und gut auf sich Acht geben müsse. Das Kind spürt schnell, mit welcher Begeisterung Mutter oder Vater auf jedes Symptom reagieren. So lernt auch das Kind, alle möglichen Anzeichen einer Krankheit immer gut im Auge zu haben. Und wenn man sich gut darauf konzentriert, dann zwickt und zwackt es einen immer irgendwo.

Vielleicht hat das Kind aber auch einfach gelernt, dass es besonders interessant zu sein scheint, wenn es krank ist, denn dann kümmern sich die Eltern besonders liebevoll um es. Wenn Kranksein hauptsächlich Vorteile bringt, nimmt man jede Krankheit dankbar an. Und wenn man in dauernder Angst vor Krankheiten lebt, produziert man vielleicht genügend inneren Stress, dass die Abwehr davon tatsächlich so geschwächt ist, dass man sich jeden Krankheitserreger einfängt.

Menschen mit der Einschärfung »Sei nicht gesund« schränken sich unter Hinweis auf ihre schwache Gesundheit mit folgenden hinderlichen Gedanken ein:

- Das kann ich nicht, dazu bin ich zu empfindlich.
- Das traue ich mir nicht zu, mit meiner Gesundheit.
- Ich kriege bestimmt wieder eine Erkältung/Grippe/Kopfschmerzen/Magenschmerzen.
- Was passiert, wenn es mir dort (im Urlaub/in einem fremden Land) ganz schlecht geht?
- Ich kann nirgendwo hingehen, wo kein Arzt in der Nähe ist.

- Es ist schrecklich, wenn man nie ganz gesund ist.
- Ich fühle mich scheußlich.

Sei nicht du

Die Einschärfung »Sei nicht du« kann in zwei Varianten erscheinen. Zum einen kann sie sich auf das Geschlecht beziehen, also »Sei kein Mädchen« oder »Sei kein Junge«. Das kann passieren, wenn die Eltern sich sehnlichst eine Tochter beziehungsweise einen Sohn gewünscht und das andere bekommen haben. Zum anderen kann sie sich aus der Zuschreibung der Persönlichkeit eines anderen ergeben: »Du bist genau wie dein Vater/deine Mutter/Onkel Max«. Diese Zuschreibung kann positiv gemeint sein, häufiger jedoch ist es eine negative Charakterisierung.

Auch wenn die Zuschreibung positiv gemeint ist, stellt sie für das Kind natürlich eine Einschränkung dar: Es muss sich immerzu an einem Idealbild messen lassen. Wenn die Zuschreibung negativ gemeint ist, bezieht das Kind quasi die Prügel für die realen oder vermeintlichen Untaten eines anderen. Die Eltern kolportieren sehr genau, wie der Vergleichsmensch sich verhält und was er alles auf dem Kerbholz hat, und sie vermitteln dem Kind immer wieder, es sei ganz genauso und werde auch ebenso enden. Da das Kind sich noch nicht selbst definieren kann, übernimmt es irgendwann diesen Vergleich und verhält sich ähnlich wie sein »Vorbild«. Das kann so weit gehen, dass es tatsächlich zu Übereinstimmungen im Lebenslauf kommt.

Wer ein solches Skript lebt, muss erst einmal klären, wer er selbst eigentlich ist – denn er hat ja nie die Freiheit gehabt, sich eigenständig zu entwickeln. Er muss lernen, sich selbst auf die Spur zu kommen, um sich von der Identifikation mit einem anderen zu befreien. Er kann zwar die eine oder andere gleiche Vorliebe haben wie der »Vergleichsmensch«, aber er muss eben trotzdem er selbst sein.

Die hinderlichen Gedanken, die Menschen mit dieser Einschärfung begleiten, sind sehr unterschiedlich. Einerseits hängt es davon ab, ob sich die Einschärfung auf das Geschlecht oder auf eine Zuschreibung bezieht, und andererseits, ob jemand die Einschärfung einfach übernommen hat oder ob er sein Leben lang dagegen ankämpft. So könnte zum Beispiel ein Mann, der als kleiner Junge von seiner Mutter immer herausgeputzt wurde, da sie lieber eine Tochter gehabt hätte, ständig unter dem Zwang stehen, beweisen zu müssen, was für ein Kerl er ist. Dabei würden vermutlich folgende Gedanken eine Rolle spielen:

- Ich darf nicht verzärtelt erscheinen.
- Ich will nicht, dass mich jemand für einen Jammerlappen hält.
- Ein richtiger Mann tut das nicht.

Eine Frau hingegen, deren Eltern sich einen Sohn gewünscht haben und die stolz darauf waren, dass sie »wilder als jeder Junge ist«, hat diese Einschärfung übernommen und schränkt sich deshalb in ihrer Weiblichkeit vielleicht folgendermaßen ein:

- Diese Klamotten sind doch viel zu aufgerüscht, das passt doch gar nicht zu mir.
- Ich will dieses weibliche Getue nicht, damit kann ich nichts anfangen.
- Ich bin doch kein albernes Frauenzimmer.

Wenn »Sei nicht du« sich auf eine andere Person, mit der man verglichen wird, bezieht, sind die einschränkenden Gedanken meist sehr konkret mit dieser Person verbunden:

- Papa hätte das niemals gemacht, das darf ich auf keinen Fall tun.
- Nein, das kann ich nicht machen, das passt doch eigentlich gar nicht zu mir (wenn man zum Beispiel etwas tun will, was der Vergleichsmensch bestimmt nicht getan hätte).
- Ich bin nun mal so wie Onkel Otto, das ist mein Schicksal, und der hat auch nie großes Glück bei Frauen gehabt.

Komm mir nicht zu nahe

Ein kleines Kind sucht auf vielfältige Weise Körperkontakt: Es will kuscheln, schmusen, zu Mutter oder Vater auf den Arm. Wenn Eltern diese körperliche Nähe nicht ertragen – vielleicht weil sie sie selbst nie erhalten haben –, reagieren sie unwillig, gereizt und ablehnend auf die Annäherungen. Für ein Kind ist das eine schmerzhafte Zurückweisung. Sie ist so schmerzhaft, dass das Kind dazu übergeht, sein Bedürfnis nach Nähe und Zärtlichkeit einzufrieren. Denn auf Dauer ist es nicht auszuhalten, dieses Bedürfnis zwar zu verspüren, aber nie erfüllt zu bekommen.

Wer als Kind mit der Einschärfung »Komm mir nicht zu nahe« aufgewachsen ist, wird als Erwachsener meist mit einer großen Ambivalenz im Umgang mit Nähe leben: Das, wonach man sich am meisten sehnt, ist das, was man am meisten fürchtet. Da man immer zu wenig Nähe hatte, trägt man ein großes unerfülltes Verlangen in sich. Wenn man die Nähe dann aber bekommt, löst sie Panik aus, weil man insgeheim befürchtet, von all den eingefrorenen Bedürfnissen überrollt zu werden. Man lässt also lieber niemand richtig an sich heran.

Da sich Bedürfnisse nach Nähe aber selten komplett verleugnen lassen, geht man natürlich trotzdem Beziehungen ein, oft mit Menschen mit der gleichen Einschärfung. Dabei entstehen manchmal Beziehungen, bei denen die Partner ein paar Hundert Kilometer Entfernung zwischen sich brauchen, um gut miteinander auszukommen. Aber nicht immer lässt sich räumliche Distanz herstellen, denn an Wochenenden oder in Urlauben lässt sich die Nähe kaum verhindern. Menschen mit der Einschärfung »Komm mir nicht zu nahe« können deshalb auch auf andere Art sehr gut Distanz herstellen – zum Beispiel, indem auf Teufel komm raus ein Streit vom Zaun gebrochen wird, denn so kann man sehr intensiv zusammen sein, ohne wirklich Nähe zu haben. Wenn es überraschend doch einmal zu wirklicher Nähe kommt, ist es für jemanden mit dieser Einschärfung meist eine überwältigende Erfahrung.

Die einschränkenden Gedanken, die diese Einschärfung begleiten, lauten etwa:

- Ich brauche diese Schmuserei nicht.
- Ich finde dieses ewige Aneinanderkleben albern.
- Diese extreme Nähe brauche ich gar nicht, das liegt mir nicht.
- Wenn dir jemand zu nahe kommt, wirst du nur verletzt.
- Ich bin am stärksten allein.
- Ich bin eben ein totaler Einzelgänger, da kann man nichts machen.
- Am liebsten habe ich sowieso meine Ruhe.
- So viel Gefühl kann ich mir nicht erlauben.

15. Innere »Antreiber« – die Gebote zum Lebensskript

Eltern oder andere Bezugspersonen geben ihren Kindern jedoch nicht nur Verbote in Form von Einschärfungen mit auf den Lebensweg, sondern auch Gebote. Diese Gebote nennt die Transaktionsanalyse »Antreiber«. Antreiber sind sozusagen die Handlungsanweisungen, mit denen Eltern auf bestimmte Schwierigkeiten, die die Kinder ihnen machen, oder auf die negativen Folgen der Verbote reagieren. Antreiber erhalten die Kinder deshalb für gewöhnlich zu einem späteren Zeitpunkt als Einschärfungen. Meist beginnen Eltern erst im Schulalter damit, und sehr häufig geben sie einfach ihre eigenen Antreiber an die Kinder weiter. Genau wie Einschärfungen können auch die Antreiber unterschiedlich intensiv ausfallen.

Ein Antreiber meldet sich in auslösenden Schlüsselsituationen ebenfalls mit negativen Gedanken und erhöht massiv den inneren Stress. Wenn das Verhalten von jemandem gerade von seinem Antreiber bestimmt wird, neigt er außerdem dazu, seinen Antreiber an die unmittelbare Umgebung weiterzugeben und sie ebenfalls anzutreiben. Das kann den Stress noch weiter verschärfen. Deshalb spielt das Verständnis für die Antreiber beim Anwenden der Check-your-Mind-Methode eine wichtige Rolle.

Doch ebenso wie bei den Einschärfungen geht es nicht darum, einen einzelnen Antreiber, den Sie bei sich identifiziert haben, mit der Check-your-Mind-Methode zu bearbeiten. Die folgenden, beispielhaft negativen Gedanken sollen Ihnen lediglich einen Hinweis darauf geben, wo diese Gedanken herkommen können, wenn Sie Ihnen bei der Bearbeitung eines Problems oder einer schwierigen Situation begegnen. Wenn Sie einmal verstanden haben, welcher Mechanismus dahinter steckt, werden viele Situationen, mit denen Sie immer wieder konfrontiert werden, plötzlich viel klarer. Wenn Sie das Muster hinter Konflikten und Problemen erkannt haben, sind Sie ihnen nicht mehr hilflos ausgeliefert, sondern können bewusst mit ihnen umgehen. Sie können es lernen, mit der Check-your-Mind-Methode sich die Erlaubnis zu geben, Dinge entgegen den Antreibern zu tun (dazu mehr in dem folgenden Abschnitt »Geben Sie sich selbst die Erlaubnis«).

Die verschiedenen Antreiber

Im Folgenden werden wir diese Antreiber mit einigen der dazugehörigen hinderlichen Gedanken darstellen. Die Transaktionsanalyse kennt insgesamt fünf Antreiber:

- Sei perfekt
- Mach es anderen recht/Sei gefällig
- Streng dich an
- Sei stark
- Beeil dich

Jeder dieser Antreiber wird sicherlich von einer Unzahl anderer, aber ähnlicher Gedanken begleitet. Wir wollen Ihnen mit unseren Beispielen lediglich Anhaltspunkte dafür geben, wie sich der jeweilige Antreiber auf der Ebene der Gedanken äußern kann.

Sei perfekt

Einer der Antreiber, die man bei uns am häufigsten findet, ist das Gebot »Sei perfekt«. Er wird einem Kind am eindringlichsten im Zusammenhang mit schulischen Leistungen vermittelt. Stellen Sie sich ein Kind vor, das normal gut in der Schule ist, also kein Überflieger, aber auch nicht schlecht ist. Nun kommt dieses Kind mit einer Zwei in irgendeiner Arbeit nach Hause. Statt es zu loben, ist die erste Reaktion der Eltern die Frage: »Wie viele Einsen gab es denn?« Als eigentliche Botschaft hinter dieser Frage kommt beim Kind an: »Wir sind enttäuscht, dass du keine Eins hast!« Und so lernt es: »Alles, was schlechter als Eins ist, zählt eigentlich gar nicht.«

Wenn die Eltern sich dann noch die Arbeit zeigen lassen und an den (wenigen) »blöden Fehlern« herummäkeln, die die Eins vermasselt haben, hat das Kind endgültig begriffen, dass seine gute Leistung niemanden interessiert, weil nur Perfektion zählt. Außerdem lernt es, dass es absolut nicht in Ordnung ist, Fehler zu machen. So etabliert sich eine Art Schwarzweißdenken: Etwas war entweder perfekt oder es war schlecht. Dazwischen gibt es nichts. Wenn man 100 Prozent haben will, sind 99 Prozent eben inakzeptabel.

Wer mit einem »Sei perfekt«-Antreiber zu kämpfen hat, hat keine innere Erlaubnis, Fehler zu machen. Die ständige Angst vor dem Fehlermachen kostet enorm viel Energie, denn sie führt dazu, dass der Betreffende sehr viel Aufwand betreibt, um Fehler zu vermeiden. Dieser Aufwand steht meist in keinem Verhältnis zum Ergebnis.

Wie viel Aufwand jemand betreibt, zeigt sich oft schon darin, wie Menschen etwas erzählen. Wahrscheinlich sind Ihnen auch schon Menschen begegnet, die eine nervenaufreibend umständliche Art besitzen, ein Ereignis zu schildern – dahinter steckt ein Perfekt-Antreiber. Um nur ja keine Details zu vergessen, holt jemand mit diesem Antreiber sehr weit aus, um alle vermeintlich relevanten Fakten zu erfassen. Er kommt vom Hölzchen aufs Stöckchen, bis er seine Zuhörer entweder absolut langweilt oder so gründlich verwirrt hat, dass sie gar nichts mehr verstehen – oder beides. Die Zuhörer haben meist keine Chance mehr zu unterscheiden, was vom Gesagten nun wichtig ist und was man als Beiwerk getrost vernachlässigen darf. Der Erzähler jedoch steht unter dem Druck seines Antreibers, ein vollständiges, perfektes Bild der Situation zu liefern. Damit erreicht er jedoch vielmehr, dass die Zuhörer unter dieser nicht zu bewältigenden Flut an Worten abschalten.

Es ist die Tragik des Perfekt-Antreibers, dass Menschen, gerade weil sie unbedingt so perfekt sein müssen, letzten Endes meist schlechtere Leistungen erbringen und schlechtere Ergebnisse erzielen als Menschen, die gelassen und locker an ihre Aufgaben herangehen. Oder sie bringen zwar gute Ergebnisse, müssen dafür aber unverhältnismäßig viel Energie aufwenden: Einerseits, weil sie häufig mehr Zeit für die Bewältigung von Aufgaben benötigen, und andererseits, weil der Antrieb für das gute Ergebnis aus der Angst vor Versagen kommt und sich nicht aus der Freude am Tun speist – und Angst verbraucht Unmengen an Energie.

Der Perfekt-Antreiber darf nicht verwechselt werden mit einem hohen Anspruch an die eigene Tätigkeit. Wer gern gute Arbeit leistet, Freude daran hat, ein gutes Ergebnis zu erreichen und hoch konzentriert zu arbeiten, steht nicht unbedingt unter dem Zwang »Sei perfekt!« Der Unterschied zeigt sich spätestens dann, wenn es eine Panne gibt: Denn jemand, der auch gelassen reagieren kann, wenn etwas anders kommt als geplant oder wenn gar etwas schief geht, kann eine Situation mit Improvisationstalent retten. Jemand mit Perfekt-Antreiber hat jedoch kein Improvisationstalent, er macht sich vielmehr die Hölle heiß, dass er jetzt ja nichts falsch machen darf.

Bei der Arbeit drückt sich der Perfekt-Antreiber oft dadurch aus, dass alles bis ins kleinste Detail vorbereitet wird. Die Angst vor Fehlern sorgt für inneren Stress und für immerwährende Angespanntheit. Wenn irgendetwas anders läuft als geplant, erzeugt das pure Panik, denn mit einem Perfekt-Antreiber lässt sich schlecht improvisieren. Man ist viel mehr damit beschäftigt darüber nachzugrübeln, was da schief gelaufen ist, warum das so gekommen ist und was die anderen darüber denken. Selbst kleine Fehler werden nicht auf die leichte Schulter genommen, wie das folgende Beispiel zeigt.

Beispiel: Bei einem Führungstraining unterlief dem Seminarleiter ein Rechtschreibfehler auf dem Flipchart. Ein Teilnehmer machte ihn sehr freundlich darauf aufmerksam – das genügte, um den Seminarleiter für eine halbe Stunde völlig aus der Spur zu bringen! Jemand ohne Perfekt-Antreiber hätte sich beim Teilnehmer bedankt, den Fehler korrigiert und ohne großes Aufheben weitergemacht. Aber wer sich selbst partout keine Fehler erlauben darf, gerät natürlich in größte Not, wenn die Fehler auch noch offenbar werden.

Negative Gedanken, die sofort anspringen, wenn man etwas falsch gemacht hat, lauten zum Beispiel:

- Jetzt ist die ganze Arbeit beim Teufel.
- Das hätte ich doch wissen müssen.
- Das hätte mir niemals passieren dürfen.
- Ich bin in Grund und Boden blamiert.
- Ich hasse mich, weil ich immer wieder so blöde Fehler mache.

Im Berufsleben zeigt sich ein Perfekt-Antreiber oft auch dadurch, dass jemand sehr viel länger arbeitet als die anderen, ohne jedoch mehr zu schaffen. Aus Angst vor Fehlern wird alles viele Male kontrolliert, sodass man mit der Arbeit fast gar nicht mehr fertig wird. Außerdem kommt es durch die immense innere Anspannung leicht zu einem Nachlassen der Konzentrationsfähigkeit, sodass der Befehl »Sei perfekt« tatsächlich oft genug nach hinten losgeht: Man macht viel mehr Fehler, als wenn man einer Aufgabe entspannt nachginge. Die automatisierten negativen Gedanken, die den inneren Stress auslösen, könnten etwa so klingen:

- Das muss jetzt aber optimal laufen.
- Mir darf da kein Fehler passieren.
- Wenn ich jetzt etwas falsch mache, ist das eine Katastrophe.
- Du bist ein Idiot, nun streng dich doch mal ein bisschen an.
- Das ist doch Mist, was du da machst, mach es endlich besser.
- Ich muss viel besser werden.
- Habe ich auch wirklich alles berücksichtigt?
- Ich darf nichts verkehrt machen.

Einem Perfekt-Antreiber begegnet man jedoch nicht nur im beruflichen Umfeld, sondern auch im Privatleben. Eine Frau, die sich aufreibt, um als berufstätige Mutter auch noch einen erstklassigen Haushalt hinzulegen und ihrem Mann die perfekte Gattin zu sein, steht sicherlich unter der Fuchtel des Antreibers – jedenfalls dann, wenn sie sich mit Selbstvorwürfen quält, sobald sie merkt, dass es eben nicht so perfekt läuft, wie ihr Anspruch es fordert.

»Sei perfekt« findet sich aber auch im Sport oder bei Hobbys, dann bringt man den Stress bis in die Freizeit. Was eigentlich zur Erholung dienen sollte, wird dann durch Verbissenheit eine zusätzliche Quelle der Anspannung.

Mach es anderen recht oder sei gefällig

Erinnern Sie sich an die Einschärfung »Sei nicht wichtig«? Diese Einschärfung stellt das Verbot dar, eigene Interessen wahrzunehmen. Der Antreiber »Mach es anderen recht« gibt diesem Verbot eine Richtung. Während die Einschärfung die Botschaft gibt »Du bist nicht wichtig«, sagt der Antreiber »Aber die anderen sind es, also streng dich an, es den anderen recht zu machen!« Wahrscheinlich schwingt daneben noch die leise Hoffnung mit »Und wenn du Glück hast, kümmert sich jemand auch mal um dich.« Der Antreiber »Mach es anderen recht« ist deshalb ganz eng mit der Einschärfung »Sei nicht wichtig« verbunden und ergänzt sie auf ideale Weise.

Solche Menschen haben als Kind zwar gelernt, dass alle anderen vorgehen, aber dass sie doch etwas vom Kuchen abgekriegt haben, wenn sie ganz lieb und brav waren und sich genau den Erwartungen der Eltern gemäß verhalten haben. Man hat den Tisch gedeckt *und* abgeräumt *und* den Müll runtergebracht *und* den Rasen gemäht *und* einen langen Brief an Omi geschrieben – und dann war man Mamis liebes Mädchen und durfte am Wochenende mit der Freundin ins Kino. Auch Dinge wie der Nachbarin zu helfen, für die Tante Besorgungen zu machen, die kleinen Geschwister zu hüten, etwas für die Kirchengemeinde zu erledigen oder das Taschengeld den armen Kindern in Afrika zu spenden, standen ganz hoch im Kurs.

In Verbindung mit der »Du bist nicht wichtig«-Einschärfung lernt das Kind durch den »Sei gefällig«-Antreiber jedoch nicht, löblichen Gemeinsinn zu entwickeln, sondern folgende Regel: »Ich zähle zwar nicht, aber wenn ich mich abstrample, damit es allen anderen gut geht, dann sind sie wenigstens mit mir zufrieden.« Etwas für andere zu tun wird dadurch nicht zu einem Wert an sich, sondern nur zu einer Überlebensstrategie. Um dem Antreiber zu folgen, wird ein überangepasstes Verhalten entwickelt, beherrscht von der Frage »Was wollen die anderen?« beziehungsweise »Was könnten sie wollen?«

Etwas für sich selber zu wünschen oder zu fordern, stellt jemanden mit diesem Antreiber vor die größten Schwierigkeiten. Er blockiert sich dabei selbst bei harmlosen Anliegen mit Gedanken wie:

- Das steht mir doch gar nicht zu.
- Ich belästige die anderen nur mit meinen Wünschen.
- Das ist doch zu viel verlangt.

Gleichzeitig setzt ihn sein Gedankenmuster permanent unter Druck, etwas für andere zu tun, auch wenn er das eigentlich gar nicht will:

- Was ich will, ist jetzt gar nicht wichtig, ich kann den anderen nicht im Stich lassen, der Arme braucht mich doch!
- Ich muss helfen.
- Ich habe Angst, abgelehnt zu werden, wenn ich Nein sage.

Um Missverständnissen vorzubeugen: Wir wollen hier keinen hemmungslosen Egoismus predigen! Aber in unseren Augen sollte jemand die Wahl haben, ob er in einer bestimmten Situation die eigenen Interessen in den Vordergrund stellen will oder nicht. Wer unter dem Zwang dieses Antreibers steht, hat diese Wahl nicht. Meist nimmt er die eigenen Bedürfnisse schon gar nicht mehr wahr, da er so daran gewöhnt ist, sich auf die Bedürfnisse der anderen einzustellen. In unserem christlich geprägten Umfeld sagen Menschen mit dem »Sei gefällig«-Antreiber häufig, sie seien eben nach dem Motto »Liebe deinen Nächsten wie dich selbst« erzogen worden, und daran sei ja nichts Schlechtes. Wir geben ihnen darin völlig recht, weisen nur darauf hin, dass wir in dem Fall ungern ihr Nächster wären – wenn wir dann genauso schlecht behandelt würden, wie sie sich selbst behandeln.

Manchmal löst das schon genug Nachdenken aus, um sich wenigstens nicht mehr ganz so schamlos ausnutzen zu lassen, wie es manchen Leuten mit diesem Antreiber ergeht. Denn natürlich trifft jemand, der es allen anderen recht machen will, ganz schnell auf Menschen, die überhaupt kein Problem damit haben, die eigenen Lasten auf andere abzuwälzen – Menschen, die ihre eigenen Forderungen sehr klar artikulieren können und auf ein zaghaft oder indirekt vorgebrachtes »Eigentlich passt es mir gerade nicht so besonders gut« gar nicht reagieren.

Solche Menschen sind dann auch die ersten, die mit Kritik auf die betroffene Person reagieren, wenn diese versucht, sich aus der Umklammerung des Antreibers zu lösen. Dann kommen zum Beispiel Rückmeldung wie »Du hast dich in letzter Zeit aber sehr zu deinem Nachteil verändert! Früher warst du viel netter!« Klar, früher haben sie ja auch enorm von dieser »Nettigkeit« profitiert. Solche Kommentare erschweren es den Überangepassten natürlich, ihre eigenen Belange als gleichberechtigt anzuerkennen und sie standhaft zu verteidigen, denn dadurch wird die Angst geschürt, nicht mehr akzeptiert zu werden, wenn man nicht bedingungslos für die anderen da ist.

Wirkliche Freunde jedoch werden erleichtert sein, denn es macht jede Beziehung einfacher, wenn man klar sagen kann, was man will beziehungsweise nicht will. Einem Menschen mit dem »Sei gefällig«-Antreiber nützt es gar nichts, wenn er mit einem »Gleichgesinnten« zusammentrifft: Wenn sie Pech haben, will jeder so sehr die Wünsche des anderen erfüllen, dass sie beide leer ausgehen. So erging es zwei Freundinnen, die gemeinsam nach Italien in Urlaub fuhren.

Beispiel: Da sie beide sehr kulturbeflissen waren, vermutete jede von der anderen, dass die gar keine Lust darauf hätte, einfach nur am Strand zu faulenzen. Also überboten sie sich gegenseitig an Vorschlägen, welche Museen, Kirchen oder Ausstellungen man besuchen könnte – und jede bestätigte so der anderen, dass sie wohl Recht habe mit ihrer Vermutung. Es wurde ein ziemlich anstrengender Urlaub, den beide viel lieber mit Lesen am Strand und entspanntem Herumtrödeln verbracht hätten. Aber das wollte keine der beiden der anderen zumuten! Da macht man sich das Leben doch bedeutend einfacher, wenn man seine Bedürfnisse klar zum Ausdruck bringen kann. Und wenn man noch akzeptiert, dass andere das auch tun, braucht keiner für seine Wünsche und Bedürfnisse ein schlechtes Gewissen zu haben.

Streng dich an

Wenn ein Kind lieber liest und spielt, statt sich mit seinen Hausaufgaben zu beschäftigen, fragen die Eltern in den seltensten Fällen, was die Schule eigentlich verkehrt macht, um dem Kind so gründlich die natürliche Freude am Lernen auszutreiben. Stattdessen hagelt es eher Sanktionen – besonders dann, wenn aufgrund des mangelnden Lerneifers die Schulnoten nur durchschnittlich ausfallen. Es gibt ein großes Drama zu Hause und bei den Eltern wächst die Angst, dass das Kind zum Schulversager werden könnte.

Um das zu verhindern, wird dem Kind also zum Beispiel befohlen: »Von jetzt ab wirst du jeden Nachmittag von drei bis sechs an deinem Schreibtisch sitzen und lernen!« Das Kind ist gewitzt genug, sich seinen *Winnetou* oder *Harry Potter* unter die Schulhefte zu legen und verbringt die Nachmittage zur allseitigen Zufriedenheit: Es hat etwas Spannendes zu lesen und die Eltern sehen, dass das Kind sich anstrengt. Zwar werden die Schulnoten nicht besser, aber die Eltern machen nicht mehr so ein Theater, denn immerhin hat sich das Kind ja Mühe gegeben!

So ähnlich könnte in vielen Fällen der Antreiber »Streng dich an« zustande kommen. Es geht nicht um das Ergebnis, sondern nur um die Mühe, die man sich gibt. Auf diese Art und Weise wird die Anstrengung an sich zum Wert, völlig unabhängig davon, was man erreicht. Wenn man sich tüchtig anstrengt, dann darf man auch versagen. Umgekehrt zählt auch kein Erfolg etwas, den man mit Leichtigkeit erzielt hat, und was man mit Leidenschaft, Freude und Lust tut, gilt auch nicht als Arbeit. Menschen mit dem »Streng dich an«-Antreiber erzählen sehr viel von ihrer Mühsal, schildern gern, wie oft sie halbe Nächte durcharbeiten müssen und wie viele Wochenenden sie opfern – und merken meist nicht, dass jemand anderer mit der Hälfte des Aufwands genauso weit kommt wie sie.

Der »Streng dich an«-Antreiber kann sich aber auch in der Haltung äußern, dass das Leben in erster Linie ein Kampf ist, dass einem nichts in den Schoß fällt. Meist haben einem die Eltern zu Hause schon vermittelt, dass das Leben keine Geschenke macht. Also rackert man sich ab – denn so ist schließlich das Leben!

Wahrscheinlich sind weltweit viele Büros bevölkert mit Angestellten, die zwar »schuften« wie die Verrückten und Überstunden anhäufen, deren Output sich aber doch in bescheidenen Grenzen hält. Sollte Sie dieses Phänomen schon immer gewundert haben: Jetzt kennen Sie den Grund! Es geht nicht darum, effizient zu sein, sondern darum, dem Antreiber »Streng dich an« zu genügen. Oft genug wird jemand, der in acht Stunden effizient seinen Job erledigt, deshalb scheel von der Seite angesehen: »Ob der sich wirklich Mühe gibt?« Schließlich versichert man sich unter Kollegen immer wieder gern, welche Berge von Arbeit noch vor einem liegen und mit welchen enormen Schwierigkeiten man noch zu kämpfen hat.

Dieses Verhalten führt übrigens auch dazu, dass das subjektive Empfinden von Erschöpfung verstärkt wird. Menschen, die sich immer wieder suggerieren, welches gewaltige Pensum sie noch zu bewältigen haben, fühlen sich von dem erschöpft, was noch vor ihnen liegt – und nicht vom tatsächlich Erledigten. Außerdem setzen sie sich mit der permanenten Angst unter Druck, sich nicht genug anzustrengen. Sie erschrecken sich selbst mit folgenden Gedanken:

- Oh Gott, wie soll ich das bloß alles schaffen?
- Das wird heute wieder ein wahnsinnig anstrengender Tag.
- Was, das ist auch noch zu erledigen, das macht mich völlig fertig.
- Wenn ich sehe, was ich noch alles zu tun habe, wird mir ganz schlecht.
- Was war das heute wieder für ein furchtbarer Tag!
- Ich muss noch dieses …, ich muss noch jenes …
- Jetzt reiß dich halt mal zusammen und streng dich richtig an.
- Konzentriere dich, deine Oma könnte das ja besser.
- Wieso bist du nur so ein Versager – kannst du dir nicht einmal wirklich Mühe geben!

Andererseits lassen sie nichts gelten, was nicht mit sehr viel Mühe erreicht wurde: »Ach, das war ja jetzt nichts, das war einfach!« »Nein, das kann man nun wirklich nicht zählen, das habe ich ja im Handumdrehen gemacht!« Damit etwas in ihren Augen eine Leistung ist, müssen sie wirklich viel dafür leisten. Das gilt übrigens nicht nur für den Beruf, auch beim Hobby oder im Sport lässt sich das beobachten. Entweder man kommt auf dem Zahnfleisch nach Hause gekrochen oder es war nichts: »Ich will richtig Sport treiben und nicht nur ein bisschen rumhampeln!« Man macht schließlich nicht zum Vergnügen Sport!

Sei stark

»Sei stark!« Das ist eine Anforderung, mit der die männliche Bevölkerung vermutlich häufiger konfrontiert wird als die weibliche, denn sie passt zu einem Männlichkeitsideal, bei dem das Zeigen von Schwäche verpönt ist. Wobei zu »Schwäche« auch alles gehört, was mit Gefühlen zu tun hat. Das Kind wurde also nicht nur frühzeitig darin trainiert, möglichst viel auszuhalten und nicht aufzugeben, sondern auch darin, keine Gefühle zu zeigen. Das hat zur Folge, dass Menschen mit dem »Sei stark«-Antreiber oft große Schwierigkeiten mit ihrer Körperwahrnehmung haben. Sie haben sich systematisch abgewöhnt, auf ihren Körper zu hören. Denn wenn man seine körperlichen Reaktionen wahrnimmt, hat man auch sehr schnell Zugang zu den Emotionen – und das kann sich jemand mit diesem Antreiber gar nicht leisten.

Wer dem »Sei stark«-Antreiber genügen will, hat den Anspruch an sich, alles allein zu schaffen und keine Hilfe zu benötigen oder gar zu erbitten. Man beißt die Zähne zusammen und hält durch – so lange, bis der Körper, dessen Signale man unentwegt missachtet hat, nicht mehr mitmacht. Und selbst dann versuchen manche Menschen noch, sich und anderen zu beweisen, wie stark sie sind. So wollte einer unserer Klienten zwei Tage nach einem Herzinfarkt wieder arbeiten gehen, weil er meinte, es ginge ihm schließlich schon wieder ganz gut. Ein anderer hat sein Leben unnötig in Gefahr gebracht, weil er gar nicht auf die Idee kam, um Hilfe zu bitten:

Beispiel: Er war an seinem ersten Urlaubstag ins Meer hinausgeschwommen und schwamm, weil es so schön war, viel zu weit – wie er merkte, als er umdrehte. Er hatte sehr zu kämpfen, um das Land wieder zu erreichen. Tatsächlich schaffte er es nur mit knapper Not, er hatte seine letzten Kraftreserven aufgebraucht. Erst als er wieder am Ufer war, dämmerte ihm, dass er die ganze Zeit an kleinen Booten vorbeigeschwommen war – er hätte nur einen Ton sagen müssen, um von jemandem aufgenommen zu werden. Sich Hilfe von anderen zu holen war jedoch nicht Bestandteil seines Verhaltensrepertoires.

Diese Unfähigkeit, Hilfe von außen zu akzeptieren oder gar anzufordern, kann auch im Beruf negative Konsequenzen haben. Ein Servicetechniker verlor fast seinen Job, weil er immer wieder verbissen Probleme allein beheben wollte, die im Team in der halben Zeit hätten gelöst werden können. Sein »Stolz« ließ einfach nicht zu, einen Kollegen um Rat zu fragen. Ein solcher Stolz äußert sich in automatisierten negativen Gedankenmustern wie folgenden:

- Das kriege ich alleine hin, das wäre ja gelacht.
- Ich mache mich doch nicht lächerlich und frage wegen einer solchen Lappalie nach.
- Wenn ich das jetzt nicht allein schaffe, kann ich meinen Job ja gleich an den Nagel hängen.
- Du musst das hinkriegen, sonst bist du ein kompletter Versager.

Auch der Schwimmer und der Mann mit dem Herzinfarkt hatten charakteristische Gedankenmuster:

- Wegen dem bisschen Schwächegefühl mache ich doch jetzt nicht gleich schlapp.
- Ein richtiger Mann muss auch etwas aushalten können.
- Reiß dich zusammen, schlappmachen gilt nicht.
- Du Weichei, stell dich nicht so an.
- Die lachen mich doch glatt aus, wenn ich zugebe, dass ich keine Kraft mehr habe.
- Nur ein Schwächling gibt auf.

Da man so stark ist und sehr viel aushalten kann (man hat schließlich ein langes Training darin), lässt man sich auch von anderen noch einiges aufbürden. Jemand mit diesem Antreiber scheint nach dem Motto zu leben »Solange ich nicht zusammenbreche, ist es noch nicht zu viel«. Man hat kein Augenmaß mehr für die Grenzen der eigenen Belastbarkeit. Weil sie keinerlei Anzeichen von Schwäche erkennen lassen, sind die Zusammenbrüche von Menschen mit dem »Sei stark«-Antreiber sowohl für die Betroffenen selbst als auch für ihre Mitmenschen besonders dramatisch, sie kommen scheinbar aus heiterem Himmel. Und für die Betroffenen ist es meist besonders schwer, sich damit abzufinden, dass sie plötzlich außer

Gefecht gesetzt sind. Sie fühlen sich dadurch wertlos, verachten sich selbst und hadern mit ihrem Schicksal.

Beeil dich

Dieser Antreiber bringt sehr viel Hektik ins Leben – aber genauso wenig, wie man durch den »Sei perfekt«-Antreiber bessere Ergebnisse erzielt, erreicht man durch »Beeil dich«, dass irgendetwas schneller geht. Wahrscheinlich hat jeder schon einmal die Bekanntschaft eines solchen Hektikers gemacht, der alle Welt um sich herum verrückt macht mit seinem »schnell, schnell« und dabei die Dinge meist noch verlangsamt. Denn das wussten schon die alten Chinesen: »In der Eile liegen Fehler.« Deshalb ihr Rat: »Wer es eilig hat, soll einen Umweg machen!« Davon will so ein Hektiker aber natürlich nichts wissen. Er wurde schon als Kind zu höherem Tempo angetrieben und steht immerzu unter dem Druck, ganz entsetzlich viel in ganz entsetzlich kurzer Zeit erledigen zu müssen.

Für diesen Druck sorgt er zum größten Teil selbst, denn er ist ein Meister darin, seine Zeit so zu (des-)organisieren, dass er erstens wirklich unter Termindruck ist, und zweitens mehrere Dinge gleichzeitig tun muss. Deshalb reagiert er gereizt auf jede Störung und ruht nicht eher, bis er seine gesamte Umgebung mit seiner Nervosität angesteckt hat. Ein Hektiker ist nicht zufrieden damit, selbst hektisch zu sein, nein, alle anderen müssen es auch sein!

Unsere so genannte »schnelllebige Zeit« kommt dem natürlich entgegen. Trotz unzähliger brillanter Feuilleton-Artikel über den Wert der Ruhe und des Müßiggangs findet der Vielbeschäftigte, der immer unter Zeitdruck steht, mehr soziale Akzeptanz als der Gemächliche (wahrscheinlich weil die Leute es alle viel zu eilig haben, um brillante Feuilleton-Artikel zu lesen).

Das Paradoxe daran ist, dass man eigentlich alles sehr viel schneller geregelt bekommt, wenn man es mit Ruhe angeht. Diese Erfahrung haben Sie bestimmt schon gemacht: Wenn Sie sich einer Sache ruhig widmen können, watscheln Sie nicht als lahme Ente durchs Leben, sondern kommen konzentriert und zügig vorwärts! Das schafft der Hektiker jedoch nicht, denn seine automatisierten negativen Gedanken drängeln ihn, noch mehr Gas zu geben:

- Wenn ich mich jetzt nicht wahnsinnig beeile, schaffe ich das nie im Leben.
- Das muss schneller gehen, ich habe keine Zeit mehr.
- Wenn ich jetzt nicht aufs Tempo drücke, kriege ich ein Riesenproblem.

Dazu malt er sich in lebhaften Farben aus, welche Katastrophen ihn erwarten, wenn er wegen der knappen Zeit nicht fertig wird. Er erhöht dadurch seinen inneren Stress und damit auch seine Fehlerquote, was ihn zusätzlich unter Druck bringt. Das legt die Vermutung nahe, dass der »Beeil dich«-Antreiber meist einhergeht mit der Einschärfung »Schaff's nicht«: Durch erhöhtes Tempo will man dem »Schaff's nicht« entgegenwirken und trägt so gerade zu seiner Erfüllung bei.

Vielleicht trägt der »Beeil dich«-Antreiber ja auch eine Mitschuld an der mitunter rücksichtslosen Drängelei auf deutschen Straßen und Autobahnen. Inzwischen gibt es reichlich Zahlenmaterial darüber, dass es eine Illusion ist zu glauben, man käme durch Raserei schneller ans Ziel, da sich die zeitlichen Einsparungen selbst auf längeren Strecken nur im Minutenbereich bewegen. Trotzdem wird weiterhin riskant überholt, ungeduldig die Lichthupe betätigt und viel zu nah aufgefahren. Statt sich über einen Drängler zu ärgern, sollte man ihm wahrscheinlich Mitleid entgegenbringen – er wird schließlich von seinem Antreiber vorwärts gepeitscht:

- Geht das denn nicht schneller! Was sind das denn für lahme Krücken, die hier herumschleichen!
- Jetzt mach doch mal vorwärts da vorne, sonst schaffe ich meinen Termin nicht!
- Ich bin schon wieder so spät dran und die trödeln da so herum.

Geben Sie sich selbst die Erlaubnis

In den vorangegangenen beiden Kapiteln haben Sie eine Menge über Einschärfungen und über Antreiber gelernt und sich wahrscheinlich auch in einigen der beispielhaften Schilderungen wiedergefunden. Sie fragen sich jetzt möglicherweise, ob man eine Einschärfung oder einen Antreiber nicht ganz direkt mit der Check-your-Mind-Methode angehen kann. Doch da sich Einschärfungen und Antreiber immer nur in ganz konkreten Situationen zeigen, ist das schlecht möglich. Das heißt, Sie werden Ihre Einschärfungen oder Antreiber immer anhand eines Ereignisses, das Ihnen zustößt oder zugestoßen ist, bearbeiten.

Wenn jemand unter dem Einfluss einer Einschärfung oder eines Antreibers handelt, so kann man ganz generell sagen, dass ihm die entsprechende innere Erlaubnis fehlt. Bei den Einschärfungen, die ja eigentlich Verbote sind, liegt auf der Hand, welche Erlaubnis jeweils fehlt.

Doch auch bei den Antreibern spielt der Mangel an Erlaubnis eine entscheidende Rolle. Wer einen »Sei perfekt«-Antreiber hat, dem fehlt die Erlaubnis, Fehler zu machen. Jemand mit dem »Sei gefällig«-Antreiber hat keine Erlaubnis, sich selbst wichtig zu nehmen. Wer vom »Streng dich an«-Antreiber beherrscht wird, dem fehlt die Erlaubnis, Dinge mit Leichtigkeit zu machen und das, was ihm leicht gefallen ist, als Erfolg anzuerkennen. Wer einen »Sei stark«-Antreiber hat, darf keine Schwäche zeigen und sich keine Hilfe holen. Und jemandem mit dem »Beeil dich«-Antreiber fehlt die Erlaubnis, Dinge gelassen und entspannt zu tun. Wie man mit der Check-your-Mind-Methode dahin gelangen kann, sich die fehlende innere Erlaubnis immer mehr selbst zu geben, wollen wir mit dem nächsten Beispiel veranschaulichen:

X **Beispiel:** Herr Gefällig ist ein Mann, auf den stets Verlass ist: Wann immer Not am Mann ist – er springt ein. Das wissen seine Kollegen auch, und aus diesem Grund fühlt er sich auch manchmal ein bisschen ausgenutzt. Aber seine sprichwörtliche Hilfsbereitschaft verbietet ihm, sich gegen Bitten abzugrenzen. An diesem Nachmittag freut sich Herr Gefällig schon auf den nahen Feierabend, denn er hat sich mit alten Freunden zu einem gemütlichen Essen verabredet. Da kommt ein Kollege und bittet ihn dringend, ihm eine wichtige Arbeit abzunehmen, die heute noch fertig werden muss und die er allein nicht mehr schafft.

Insgeheim ärgert sich Herr Gefällig, denn er hat am Vormittag ganz genau mitbekommen, dass der Kollege zuerst sehr lange privat mit einem Freund telefoniert hat und anschließend noch viel Zeit damit vertrödelt hat, im Internet nach genau dem Wagentyp zu suchen, den dieser Freund sich offenbar neu zugelegt hat. Trotzdem fühlt sich Herr Gefällig verpflichtet, der Bitte Folge zu leisten. Er bringt es einfach nicht über sich abzulehnen, sondern ruft stattdessen seine Freunde an, um zu sagen, dass er, wenn überhaupt, erst sehr viel später kommen wird.

Herr Gefällig macht sich also an die Arbeit, doch er hat keine innere Ruhe dabei, denn der Ärger, den er empfindet, lässt ihn nicht los. Er spürt ganz deutlich, dass er zwar am liebsten Nein gesagt hätte, doch dass ihm die innere Erlaubnis fehlt, das auch zu tun. Schließlich geht er frustriert nach Hause, schon längst nicht mehr in der Stimmung auf einen gemütlichen Abend mit Freunden. Nehmen wir an, er hat von der Check-your-Mind-Methode gehört und hält das jetzt für genau den richtigen Zeitpunkt, um sie auszuprobieren. Also macht er Folgendes:

Er überlegt sich zunächst sehr gründlich, mit welchen negativen Gedanken er verhindert, dass er die ungerechtfertigte Bitte ablehnt. Auf ein Blatt Papier schreibt er:

- Es wäre gemein, den Kollegen hängen zu lassen.
- Kollegen sollten sich immer gegenseitig unterstützen.
- Er wäre stinksauer auf mich, wenn ich Nein gesagt hätte.
- Er hätte wahrscheinlich nie mehr ein Wort mit mir geredet.

- Was denken die Kollegen über mich, wenn ich plötzlich so unfreundlich bin?
- Es wäre egoistisch von mir, auf meinem Vergnügen zu bestehen, die Arbeit geht vor.

Schon während er diese Gedanken niederschreibt, dämmert ihm, dass das »Unglück« des Kollegen ein selbst verschuldetes ist, für das aber er den Preis bezahlt. Es fällt ihm nicht allzu schwer, hieb- und stichfeste Gegenargumente zu seinen negativen Gedanken zu entwickeln. Einige davon lauten:

- Ich lasse ihn nicht hängen, sondern Fakt ist, dass er sich am Morgen entschieden hat, jetzt mit seinem Freund zu telefonieren und die wesentliche Arbeit am Abend zu machen.
- Ich habe ein Recht auf Feierabend, genau wie jeder andere auch.
- Ich muss nicht jedes Mal einspringen, wenn jemand lieber seine Zeit verbummelt.
- Vielleicht ist er ein paar Tage sauer auf mich, aber das vergeht auch wieder, damit kann ich leben.
- Die Wahrscheinlichkeit, dass er nie mehr mit mir spricht, ist äußerst gering.
- Ich bin nicht der einzige Kollege, den er hat.
- Ich bin nicht auf der Welt, um es jedem recht zu machen.
- Ich tue ihm im Grunde genommen keinen wirklichen Gefallen, wenn ich diesen Arbeitsstil unterstütze.

Herr Gefällig bittet seine Frau, mit ihm in den Disput einzusteigen und argumentiert so lange gegen seine negativen Gedanken, bis er ganz deutlich spürt, wie sich seine Einschätzung der Situation und damit seine Gefühle verändern. Nun ist ihm völlig klar, dass er selbstverständlich die Erlaubnis besitzt, auch einmal Nein zu sagen, wenn man versucht, seine Gutmütigkeit auszunutzen. Bei den nächsten Gelegenheiten braucht er noch nicht einmal mehr die Mitwirkung seiner Frau, sondern schafft es, mit mentalem Training wirksam gegen seine negativen Gedanken vorzugehen und sich so die nötige innere Erlaubnis zu verschaffen, das zu tun, was er wirklich will.

Wie gesagt, ganz direkt können Sie mit der Check-your-Mind-Methode nicht an Einschärfungen und Antreibern arbeiten. Sich einfach quasi eine »Generalerlaubnis« auszustellen, hält die negativen Gedanken nicht in Schach. Die Erfahrung hat jedoch gezeigt, dass die Kenntnis der obigen Konzepte aus der Transaktionsanalyse von Eric Berne trotzdem sehr hilfreich ist. Denn wenn man das Konzept kennt, wird einem schneller klar, dass sich da mal wieder die Einschärfung »Schaff's nicht« oder der »Sei perfekt«-Antreiber äußert, und dann hat man die passenden Gegenargumente aus früheren Bearbeitungen des gleichen Themas schon zur Hand. Man weiß bereits, welche innere Erlaubnis man braucht und wie man sich darin unterstützen kann, sie sich selbst zu geben. Wenn man es zum Beispiel in das mentale Training einbaut, dass man sich sehr bewusst die fehlende Erlaubnis gibt, verstärkt das den positiven Effekt des inneren Disputs.

Das macht es möglich, in der belastenden Situation selbst mit einem schnellen inneren Dialog den gefühlsmäßigen Zustand zu verändern, denn Sie brauchen schließlich keinen Gesprächspartner mehr. Das funktioniert jedoch nur, wenn Sie nicht jede einzelne Situation wieder neu analysieren müssen, sondern das zugrunde liegende Muster kennen. Deshalb haben wir Ihnen die Einschärfungen und Antreiber samt möglicher negativer Gedanken so ausführlich dargestellt. Wenn Sie Ihre eigenen Muster erst einmal erkannt haben und Übung darin besitzen, damit umzugehen, weil Sie ganz konkrete Situationen mit der Check-your-Mind-Methode mehrfach bearbeitet haben, können Sie den positiven Dialog genauso blitzschnell durchführen wie früher den negativen – und an die Stelle des Verbots tritt immer schneller die Erlaubnis.

16

Schlusswort: Der Wert des Selbstbewusstseins

Sie haben jetzt sehr viel über automatisierte negative Gedanken gelesen. Besonders zu Beginn des Buches haben wir stark betont, welche Chancen zur persönlichen Weiterentwicklung darin liegen, mit diesen Gedanken zu arbeiten und sich ihrer zu entledigen, wenn man sie als hemmend oder destruktiv erkannt hat. Wir sind aber nicht der Auffassung, dass dies die einzige Möglichkeit zur persönlichen Entwicklung wäre. Persönlichkeit entwickelt sich auf vielfältige Art und Weise – zum größten Teil sogar ohne gewolltes und aktives Zutun. Durch all die Ereignisse, denen man täglich ausgesetzt ist und die man bewältigen muss, entwickelt man Reife, Lebensklugheit oder sogar Weisheit. Außerdem darf man den Einfluss anderer Menschen auf die eigene Entwicklung nicht unterschätzen. Menschen, die uns nahe stehen, uns wichtig sind und uns fördern, unterstützen uns darin, die eigene Persönlichkeit zu formen.

Neben dieser entwicklungsfördernden Arbeit, die das Leben uns gratis angedeihen lässt, gibt es jedoch auch die bewusste Entscheidung dafür, sich in seiner Persönlichkeit weiterzuentwickeln. Das kann damit beginnen, dass man bewusst auf bestimmte Verhaltensweisen achtet, oder dass man sich bewusst etwas an- oder abgewöhnen will. Oder man nutzt eine Zeit lang eine der vielen verschiedenen Therapieformen, die sehr viel an innerer Entwicklung in Gang bringen können. Immer mehr westliche Menschen entdecken auch den Wert östlicher Meditationslehren für sich. Es gibt also vieles, was man tun kann, wenn man sich positiv verändern möchte. Die Check-your-Mind-Methode ist nur ein möglicher Weg zur Veränderung. Für Check your Mind spricht aus unserer Sicht, dass es eine Methode ist, die man leicht und gefahrlos in Eigenverantwortung anwenden kann – was jedoch nicht bedeutet, dass Veränderung immer leicht ist.

So wie wir es sehen, entsteht persönliche Entwicklung, indem man immer mehr Seiten von sich selbst kennen lernt und annimmt – also im ganz konkreten Sinn des Wortes mehr Selbstbewusstsein bekommt. Ins Bildhafte übertragen kann man sich vielleicht vorstellen, dass ein Kreis die Gesamtheit unserer Person symbolisiert. In der Mitte dieses Kreises befindet sich ein kleines Viereck, das unser Bewusstsein von uns selbst symbolisiert, beziehungsweise das, was wir für unsere Identität und unser Ich halten. Wann immer wir aus Bereichen agieren, die innerhalb dieses Vierecks liegen und uns bekannt sind, fühlen wir uns stimmig und einig mit uns selbst. So, wie wir da handeln, akzeptieren wir uns selbst, denn dann sind wir die liebevollen, verständnisvollen, friedliebenden Menschen, als die wir uns kennen und die wir auch sein wollen.

Zu unserem eigenen Ärger und manchmal auch Entsetzen gibt es jedoch auch Situationen, in denen wir ganz offensichtlich nicht aus diesem Viereck heraus handeln. Dann können wir plötzlich neidisch sein, aggressiv oder boshaft. In solchen Fällen geraten wir unversehens in Schwierigkeiten mit unserer Identität und sagen uns: »Das war nicht wirklich ich! So kenne ich mich sonst überhaupt nicht! Ich war völlig außer mir!«. Allen Aussagen ist eines gemeinsam: So jemand wollen wir nicht sein, denn das passt absolut nicht in unser Selbstbild. Und da stellt sich natürlich die Frage: »Wer bin ich wirklich?«

Das ist bereits das erste Zeichen von Reife. Wir Menschen verleugnen sehr gern die unangenehmen Seiten unserer Persönlichkeit. Wie gern wir das tun, zeigt schon ein Blick auf unseren Sprachgebrauch: Da werden Kriegsgräuel und Folter beispielsweise als »unmenschlich« gebrandmarkt – dabei sind Menschen die einzigen uns bekannten Wesen, die zu solchen Taten fähig sind. Natürlich soll damit zum Ausdruck gebracht werden, dass es eines Menschen unwürdig ist, sich so zu verhalten. Andererseits hat es jedoch auch den Effekt, dass man das, was als »unmenschlich« etikettiert wird, leichter beiseite schieben kann. Es ist »unmenschlich«, also kann es nichts mit einem selber zu tun haben, also braucht man sich nicht damit auseinander zu setzen, dass es auch in einem selbst steckt. Und sollte es sich durch unglückliche Umstände so fügen, dass man zum Barbaren wird, dann denkt man: »Das war nicht mein wahres Selbst!«

Etwas, das man nicht kennt, entzieht sich der Kontrolle. Deshalb gilt: Nur wer sich selbst kennt, kann sich auch beherrschen und wird nicht beherrscht. Persönlichkeitsentwicklung bedeutet deshalb in unseren Augen, mehr und mehr Punkte, die außerhalb des kleinen Vierecks liegen, als zu sich selbst gehörig zu erkennen, zu akzeptieren und sich damit auseinander zu setzen. Das sind übrigens keineswegs nur unsere negativen Seiten, oft sind wir auch blind gegenüber Stärken und liebenswerten Eigenschaften, die wir besitzen. Selbstbewusstsein in diesem Sinne bedeutet nicht Durchsetzungsfähigkeit und den Einsatz von Ellbogen. Selbstbewusst ist vielmehr ein in sich ruhender Mensch, der sich seiner Stärken und Schwächen bewusst ist, sich ihnen gestellt hat und damit umgehen kann.

Die Check-your-Mind-Methode ist eine Möglichkeit, mehr Seiten an sich selber zu entdecken und damit umzugehen. Das hat den weiteren Gewinn, dass ein negativer Aspekt der eigenen Persönlichkeit sich wandeln kann. Wenn man zum Beispiel den Neid, der in einem steckt, als Teil von sich annimmt und sich damit auseinander setzt, wird klar, dass dahinter die Angst des Kindes verborgen liegt, nicht akzeptiert und geliebt zu werden. Dann kann man die negativen Gedanken, die mit dem Neid verbunden sind, durch konstruktive beantworten und spüren, dass man den Neid gar nicht mehr nötig hat.

Wir glauben, dass dieser Prozess, in sich immer neue Facetten zu entdecken und zu entwickeln, niemals aufhört, sondern bis ans Lebensende weitergehen kann. Denn das, was wir für unsere Persönlichkeit halten, ist das nicht eher das Ergebnis einer permanenten Selbstsuggestion als etwas Beständiges und Festgelegtes?

Als Kinder werden wir meist schon früh von den Eltern und sonstigen Bezugspersonen auf bestimmte Stärken und Schwächen festgelegt: »Sie ist ein richtiges Energiebündel.« – »Er ist so kreativ, er wird bestimmt mal ein Künstler.« – »Mathematik kann sie nicht, das hat sie von mir.« Endlos könnte man damit fortfahren. Indem Eltern und andere Erwachsene solche Zuschreibungen machen und sie dem Kind immer wieder zu Ohren bringen, legen sie den Grundstein für die spätere Autosuggestion. Was als fremdhypnotischer Prozess begann, wird irgendwann zur Selbsthypnose, weil das Kind die Festlegungen übernimmt. Wenn man etwas oft genug hört, beginnt man daran zu glauben, besonders wenn es von »Autoritäten« wie den eigenen Eltern vorgebracht wird. Oder man rebelliert dagegen, ist dadurch aber mit umgekehrten Vorzeichen an die Festlegung gebunden. Zusätzlich macht man natürlich im Laufe seines Lebens noch jede Menge Erfahrungen, die man dazu nutzt, den eigenen Glauben an vorhandene Stärken, Schwächen oder sonstige Wesensmerkmale zu zementieren. Und all das hält man schließlich für seine Persönlichkeit.

Wenn man sich überlegt, was da passiert, muss man erkennen, dass »Persönlichkeit« nur in Form von Erinnerung existiert: Wenn man wissen will, wer man ist, muss man darauf zurückgreifen, wer man gestern, vorgestern, im vergangenen Jahr war. Diese Erinnerung ist in gewisser Hinsicht natürlich einschränkend, denn sie lässt wenig Raum für Entwicklung, schließlich hat man ein fest gefügtes Bild von sich. Solange ich mich also nur frage »Wer bin ich?«, *bin* ich einfach, mit allem Potenzial, das in diesem »Ich bin« steckt. Sobald man sich eine Antwort gibt, also Aussagen macht, schränkt man sich dadurch ein.

Manchmal erleben Menschen, dass die Aussagen, die sie gewohnt waren zu machen, plötzlich nicht mehr stimmen. Irgendein Schicksalsschlag hat sie ereilt, der ihre Welt völlig auf den Kopf gestellt hat. Es gibt verblüffende Geschichten darüber, wie Menschen, denen so etwas passiert ist, einen ganz neuen Lebensweg einschlagen konnten, weil sämtliche Erinnerungen ihre Gültigkeit verloren hatten. Damit hatten sie die Chance, sich selbst ganz neu zu »er-finden«.

Theoretisch hat jeder von uns diese Chance jederzeit – aber praktisch ist es ungeheuer schwer, sich von allem zu lösen und sich nicht an vertraute Denkmuster, Gewohnheiten und Glaubenssätze zu binden. Gänzlich frei zu sein von allen gedanklichen Bindungen geht wohl nur nach einem schockartigen Erlebnis oder nach einem langen Weg der Meditation. Doch jeder kann sich Schritt für Schritt von hinderlichen Bindungen lösen.

Was östliche Weisheiten – aus der viele Praktiken zur Meditation überliefert sind – schon lange beinhalteten, wird im Moment von der modernen Hirnforschung bestätigt: Man kann sich von dem Glauben an ein »Ich« als einer übergeordneten Instanz, die alles entscheidet, getrost verabschieden. Wir sind keine fest gefügte Form! Auch was Sie in der Kindheit erlebt haben und was die Transaktionsanalyse Lebensskript nennt, ist nichts, was Sie Ihr Leben lang mit sich herum tragen müssen. Sie können das allmählich nach und nach außer Kraft setzen. Wir möchten Sie ermutigen, nicht jede bisher geglaubte persönliche Einschränkung für absolut und unwiderruflich zu halten und die Check-your-Mind-Methode zu nutzen, um die automatisierten Gedanken, mit denen Sie Ihre Meinung über sich selbst festschreiben, infrage zu stellen. Wir wollen nicht behaupten, dass Sie damit morgen ein zweiter Mozart oder ein zweiter Einstein sein können, aber vermutlich steckt sehr viel mehr Potenzial in Ihnen, als das Bild hergibt, das Sie heute von sich haben. Dabei wünschen wir Ihnen viel Erfolg!

Renate und Ulrich Dehner

(Wenn Sie sich für das Check-your-mind-Seminar »Erfolg beginnt im Kopf« interessieren, finden Sie Informationen auf unserer Homepage www.Konstanzer-Seminare.)

Register

Achtsamkeit 92
Aggressivität 50
Allmachtsfantasien 67
Alltagsstress 122
Andere/neue Sichtweise 104f., 132, 144, 179
Angstgefühle 25, 31–33, 54f., 84, 89, 108, 113, 117, 126, 128, 138, 141, 163, 219
Anspannung 83, 85f., 126, 214
Antreiber 209–223, 227
Ärger 22, 25f., 31, 37, 139, 191–196
Ausbildung von Denk- und Verhaltensstrategien 175
Äußere Stimme 113
Automatisierte Gedanken 28f., 33, 46f., 54, 63, 80f., 83, 86, 105f., 125, 129, 146, 182, 189, 191, 197, 213, 221, 223, 228
– bemerken 54

Bedenken 89
Bedrohungen, vermeintliche 127
Bedürfnisse 192, 203, 207
»Beeil dich«-Antreiber 222f.
Belastungsschwelle 38
Berne, Eric 60, 175f., 227
Beschuldigungen 138
Bewältigungsorientiertes Handeln 64f.
Bewertungen, eigene 26, 28–38, 41f., 44f., 161f.
Beziehungskonflikt 159
Blick von außen 70
Blockade 13, 23, 55, 83, 90, 93, 113, 116–118, 139, 142

Dauerstress 40
Denkmuster, eigene 70f., 75f., 79, 137
Denkmuster, negative/destruktive 12–15, 43, 47f., 54f., 59, 62, 69, 74, 77–79, 82, 165, 197
Denkmuster, positive/konstruktive 43, 46–50, 55, 59, 77–79, 146, 173
– gesundheitliche Auswirkungen 49f.
Denkmuster, Wirkfaktoren
– Dauer 59, 61–63, 69, 71–73, 75–77, 127
– Geltungsbereich 59, 63–65, 69, 71, 73, 75–77, 100, 107, 127

– Personalisierung 59, 66–68, 70f., 75–77, 127, 130
Denkmusteranalyse bei Sportlern 47f.
»Denk nicht«-Einschärfung 188–191
Depressionen 12, 72, 130, 183
Durchhaltevermögen 49f., 109

Eigene Denkfähigkeit 190
Eigene Fähigkeiten 73f., 77, 82, 103, 146, 150, 181, 186
Einschärfungen 176–209, 227
Ekman, Paul 38, 92
Ellis, Albert 60
Emotionale Reaktionen 28, 92, 118, 123, 138, 161, 201
Entmutigung in der Kindheit 57f.
Entspannungstechnik 120–125, 151
Erfolg/Lebenserfolg 33, 48–50, 54, 74, 78f., 134, 177f.
– eigenen Anteil sehen 134–136
– herunterspielen 73
– infrage stellen 63, 65
– positiver Kreislauf 79
Erfolgstagebuch 134, 136
Erickson, Milton H. 60, 139, 146
Erklärungsmuster 13
Erlernte Hilflosigkeit 20, 46, 55–58, 64, 66

Falsche Verknüpfungen 100
Familie 13, 50, 87, 165, 177
Familiäre Konflikte 171–173
Fest gefügte Erklärungsmuster 105
Fragen, destruktive 137f.
Fragen, konstruktive 137, 144
Fragen, lösungsorientierte 142f.
Frankl, Viktor 32
Freundschaften 13

Gedanken, negative 13f., 27, 33, 37, 41, 46f., 52–54, 60, 63, 65, 80f., 83, 87f., 90, 92, 97, 101, 103–105, 125f., 129, 146, 166–168, 170f., 174, 182, 191, 197, 213, 225–228, 230
– aufschreiben 88–90, 98
– erkennen 83f., 86, 90, 98
– Gegenargumente 102, 105–118, 122–126, 168, 170–172, 226f.
– Glaubwürdigkeit/Selbstverständlichkeit 80, 83, 105
– typische Beispiele 107–112
– überprüfen 99–102, 106
– widerlegen 114–116, 122, 170–172, 226
Gefühle/Emotionen 23–25, 27, 29–36, 85, 90–92, 98, 105, 117, 129, 158, 200–202, 219f., 226
Gegenbotschaften 178
»Gehör nicht dazu«-Einschärfung 196–198
Gehörsinn 152
Gelassenheit 34f., 96, 150f., 153–155, 164, 193
Gereiztheit 84–86
Gesichtssinn 152
Gesprächspartner, Übungen 113, 115–119, 125
Gesundheit 20, 59, 131, 177, 204
Giltay, Erik J. 49
Glaubenssätze 55, 146, 148, 176f., 180f., 232

Handlungsfähigkeit/freiheit 60, 65, 73f., 77, 79
Handlungsimpuls 160f.
Handlungsmöglichkeiten, neue 122f., 142, 179
Hilflosigkeit 12, 56–58, 137f., 141f., 154
Hoffnung 20
Hypnose 139, 141
Hypnotherapie 146

Innere Bilder 147, 153, 155, 200
Innere Erlaubnis 224–227
Innere Kräfte 60
Innere Stimme 113, 115, 117f., 170
Innere Suchprozesse 139, 145
Innerer Dialog 120, 126, 133, 161, 172, 227
Innerer Disput 122, 126, 227
Innerer Druck 70
Innerer Film 27, 33, 85, 154f.
Interpretationen 101, 161, 163

Katastrophisieren 127–130
Kindheit 29, 54, 57, 138, 147f., 177, 185
Kindheitsmuster 174f., 181
»Komm mir nicht zu nahe«-Einschärfung 207f.
Konkurrenzdruck 42
Körpergefühl 152f., 155
Körperliche Gewalt 162
Körperliche Reaktionen 125f., 166, 170–172, 220
Körperwahrnehmung 122, 220
Kreativität 57, 134, 141f., 145, 154

Lebensskript 174, 177f., 195, 204, 232
Liebesbeziehungen 13, 158
Logische Überprüfung 99–102, 106

»Mach es anderen recht/Sei gefällig«-Antreiber 214–217
Mentales Training 119f., 122–125, 227
Misserfolg als einmaliges Ereignis 77
Misserfolge bewältigen 47f., 78
Misserfolgsmotivation/-orientierung 128f.
Misshandlungen 182
Mobbing 24, 35
Mutlosigkeit 12, 20, 139, 143

Negative Botschaften 175, 178
Negative Einstellung 41
Negatives Denken 12, 46, 82
Nicht-Ziele 145

Panik 38, 127
Partnerschaft 158–164, 201
Perfektionismus 133, 211–214
Persönliches Reaktionsmuster 126
Persönlichkeitsentwicklung 14, 228–230
Positive Botschaften 178
Positiver Kreislauf 33
Positives Denken 52–54, 81f.
Privatleben 50, 149f., 197, 214
Problemhypnose 140f.
Psychische Störungen 12

»Rabattmarkensammeln« 192, 194

Rational-emotive Therapie (RET) 60
Realismus, vermeintlicher 79, 82
Realitätsverlust 53
Refraktärphase 92
Resignation 38
Ressourcen 15, 146–151, 153–156
Ressourcentransfer/-transport 146, 148, 150, 156, 161, 164

»Schaff's nicht«-Einschärfung 180–182, 227
Schlussfolgerungen prüfen 102–104, 106f., 111
Schuldzuweisungen 33, 77f., 158–160, 182f.
– an sich selbst 47, 66f., 70, 77f., 127, 130–135, 182
»Sei kein Kind«-Einschärfung 202f.
»Sei nicht«-Einschärfung 182–185
»Sei nicht du«-Einschärfung 205f.
»Sei nicht gesund«-Einschärfung 204f.
»Sei nicht wichtig«-Einschärfung 185–188, 214
»Sei perfekt«-Antreiber 210–214, 227
»Sei stark«-Antreiber 219–222
Selbstabwertung 186–188
Selbstakzeptanz 50
Selbstbeschuldigungen 133, 137
Selbstbewusstsein 33, 85, 117, 229f.
Selbsthypnose 139–141, 231
Selbstmordgefährdung 183f.
Selbstverantwortung für Gefühle 25, 32f., 158, 161
Selbstvertrauen 50, 70, 78f., 127, 129, 135, 150, 191
Selbstvorwürfe 68, 129, 171, 214
Selbstwertgefühl 33, 49, 66, 73f., 78f., 134
Selbstzweifel 181
Seligman, Martin 46–49, 55f., 58
Sinne 152f.
Souveränität 35, 150, 161f., 164
Stärken 146, 149, 230f.
Stimmungsumschwung 122
»Streng dich an«-Antreiber 217–219
Stress 12, 20–22, 37f., 40f., 43–45, 50, 95–97, 108, 122, 128f., 204, 209, 212, 214
– eigener Umgang 43f.
Stress auslösende Gedanken 95
Stressauslöser 37f.
Stressempfinden 37
Stressfaktoren, objektive 37
Symptomverschreibung 96

Tatsachen, vermeintliche 101
Therapie 176
Transaktionsanalyse 60, 175–177, 192, 198, 209f., 227, 232

Überfürsorglichkeit 203
Überheblichkeit 78, 81
Übertreibungen 105
Unbewusste Verbote 175
»Unlösbare Aufgabe« 51
Unsicherheit 78, 84, 90, 107, 162, 190
Ursache-Wirkung-Verhältnis 159

Verantwortung 66, 78, 199, 203
Verhaltensweisen 37, 51, 54, 120, 228

Verstandesebene 105

Warum-Fragen 137, 142, 144
»Werde nicht erwachsen«-Einschärfung 198–200
Wohlbefinden 33, 54, 59, 77, 83
Wunschträume 54
»Zeig keine Gefühle«-Einschärfung 200–202
»Zeig keinen Ärger«-Einschärfung 191–196
Zielbeschreibung/-bilder, positive 129, 135, 143, 145
Ziele, erreichbare 53f., 79, 143, 145
Zögern, inneres 55
Zufriedenheit 49–51, 135
Zukünftige Fortsetzung von Ereignissen 59, 61f., 69

WERNER TIKI KÜSTENMACHER
MIT LOTHAR J. SEIWERT
simplify your life
Jetzt mit neuen Tipps und Ideen
EINFACHER UND GLÜCKLICHER LEBEN
DER NR.1-BESTSELLER
campus

WERNER TIKI KÜSTENMACHER
MIT LOTHAR J. SEIWERT
simplify your life